„Wie Schwalben Nester an den Felsen geklebt ..."

Burgen in der Nordpfalz

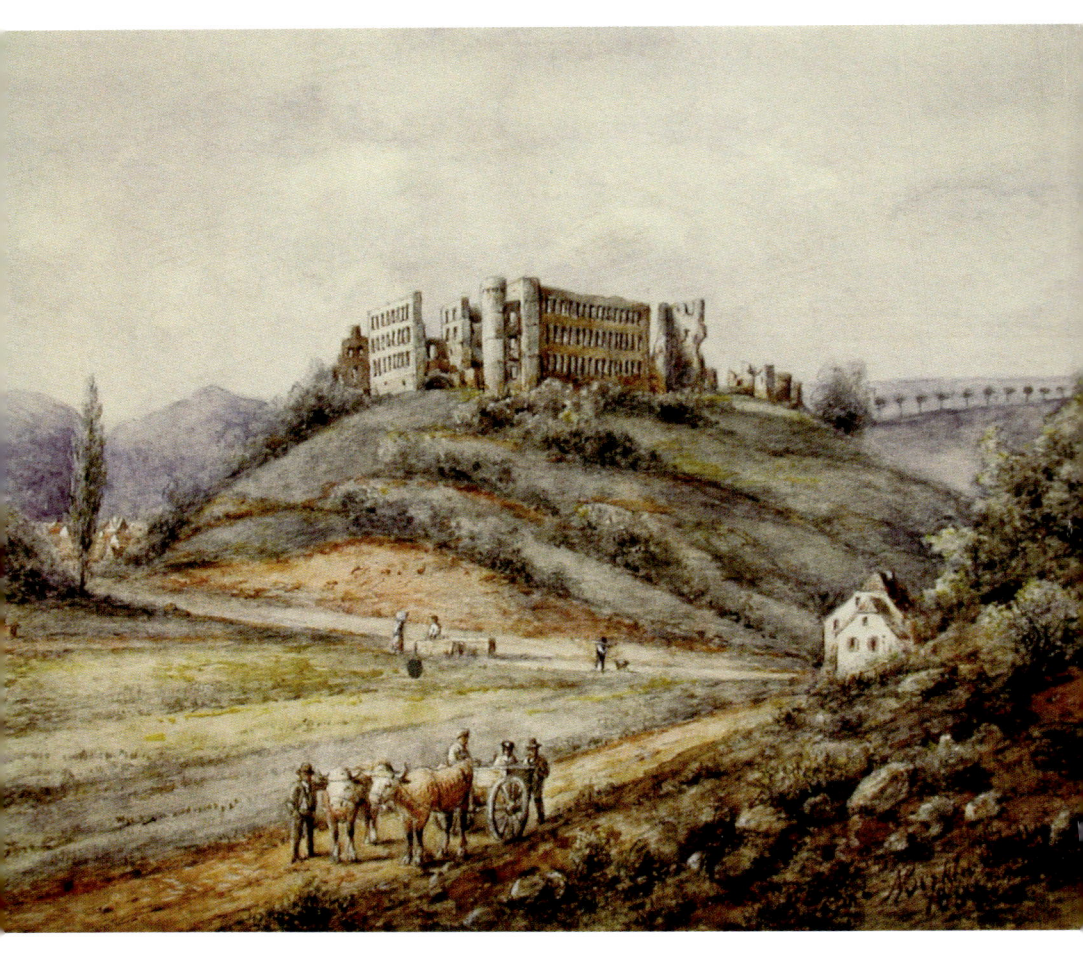

„Wie Schwalben Nester an den Felsen geklebt…"

Burgen in der Nordpfalz

Herausgegeben von Alexander Thon
in Zusammenarbeit mit
Burgen, Schlösser, Altertümer Rheinland-Pfalz
Landesamt für Denkmalpflege Rheinland-Pfalz

Mit Beiträgen von Peter Pohlit und Hans Reither

SCHNELL + STEINER

Umschlagvorderseite: Burg Rheingrafenstein, 2004
Umschlaginnenseite vorn: Wolfsburg. Lithographie, gezeichnet von Martin von Neumann, lithographiert von Georg Dubois, vor 1838
Frontispiz: Burg- und Schlossruine Altleiningen. Aquarell von Nicolaus Berkhout, 1887
Umschlagrückseite: Blick vom Rheingrafenstein zur Ebernburg, 2004

Bibliografische Informationen Der Deutschen Bibliothek
Die Deutsche Bibliothek verzeichnet diese Publikation in der Deutschen Nationalbibliografie; detaillierte bibliografische Daten sind im Internet über http://dnb.ddb.de abrufbar.

1. Auflage 2005
© Verlag Schnell & Steiner GmbH
Leibnizstraße 13, D-93055 Regensburg
Satz, Lithos, Druck: Erhardi Druck GmbH, Regensburg
ISBN 3-7954-1674-4
Weitere Informationen zum Verlagsprogramm erhalten Sie unter:
www.schnell-und-steiner.de

Alle Rechte vorbehalten.
Ohne ausdrückliche Genehmigung des Verlages ist es nicht gestattet, dieses Buch oder Teile daraus auf fotomechanischem oder elektronischem Weg zu vervielfältigen.

Inhalt

Zum Geleit	7
Vorwort	9
Einleitung	11

Altenbaumburg	16	Burg Lichtenberg	94
Burg und Schloss Altleiningen	22	Burg Montfort	100
Burg Beilstein	26	Burg und Schloss Nanstein	106
Burg Breitenstein	30	Burg Neidenfels	112
Ebernburg	34	Burg Neuleiningen	116
Burg Elmstein	40	Burg Randeck	122
Burg Erfenstein	44	Burg Reipoltskirchen	126
Burg Falkenstein	48	Burg Rheingrafenstein	130
Burg Frankenstein	54	Rietburg	136
Burg und Festung Hardenburg	60	Burg „Schlosseck"	142
Burg Hohenecken	68	Burg Spangenberg	146
Burg und Schloss Kaiserslautern (Lautern)	74	Wachtenburg	152
Kropsburg	80	Burg Winzingen (Haardter Schloss)	158
Landsberg (Moschellandsburg)	84	Wolfsburg	162
Burg Lewenstein (Löwenstein)	90	Wolfstein (Alt- und Neuwolfstein)	166

Glossar	172
Touristische Hinweise	174
Literaturhinweise	183
Abbildungsnachweis	184

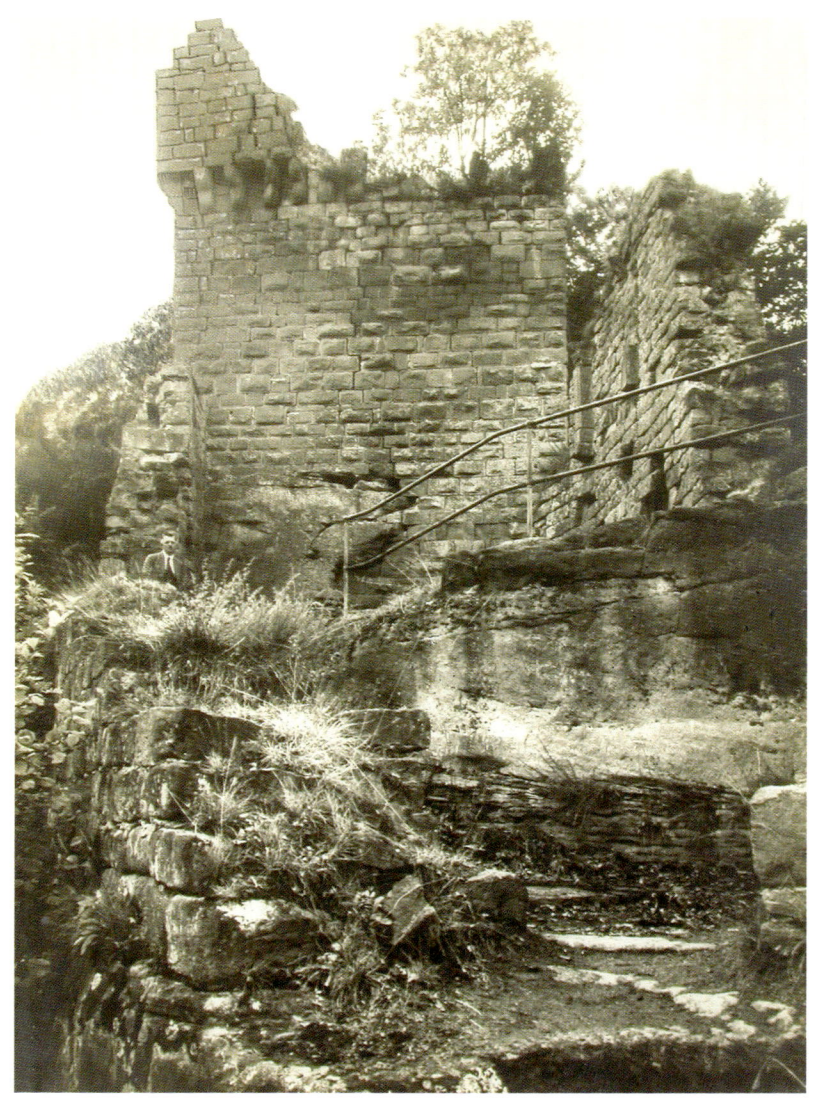

Burgruine (Nieder-)Breitenstein, um 1984

Zum Geleit

Neben Domen, Kirchen und Kapellen sind Burgen, Festungen und Schlösser wichtige und eindrucksvolle Zeugen der Geschichte – nicht nur, aber insbesondere in Rheinland-Pfalz. Seit nunmehr fast 200 Jahren faszinieren sie als Symbole der Macht, die von fernem mittelalterlichen Leben erzählen, ihre zahlreichen Besucher. Verbunden mit einer oftmals besonders reizvollen landschaftlichen Lage haben die Burgen es geschafft, sich tief im Bewusstsein der Bevölkerung zu verankern und Identität zu stiften.
Es ist demnach nicht verwunderlich, dass sich neben den bekannten Bauten am romantischen Mittelrhein gerade die pfälzischen Anlagen einer besonderen Aufmerksamkeit des öffentlichen Interesses erfreuen. Das beweist nicht zuletzt auch der überwältigende Erfolg des ersten Bandes „.... wie eine gebannte, unnahbare Zauberburg", in dem die Burgen in der Südpfalz vorgestellt wurden. Dessen erste Auflage war bereits nach gut einem Jahr vergriffen, eine zweite, verbesserte Auflage ist nun aber lieferbar. Im vorliegenden Band „Wie Schwalben Nester an den Felsen geklebt..." folgen nun die Wehrbauten in der westlichen und nördlichen Pfalz. Sie verdienen nicht weniger Beachtung. Unter ihnen befindet sich wiederum eine beträchtliche Anzahl von Anlagen, deren Betreuung die staatliche Schlösserverwaltung „Burgen, Schlösser, Altertümer Rheinland-Pfalz" übernommen hat. Dazu gehören die monumentale, zur Festung ausgebaute Hardenburg bei Bad Dürkheim, der Nanstein über Landstuhl, in dem Franz von Sickingen 1523 den Tod fand, die lang gestreckte Altenbaumburg als Stammburg der Raugrafen, die malerischen Ruinen des Erfensteins und des Breitensteins im Elmsteiner Tal oder auch die beiden Burgen über der alten Reichsstadt Wolfstein im Lautertal.
Die Landesregierung trägt dem sehr erfreulichen und berechtigten Interesse der breiten Öffentlichkeit an ihren Burgen gern Rechnung und fördert es durch Ausstellungen und fundierte Buchprojekte. Diese tragen dazu bei, unser Wissen um die rheinisch-pfälzische Vergangenheit zu erweitern und zu vertiefen. Insofern freue ich mich, dass für „Wie Schwalben Nester an den Felsen geklebt ..." in Alexander Thon und seinen Co-Autoren Hans Reither und Peter Pohlit erneut die qualifiziertesten Fachleute für das Thema pfälzische Burgen zur Verfügung standen. Ihnen danke ich an dieser Stelle sehr herzlich.

Gleichfalls gilt mein Dank unserer Schlösserverwaltung „Burgen, Schlösser, Altertümer Rheinland-Pfalz", die für eine Aufnahme des Buches in die Reihe „Edition Burgen, Schlösser, Altertümer Rheinland-Pfalz", sorgte und nicht zuletzt dem Verlag Schnell & Steiner in Regensburg. Ich wünsche dem Buch „Wie Schwalben Nester an den Felsen geklebt ...", dass es eine gute Aufnahme und weite Verbreitung findet.

Prof. Dr. E. Jürgen Zöllner
Minister für Wissenschaft, Weiterbildung,
Forschung und Kultur

Vorwort

Das 1841 erschienene „Reise-Handbuch durch alle Theile der Königl. Bayerischen Pfalz" von Karl Geib beschrieb die Umschau von der Altenbaumburg über Altenbamberg mit den Worten „… und herrlich ist von hier die Aussicht in die weite wildromantische Gegend umher." An diesem Eindruck hat sich mehr als eineinhalb Jahrhunderte später allen menschlichen Eingriffen zum Trotz wenig geändert. So wird der interessierte Kulturtourist überrascht feststellen, dass die nördliche und westliche Pfalz sich mehr von ihrer Ursprünglichkeit bewahrt hat als der südliche Teil.

Diese Einschätzung gilt nicht zuletzt auch für die Burgen dieser Region. Von der umliegenden Bevölkerung mindestens ebenso stark wie in der südlichen Pfalz als Symbole der einheimischen Identität angenommen, stehen sie mit Blick auf touristische Vermarktung und Bekanntheitsgrad noch immer ein wenig im Schatten – und das völlig zu Unrecht. Denn bei näherer Betrachtung erschließt sich dem Besucher schnell die Vielfalt dieser Burgenlandschaft, die bedeutende Anlagen wie die auch „Herberge der Gerechtigkeit" genannte Ebernburg, die zur Festung ausgebaute Hardenburg, die gräflichen Stammburgen Altleiningen und die Altenbaumburg oder auch die Wasserburg Reipoltskirchen umfasst. Zudem landschaftlich nicht selten äußerst reizvoll gelegen, zieht es deshalb nicht nur die Kenner der Materie mittlerweile hierher.

„Wie Schwalben Nester an den Felsen geklebt …" zeigt 30 ausgewählte Objekte dieses Gebietes. Nach dem großen Erfolg von „…. wie eine gebannte, unnahbare Zauberburg", in dem die südpfälzischen Burgen vorgestellt wurden und das zum bestverkauften Buch mit einem pfälzischen Thema des Jahres 2003 wurde, folgt damit der zweite, abschließende Band über die pfälzischen Burgen. In identischer Konzeption folgen einer Einführung zum Gesamtthema die Beschreibung der Bauwerke in Einzelporträts und abschließend ein Glossar der Fachbegriffe, ein weiterführendes Literaturverzeichnis und touristische Hinweise einschließlich Internetadressen. Jede Burg wird durch ein aktuelles Luftbild, einen Grundriss sowie mindestens eine Boden- oder Detailaufnahme nebst historischen Abbildungen bildlich dokumentiert. Es ist sehr erfreulich, dass für das vorliegende Buch mit dem Herausgeber Alexander Thon und seinen Co-Autoren Peter Pohlit und Hans

Reither erneut die bewährten Fachleute für pfälzische Burgen gewonnen werden konnten. Ihnen gilt unser Dank dafür, dass sie aus der Fülle ihrer Forschungen einen fundierten, auf dem neuesten Forschungsstand fußenden und – auch das ist wichtig – zudem lesbaren und unterhaltsamen Überblick über die nord- und westpfälzische Burgenwelt geliefert haben. Ebenfalls danken möchten wir dem Historischen Museum der Pfalz in Speyer für die Erlaubnis zur Publikation teils bisher noch unveröffentlichter Abbildungen aus seiner graphischen Sammlung. Der neue Band darf zusammen mit „....wie eine gebannte, unnahbare Zauberburg" als ein wichtiger Beitrag zur reichen Forschung über die Pfälzer Burgen gelten.

Professor Dr. Wolfgang Brönner
Direktor des Landesamtes für Denkmalpflege
Rheinland-Pfalz

Thomas Metz
Leiter Burgen, Schlösser, Altertümer
Rheinland-Pfalz

Einleitung

> ... man wähnt sich in eines der Seitenthäler des baierischen Hochlands versetzt oder in die Vorthäler der Schweiz. Still und von aller Welt abgeschlossen liegt das Thal vor uns. Plötzlich gewahren wir auf hohen, zerrissenen Felsen zwischen noch höheren Bergen malerische Burgtrümmer, die ganz mit dem Felsen verwachsen scheinen.

Der romantische, ja dramatische Eindruck, den August Becker in der Mitte des 19. Jahrhunderts von der Burgruine Falkenstein am Donnersberg gewonnen hat, trifft auch eineinhalb Jahrhunderte später noch zu großen Teilen zu – und dies nicht nur für den Falkenstein, sondern für die nord- und westpfälzische Burgenlandschaft insgesamt.

Vieles von dem, was in der Einleitung zu „.... wie eine gebannte, unnahbare Zauberburg" zur Geschichte der (Süd-)Pfalz und ihrer Burgen geschrieben worden ist, besitzt seine Gültigkeit auch für dieses Gebiet, so dass eine Wiederholung hier unterlassen werden kann. Auch die „Wehranlagen" dieses Gebietes waren gleichsam „multifunktionale" Bauwerke, die zumeist anstatt zu militärischen Zwecken als Instrument zur Raumerschließung, als Wirtschaftsbetrieb, als Amtssitz und manches Mal als Macht- und Prestigesymbol oder einfach nur als immobiles Spekulationsobjekt dienten. Auch hier beklagen sich Historiker wie auch Kunsthistoriker und Bauforscher zu Recht darüber, dass das überkommene Quellenmaterial nur selten für eine umfassende Analyse und zur Beantwortung aller Fragen ausreicht. Der Hinweis auf einige wesentliche Unterschiede mag demnach an dieser Stelle genügen.

Im Gebiet der Nord- und Westpfalz treffen wir als Bauherren von Burgen neben den bereits aus der Südpfalz bekannten, hier aber ungleich präsenteren Grafen von Leiningen und den Pfalzgrafen bei Rhein auch die Raugrafen, die Rheingrafen, die Grafen von Sponheim und die Grafen von Veldenz an. Dieser größeren Vielfalt an Eignern und Besitzern steht ein deutlich geringerer Anteil an Reichsburgen gegenüber, was keineswegs ein Zufall ist. Die Konzentration von Reichsgütern und -rechten, wie sie weiter südlich kennzeichnend war, traf schon im Hochmittelalter, besonders aber im Spätmittelalter für den nordpfälzischen Raum kaum noch, für das west-

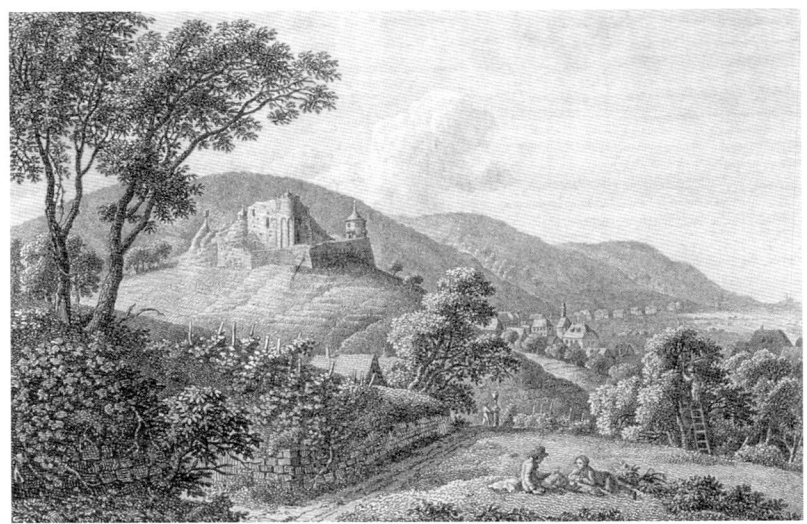

Burgruine Winzingen. Kupferstich, gezeichnet und gestochen von N.N. [Jacob W. Ch. Roux], vor 1824

pfälzische Gebiet im Wesentlichen nur noch für das Gebiet um (Kaisers-)Lautern zu.

Man könnte versucht sein, aus diesen besitzrechtlichen Erkenntnissen den Schluss zu ziehen, dass das politische Szenario damit ungleich interessanter, weil ungefestigter war. Dies mag im Rückblick durchaus zutreffen, und es mag auch dafür gesorgt haben, dass nord- und westpfälzische Burgen insgesamt ein breites, wohl sogar breiteres Spektrum an Eindrücken zu bieten vermögen. Besondere Beachtung verdient in diesem Zusammenhang die Reichsburg (Kaisers-)Lautern, von der sich leider nur noch sehr unscheinbare und zudem sehr vernachlässigte Reste erhalten haben. Ganz im Gegensatz dazu verhält es sich mit der historischen Bedeutung der von Friedrich I. Barbarossa errichteten, prachtvollen Anlage, die sich tief im Bewusstsein der umliegenden Bevölkerung verankert hat – und leider noch immer widersinnig als „Königs-" oder gar „Kaiserpfalz" bezeichnet wird. Darüber hinaus bleibt neben der Altenbaumburg und Altleiningen als Stammburgen der Raugrafen und der Grafen von Leiningen insbesondere die Ebernburg hervorzuheben, die sich – obwohl, wie jüngst nachgewiesen werden konnte, erst eine Gründung des 14. Jahrhunderts – unter Franz von

Sickingen an der Wende zur Neuzeit ihren Titel einer „Herberge der Gerechtigkeit" erwarb.

Auch das Auge des Bauforschers und Kunsthistorikers wird bei den nachfolgend behandelten Burgen eine große Bandbreite feststellen können: Während in der südlichen Pfalz der Typus der Felsenburg eine überwiegende Stellung einnimmt, wandelt sich das Bild, je weiter der Weg nach Norden führt. Zwar finden sich noch immer Objekte, die wesentlich auf die zu Grunde liegende Felsformation zurückgreifen und diese mit einbeziehen (etwa Spangenberg, Beilstein und auch noch der Rheingrafenstein), doch überwiegt bei den Höhenburgen die Spornlage. Daneben finden sich als Niederungsburgen neben dem bereits erwähnten (Kaisers-)Lautern insbesondere das leider verunstaltete Reipoltskirchen und das mottenähnliche Lewenstein. Bis in die Neuzeit genutzt und zum Schloss und/oder mit festungsähnlichen Attributen ausgebaut wurden neben anderen die Hardenburg, Altleiningen, die Ebernburg, aber auch Landsberg und Nanstein.

Ganz ähnlich, wenn nicht sogar noch weniger zufrieden stellend als bei den südpfälzischen Anlagen präsentiert sich der Forschungsstand. Auch hier muss für die Geschichte noch immer zu großen Teilen auf die Arbeiten von Peter Gärtner (1854/55) und Johann Georg Lehmann (1857-66) zurückgegriffen werden, während für kunst- und baugeschichtliche Fragen neben den am Ende des 19. Jahrhunderts publizierten „Baudenkmalen" ausschließlich vor dem Zweiten Weltkrieg erschienene Kunstdenkmälerinventare vorliegen, die allerdings nur einen Teilbereich der Region abdecken. Das „Pfälzische Burgenlexikon" mit seinen bisher zwei Bänden und qualitativ sehr heterogenen Beiträgen vermag diese Lücke nur teilweise zu schließen. Gehaltvolle, aktuelle Einzelstudien liegen nur für wenige Anlagen vor.

Alle Details und manches Mal gewiss interessante und wichtige Forschungskontroversen in gebührendem Rahmen aufzufächern und zu klären, kann nicht Aufgabe des vorliegenden Buches sein und bleibt ferneren Untersuchungen vorbehalten. Dennoch konnten nicht selten gravierende und fast bei jeder Anlage Detailfehler der bisherigen Forschung korrigiert werden. „Wie Schwalben Nester an den Felsen geklebt..." dokumentiert in geraffter Kürze den aktuellen Forschungsstand und gibt zusammen mit „.... wie eine gebannte, unnahbare Zauberburg" einen fundierten Überblick über die gesamtpfälzische Burgenwelt. Dass nach heutiger Gliederung zum Kreis Bad Kreuznach gehörige Burgen wie die Ebernburg und die Altenbaumburg, aber auch der Rheingrafenstein aufgenommen wurden, versteht sich von selbst; dass manche historisch bedeutende Anlage wie etwa Hohenfels, Ruppertsecken oder Perleberg wegen des geringen Baubestandes vernachlässigt wurde, schmerzt mit Blick auf die Vollständigkeit, zeitigt aber für das Gesamtergebnis keine nachhaltigen Folgen.

Für die Bearbeitung der einzelnen Objekte wurde wiederum die bewährte Arbeitsteilung angewandt: Alexander Thon übernahm die Texte zur Geschichte, die Recherche der historischen Abbildungen und Grundrisse, einen Teil der Bodenaufnahmen und das Literaturverzeichnis, während Peter Pohlit die Baubeschreibungen und das Glossar verfasste und Hans Reither einen Teil der Boden- und Detailaufnahmen und nicht zuletzt die touristischen Hinweise besorgte. Zu großem Dank verpflichtet sind Herausgeber und Autoren erneut Herrn Dr. Manfred Czerwinski (Kaiserslautern), der wie schon bei Band 1 überaus eindrucksvolle Luftaufnahmen lieferte, sowie Herrn Uwe Welz (Kaiserslautern) für mehrere vorzügliche Bodenaufnahmen. Teils bisher unpubliziertes historisches Bildmaterial stellten freundlicherweise das Landesamt für Denkmalpflege in Mainz, das Historische Museum der Pfalz in Speyer und Dr. Hubert Puhl vom Burgverein Spangenberg e.V. zur Verfügung. Fachliche Unterstützung gewährten gern und ausführlich Dieter Barz (Alzey), Dr. Stefan Ulrich (Homburg) und Dr. Frank Wagner (Obermoschel) sowie mit ihren reichen Beständen an pfälzischer Literatur die Pfalzbibliothek in Kaiserslautern Das Landesamt für Vermessung und Geobasisinformation Rheinland-Pfalz, Koblenz, stellte freundlicherweise das Kartenmaterial zur Verfügung. Für die mühselige Arbeit des Korrekturlesens gebührt Ansgar S. Klein M.A. (Königswinter-Oberdollendorf) und Margarete und Heinz Thon (Lahnstein) ein ebenso herzlicher Dank wie Elisabet Petersen M.A. vom Verlag Schnell & Steiner in Regensburg für ihr aufmerksames und verständnisvolles Lektorat. Schließlich wissen sich die Beteiligten den Herren Thomas Metz von „Burgen, Schlösser, Altertümer Rheinland-Pfalz" und Dr. Albrecht Weiland vom genannten Verlag Schnell & Steiner verpflichtet, die dem vorliegenden Buch in mehr als einer Hinsicht ihre Unterstützung zukommen ließen.

> „Wie Schwalben Nester an den Felsen geklebt, erheben sich Mauern, Häuser und riesige Thürme am senkrechten Abgrunde."

Der Eindruck, den der Jurist, Archivar und passionierte Burgenforscher Leopold Otto Joseph Eltester bei seinen beiden Aufenthalten am

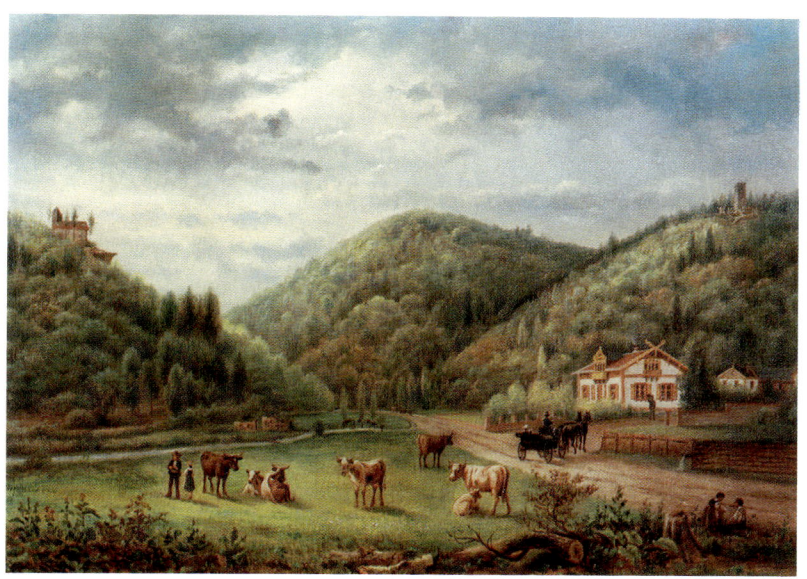

Burgruinen Spangenberg (links) und Erfenstein (rechts) im Elmsteiner Tal. Ölgemälde von Nicolaus Berkhout, 1877

5. Oktober 1849 und am 20. September 1878 auf dem Rheingrafenstein gewonnen hat, vermittelt sich dem Besucher auch noch am Beginn des 21. Jahrhunderts. Eltesters Absicht, eine „Geschichte von hundert der merkwürdigsten mittelrheinischen Burgen" zu verfassen, ist leider nicht über die 70. Anlage und das Manuskript hinaus gediehen, doch bleibt sein Nachlass mit Hunderten von teils sehr akribischen Zeichnungen ein Fundus von unschätzbarem Wert für die pfälzische und rheinische Burgenforschung. Sein Beispiel, sich auch abseits der ausgetretenen Pfade zu bewegen und bei einem Burgenbesuch die hehre Wissenschaft mit einem Gefühl für die Ästhetik der Örtlichkeit zu verbinden, möge ein Vorbild für den heutigen Touristen sein. Es lohnt sich mehr als anderswo, die je nach Sichtweise bedauerlicher- oder glücklicherweise noch nicht so stark frequentierte Burgenwelt der Nord- und Westpfalz in ihrer imposanten Ursprünglichkeit und nachdrücklichen Vielfalt zu erforschen.

Alexander Thon

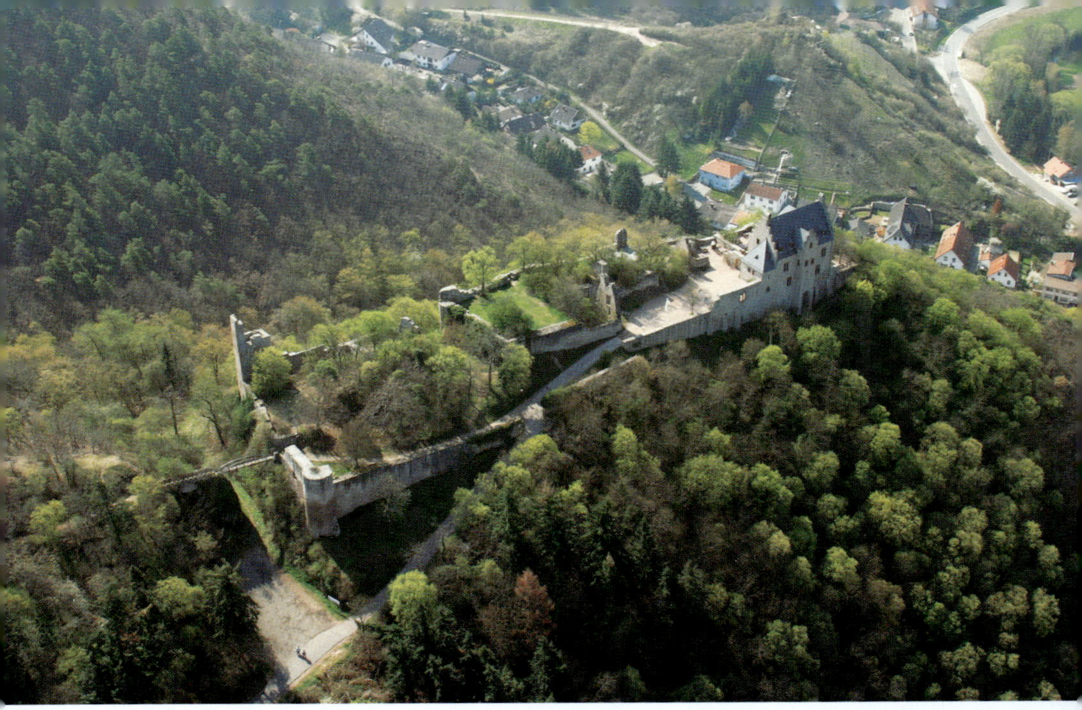

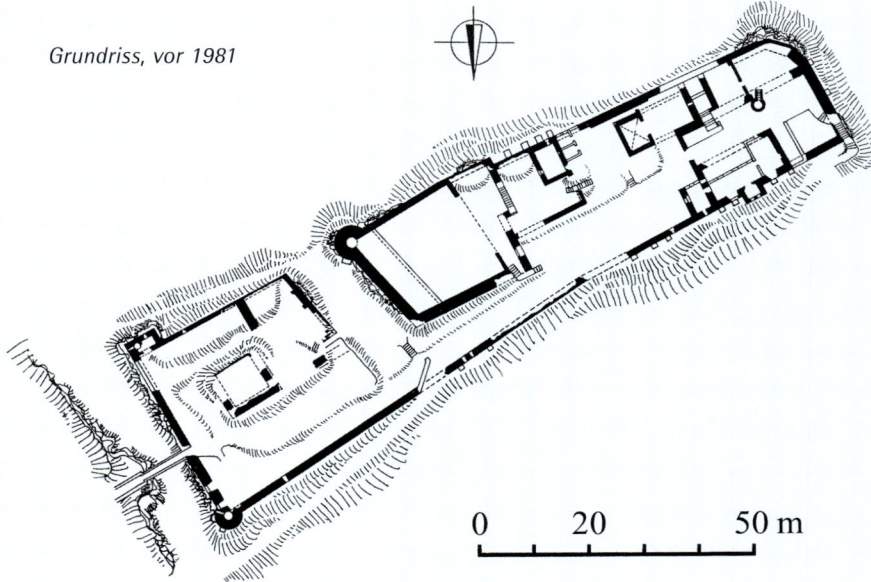

Luftaufnahme von Norden, 2004

Grundriss, vor 1981

Altenbaumburg

Die auf einem lang gezogenen Bergrücken über dem Ort Altenbaumberg gelegene Altenbaumburg, Stammburg der Raugrafen, ist mit ihren nahezu 140 Metern Länge eine der größten Burgruinen der Pfalz. Über den genauen Zeitpunkt ihrer Errichtung liegen keine Informationen vor: Während es sich bei dem gemeinhin genannten Erstbeleg der Altenbaumburg (1129) tatsächlich um eine Fälschung handelt, kann auch ein seit 1154 bekannter Graf Emich von Baumburg nicht mit letzter Sicherheit als Nachweis für eine Baumburg herangezogen werden, da sich sein Beiname von einer Burg oder einer Siedlung herleiten könnte. Da selbst die Teilung des Raugrafengeschlechts in zwei unterschiedliche Linien 1214 in dieser Hinsicht keinen Aufschluss gibt, bleibt nur der Rückgriff auf eine Urkunde aus dem Jahr 1253, in der erstmals eine „Neue Burg" bei dem heute verschwundenen Dorf Sarlesheim erwähnt wird. Bei dieser Anlage handelte es sich um die Neuenbaumburg (heute Neubamberg), womit klar wird, dass es spätestens damals auch eine Altenbaumburg gegeben haben muss.

Aus dem weiteren Verlauf des 13. Jahrhunderts ist lediglich bekannt, dass mit dem Einverständnis König Rudolfs von Habsburg 1276 fünf Juden hier oder auf einer anderen raugräflichen Burg wohnen sollten. 1317 lassen sich bereits mehrere Besitzer belegen, was auf finanzielle Schwierigkeiten der Grafenfamilie hinweist. Am Niedergang der Grafenfamilie konnte auch die Privilegierung der Talsiedlung mit Oppenheimer Stadtrecht sowie Marktrechten durch König Ludwig den Bayern 1320 wenig ändern. Wegen innerfamiliärer Erbstreitigkeiten und finanzieller Probleme sahen sich die Raugrafen seit der Mitte des 14. Jahrhunderts gezwungen, den Pfalzgrafen bei Rhein und den Grafen von Sponheim das Öffnungsrecht zuzugestehen. 1366 folgten Verpfändungen einzelner Gebäude, insbesondere der gesamten mittleren Burg, an die Pfalzgrafen, denen es bis 1457 gelang, drei Viertel der Burg in ihrer Hand zu vereinigen. Das restliche Viertel gelangte auf Umwegen zur selben Zeit in den Besitz der Linie Pfalz-Simmern. Zu Beginn des 16. Jahrhunderts gaben die Pfalzgrafen die Burg als kurpfälzisches und pfalz-simmerisches Erblehen an verschiedene Adelsfamilien aus, die zeitweise eigene Amtleute einsetzten.

Offensichtlich waren schon Ende des 15. Jahrhunderts Teile der Altenbaumburg unbewohnt und in Verfall begriffen. 1482 durfte mit

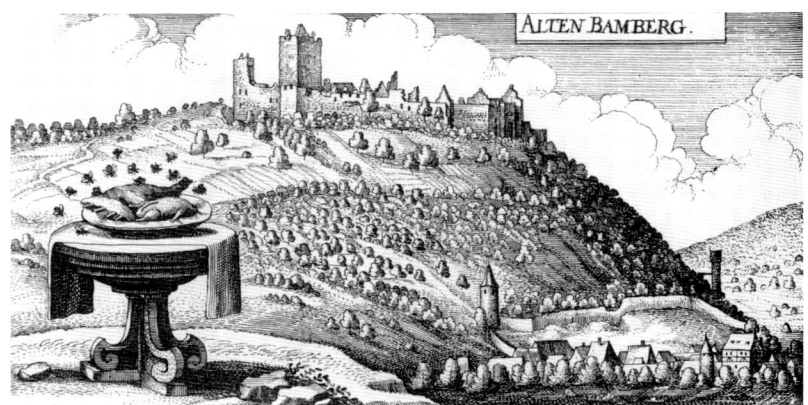

Kupferstich, gezeichnet und gestochen von N.N., vor 1629

pfalzgräflicher Erlaubnis Schweikard VIII. von Sickingen Steine als Baumaterial für seinen Neubau der Ebernburg abtransportieren. In den restlichen Burggebäuden lagen während des Dreißigjährigen Krieges 1621 und 1631 spanische und schwedische Besatzungstruppen. 1666 wurde die Burg vom pfälzischen Kurfürsten Karl I. Ludwig in seinem Feldzug gegen Lothringen erobert. Ein vollständiger Wiederaufbau oder auch nur der Unterhalt der noch bestehenden Gebäude scheint nicht mehr erfolgt zu sein, denn 1681 betitelt eine Schriftquelle die Burg nur noch als Ruine. Endgültig verwüstet wurden die seinerzeit dennoch gewiss recht ansehnlichen Gebäude 1689 durch französische Truppen.

Die Ruine der Altenbaumburg besteht aus drei Einzelburgen, deren bauliche Reste größtenteils aus dem 14. und 15. Jahrhundert stammen. Die früher von nur wenigen markanten Einzelheiten gekennzeichnete Silhouette der Gesamtanlage wird heute von einem wieder aufgebauten Wohnhaus am Ende des Bergsporns bestimmt.

Am besten erhalten hat sich in der östlich gelegenen, trapezförmigen Oberburg die Schildmauer, welche ehemals eine Höhe von 15 Metern besaß, aber nur etwas mehr als einen Meter dick war. Begrenzt wird diese wohl aus der ersten Hälfte des 14. Jahrhunderts stammende Mauer im Nordosten von einem nur wenig höheren, dreiviertelrunden Eckturm und im Südosten von einem noch 18 Meter aufragenden Rechteckturm mit Resten einer Abortanlage und eines Schornsteinschachts im Innern. Ein Schutthügel, unter dem der Stumpf des rechteckigen Bergfrieds aus dem 13. Jahrhundert gefunden wurde, beherrscht heute den ehemaligen Burghof. Nach einem Kupferstich von vor 1629 zu urteilen, kann der Turm etwa 40 Meter hoch gewesen sein und gehörte damit zu den mächtigsten seiner Art überhaupt. Übrig geblieben ist davon ein vier Meter hohes Mauerstück auf der neun Meter langen Nordwestseite in qualitätvoller Buckelquaderausführung.

Mit etwa 40 Metern in der Breite schirmte die Oberburg mit ihrer Schildmauer und dem vorgelagerten, heute von einer Eisenbrücke aus dem späten 19. Jahrhundert überspannten Halsgraben den gesamten übrigen Teil des Burgareals gegen die Bergseite ab. Mittel- und Unterburg verschmälern sich stetig bis auf 25 Meter Breite am Ende des Bergsporns.

Die Mittelburg ist mit einer Fläche von 20 mal 30 Metern der kleinste der drei Burgteile. Gegen die Oberburg schließt sie, flankiert von einem Rundturm, mit einer heute nur noch bis auf Brusthöhe über dem Hofniveau aufsteigenden Schildmauer mit vorgelagertem Graben ab. Die Ringmauerkronen sind stark restauriert worden. Außer der Giebelwand eines zweistöckigen Hauses haben sich nur noch einige

Stumpf des Bergfrieds mit Buckelquadern, 2004

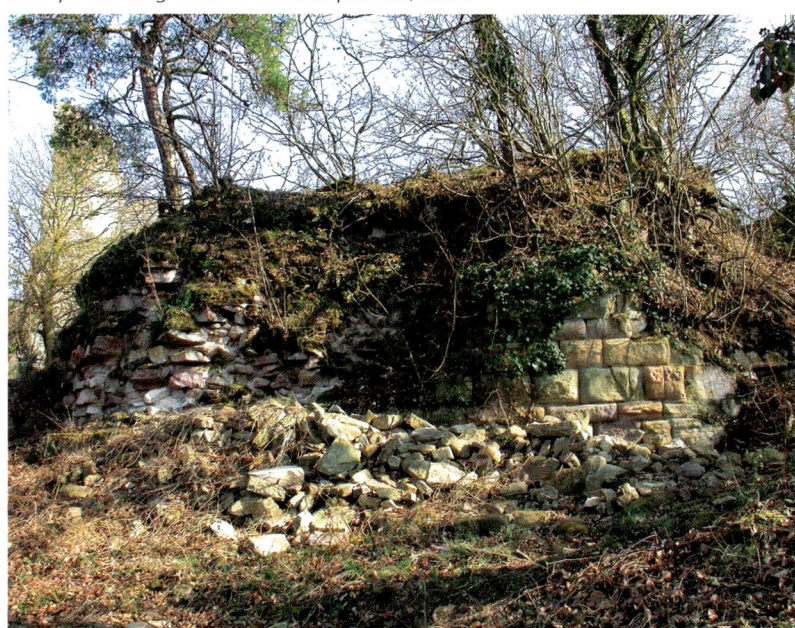

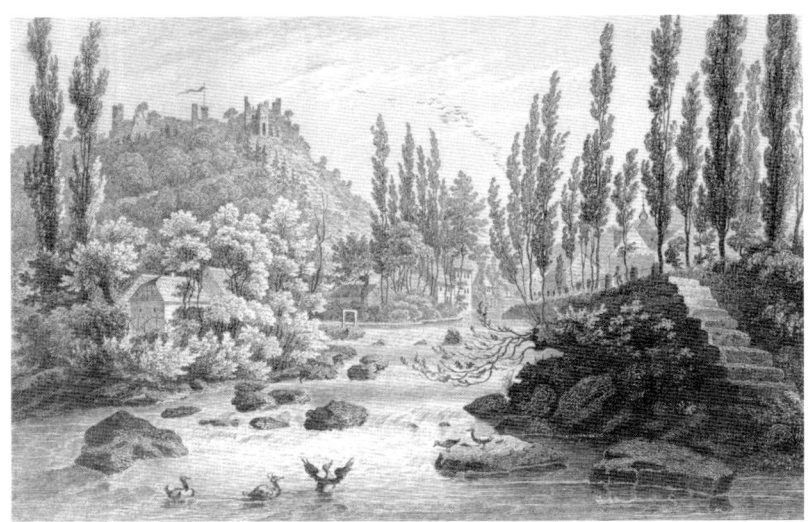

Stahlstich, gezeichnet von C[ ] Gapp, gestochen von N.N., o.D. [um 1850]

Spolien erhalten, darunter profilierte Kamingewände und Fensternischen.

Die größte Ausdehnung erreicht mit einer Länge von etwa 50 Metern die Unterburg. Auf den Grundmauern eines großen Gebäudes, das in die Ringmauer einbezogen war, wurde von 1981–1983 ein palasähnliches Gebäude errichtet, welches heute das Burgrestaurant beherbergt. Im Verlauf dieser Arbeiten wurde der ehemalige Abortschacht zu einem Standerker umgestaltet, und vor die frei ergänzte hofseitige Mauer setzte man einen ebenfalls zuvor nicht vorhandenen achteckigen Treppenturm. Im Burghof befinden sich neben der angeblichen, jedoch für diese Stelle nicht konkret belegten Burgkapelle mit ergänztem Rundbogen und spätgotischen Gewölbeansätzen außerdem ein Kellerzugang und ein Brunnenschacht. Einige Säulchenbasen dienen im Gastzimmer des Restaurants zu Dekorationszwecken.

Rechteckiger Flankierungsturm der Oberburg, 2004

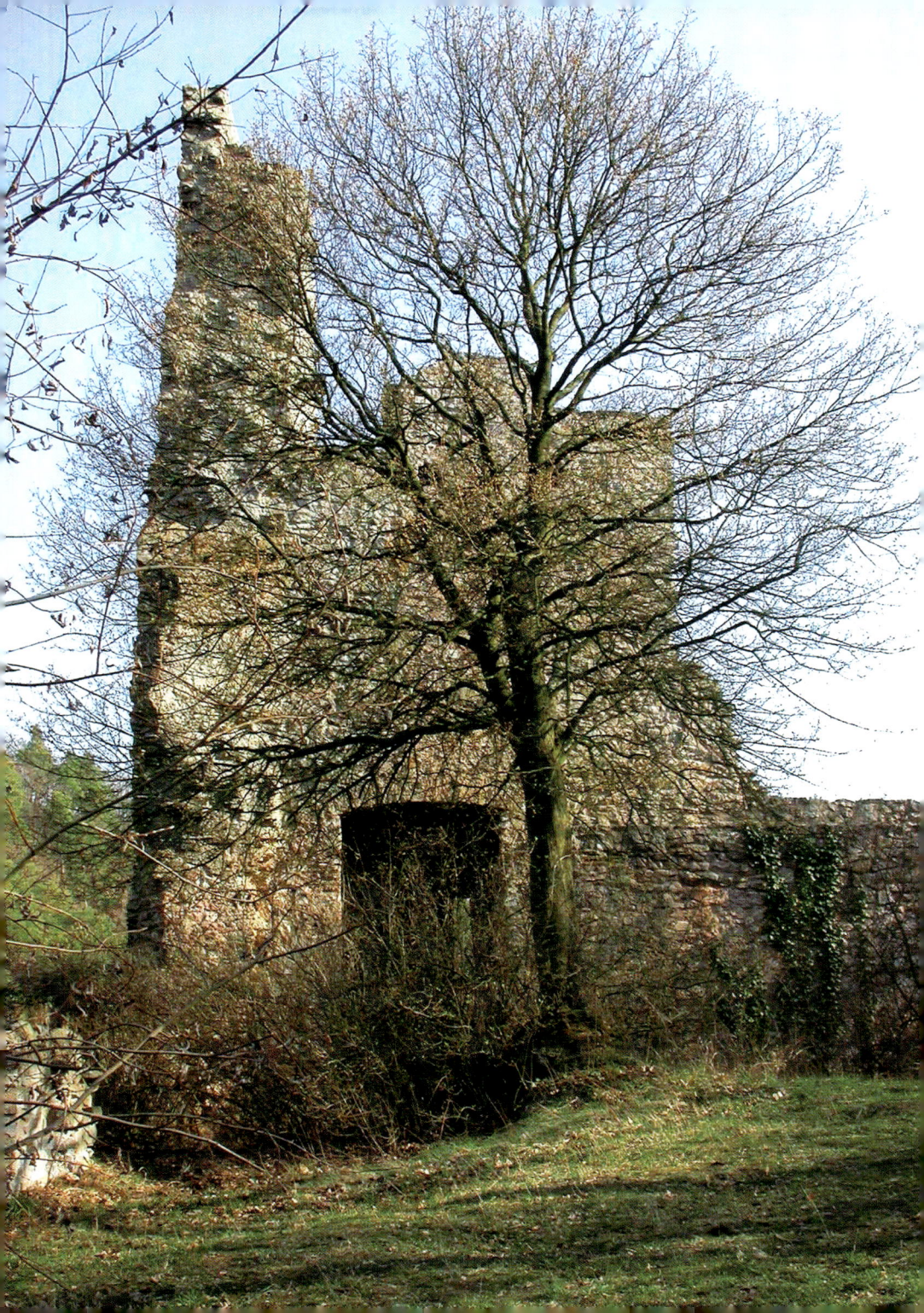

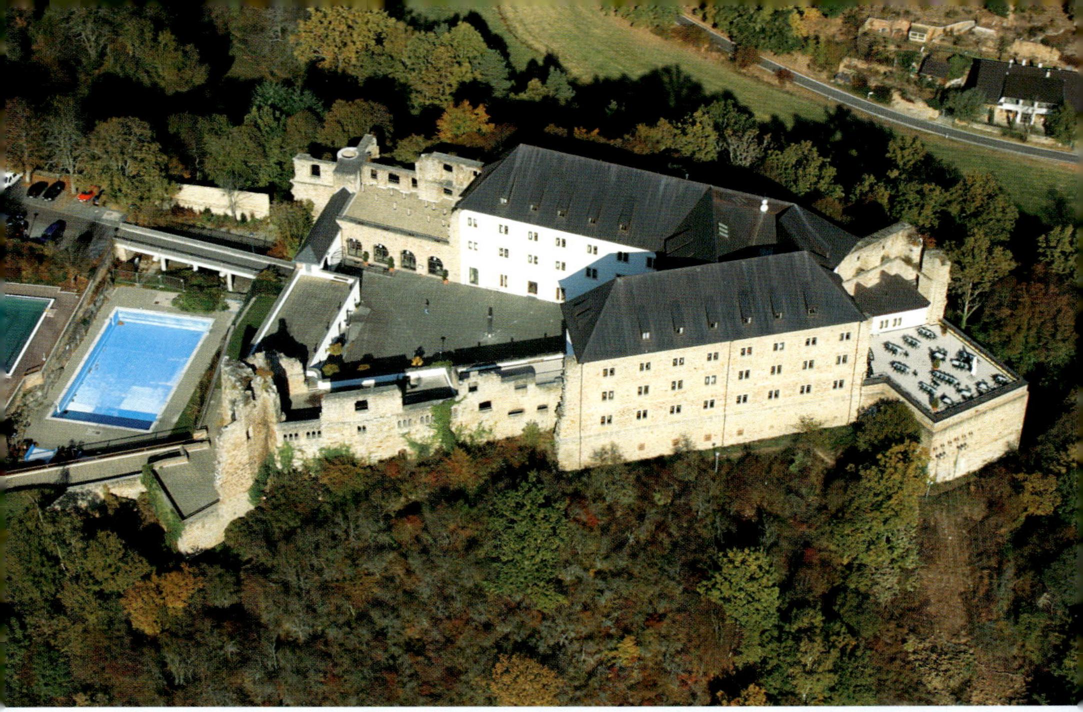

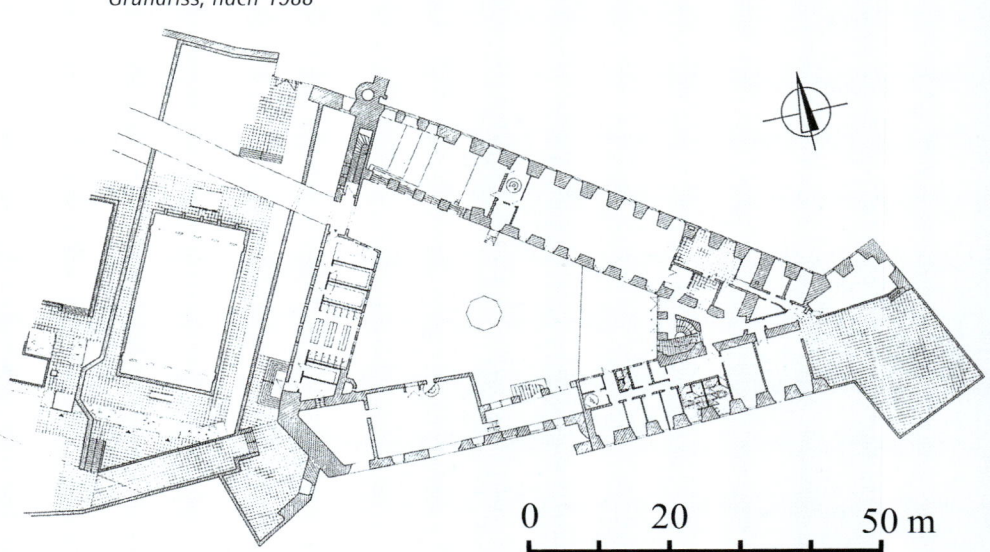

Luftaufnahme von Südwesten, 2004

Grundriss, nach 1988

Burg und Schloss Altleiningen

Ein präziser Zeitpunkt für die Erbauung der Stammburg des seit dem 12. Jahrhundert bekannten Grafenhauses Leiningen lässt sich nicht festsetzen. Da in der leiningischen Teilungsurkunde von 1237 Leiningen nicht aufgeführt ist, muss man davon ausgehen, dass es als Gemeinschaftsbesitz betrachtet wurde. Friedrich III. von Leiningen veranlasste vor 1242 den Bau einer weiteren Burg, zu der in Abgrenzung Leiningen fortan in der Regel als „Altleiningen" bezeichnet wurde.

Nach dem Erlöschen der Linie Leiningen-Landeck im Mannesstamm 1289/90 versuchte Graf Friedrich IV., deren Anteile wieder auf die Hauptlinie zu vereinigen. Die daraufhin folgende Auseinandersetzung mit seinen beiden Nichten Agnes, Gräfin von Nassau, und Adelheid, Gräfin von Sponheim-Kreuznach, währte mehrere Jahre, bis 1293 (Alt-)Leininger Burgmannen mit der Klärung der Rechtslage beauftragt wurden. Diese Vorgänge bildeten die Grundlage für die späteren sponheimischen und nassauischen Anteile, welche Altleiningen mit nunmehr drei Besitzern zur Ganerbenburg werden ließen, woran sich Wesentliches bis zum 15. Jahrhundert nicht mehr änderte.

1463 durch die Gefangensetzung Markgraf Karls l. von Baden zwangsweise an Pfalzgraf Friedrich l. gekommen, wurde die Anlage im Bauernkrieg 1525 erstürmt und niedergebrannt. Der nur zögerlich begonnene Wiederaufbau, der die ehemalige Burg endgültig in ein Schloss verwandelte, zog sich bis in das 17. Jahrhundert hinein, bis die Arbeiten schließlich wegen Geldmangels eingestellt wurden. Bereits 1670 wieder in schlechtem Zustand, wurde das Schloss nach der Zerstörung durch französische Truppen im Jahr 1690 in der Folgezeit als Steinbruch ausgebeutet.

1705 fiel die Schlossruine an die Linie Leiningen-Westerburg, die sie bis zu den Revolutionskriegen in ihrem Besitz behielt. Trotz der Zerstörungen noch immer eine höchst imposante Ruine, verlor das Schloss erst in den sechziger Jahren des 20. Jahrhunderts anlässlich des Umbaus zur Jugendherberge seine Aussagekraft. Die neuen Gebäude bezogen zwar die alte Bausubstanz mit ein, entsprachen aber in ihren nüchternen, vielerorts an eine Kaserne erinnernden Fassaden keineswegs mehr dem Aussehen eines ehemaligen Renaissanceschlosses. Besonders störend wirken zudem der völlig frei gestaltete westliche Abschluss der Anlage und ein Schwimmbad im ehemaligen Halsgraben.

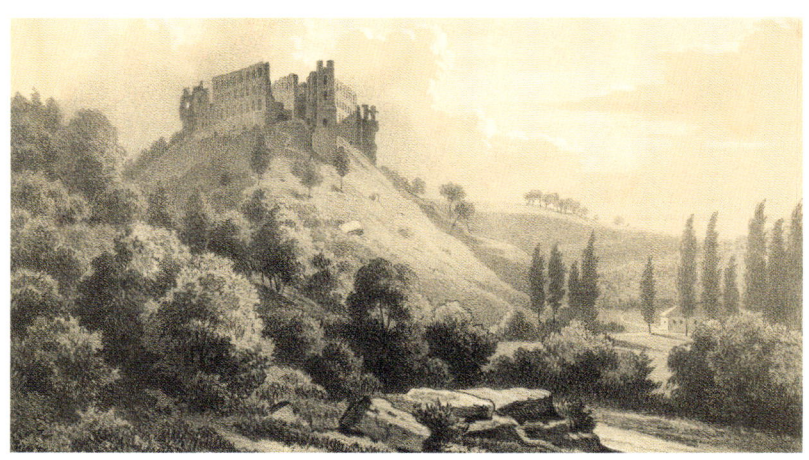
Lithographie, gezeichnet und lithographiert von Friedrich Hohe, vor 1854

Altleiningen erstreckt sich in Form eines nach Westen durch den Graben abgetrennten Dreiecks in einer Ausdehnung von mehr als einhundert Metern über den östlichen, felsigen Ausläufer des Tauberberges. Jenseits des Grabens befand sich die an Fläche noch größere Vorburg von etwa 115 mal 70 Metern, von der noch Außenmauern zu sehen sind.

Die eigentliche Kernanlage zeigt lediglich an der Südwestecke noch Reste der Burganlage des frühen 13. Jahrhunderts, nämlich ein Stück des stauferzeitlichen Bergfrieds mit Buckelquadern und den Ansatz der Ringmauer. Die Gruppe gotischer Fenster in der anstoßenden Wand eines spätmittelalterlichen Anbaus ist neu und entbehrt jedes historischen Beleges.

Von den beiden Schlossflügeln aus der Zeit um 1600 fanden die Außenmauern, die noch fast in voller Höhe vorhanden waren, Aufnahme in die modernen Neubauten. Dabei wurden die Fenster in die vorhandenen, ihrer Gewände zum größten Teil beraubten Höhlungen neu eingesetzt. Während also wenigstens hier die historische Bausubstanz gesichert werden konnte, präsentieren sich die Hofseiten dagegen als wenig geglückte Neuschöpfungen.

An der Nahtstelle der beiden Wohnflügel im Osten hat sich im Zwickel, dem heutigen Mittelbau, ein Treppenturm erhalten, der wohl ehemals zur spätmittelalterlichen Befestigung gehört hat. Nord- und Südbau weisen jeweils Kellerräume mit Mauerstärken von zweieinhalb Metern auf.

Spätmittelalterliche Mauerreste mit Treppenturm, 2004

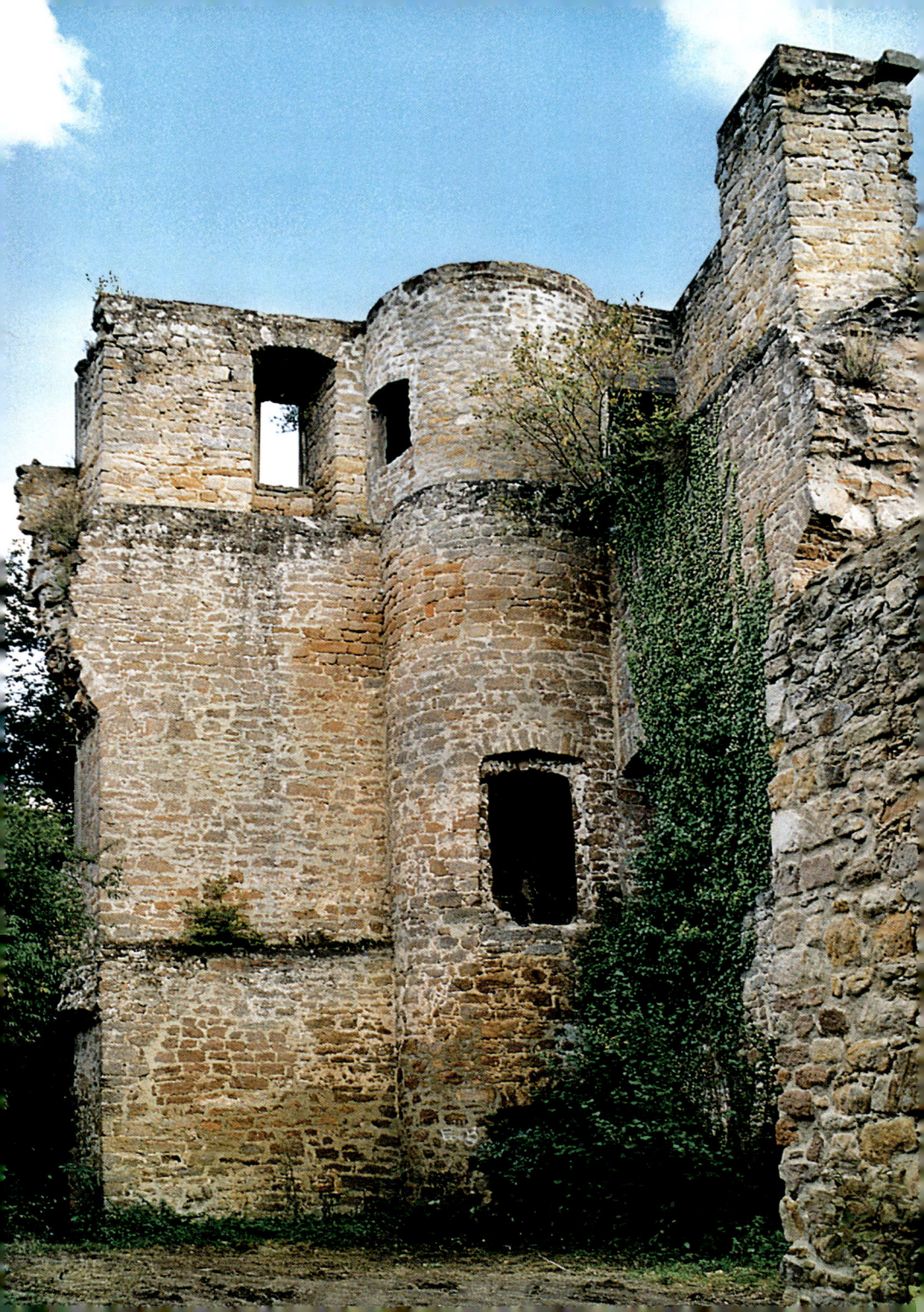

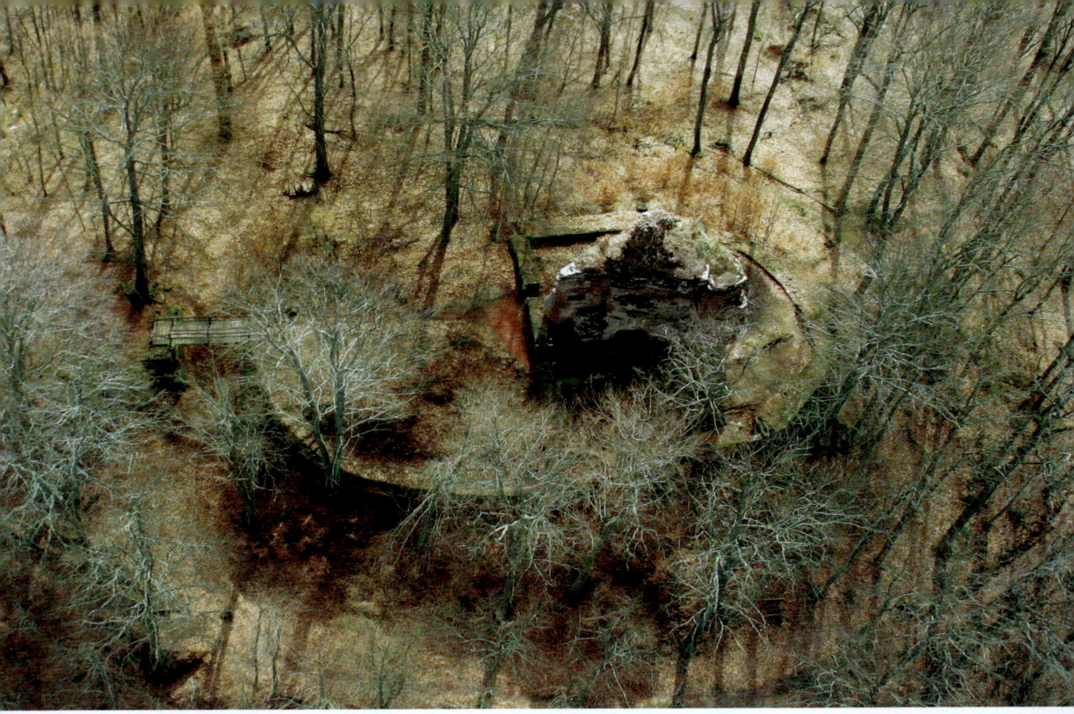

Luftaufnahme von Norden, 2004

Grundriss, vor 1961

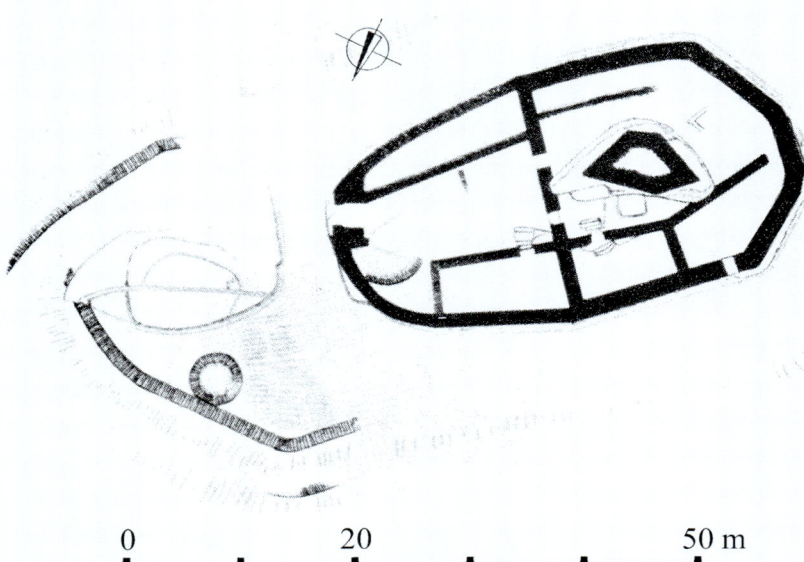

Burg Beilstein

In nur unwesentlicher Entfernung zu Kaiserslautern und seiner Reichsburg liegt mit dem Beilstein eine weitere, höchst bemerkenswerte Burg, die sich bedauerlicherweise und völlig zu Unrecht nur einer geringen Besucherschaft erfreut. 1234 erlaubte König Heinrich (VII.) den Brüdern Gottfried und Emmerich von Randeck sowie dem Merbodo, eine Burg Beilstein *(castrum Bylensteyn)* im Gebiet des Reichsbezirks Lautern und auf Eigengut des Lauterer Marienhospitals zu errichten. Während in der Urkunde nur von „Errichtung" (nicht von einer „Wiedererrichtung", wie stets fälschlich zu lesen ist!) gesprochen wird und daher eine Erstanlage angenommen werden könnte, steht doch außer Frage, dass zu dieser Zeit an derselben Stelle bereits eine Befestigung existiert haben muss. Für diese Annahme spricht neben dem eindeutigen Baubefund auch die Tatsache, dass schon seit 1185 ein Geschlecht von Beilstein nachgewiesen werden kann, zumal keine gleichnamige Siedlung existierte. Die darüber hinausgehende These, eine erste Anlage sei bereits von Herzog Friedrich II. von Schwaben zu Anfang des 12. Jahrhunderts errichtet worden, bleibt jedoch eine unbegründete Spekulation.

Weitere Nachrichten in direktem Zusammenhang mit der Burg sind – im Gegensatz zur der Reichsministerialität angehörigen, um 1464 ausgestorbenen Familie – kaum beizubringen. Offenbar beherbergte der Beilstein seit Beginn des 14. Jahrhunderts eine Ganerbschaft, aus deren Reihen 1368 Siegfried Lymelzun von Lewenstein dem Pfalzgrafen Ruprecht I. seinen Burganteil öffnete. Gemäß dem Baubefund wurde die Anlage zwischen 1420 und 1455 gewaltsam zerstört und nicht wieder aufgebaut, so dass Schriftquellen noch 1600 von einem „wüsten, alten Haus" sprechen.

Nach einer ersten, um 1900 durch den „Pfälzischen Verschönerungsverein" vorgenommenen Räumungskampagne konnten durch mehrjährige Ausgrabungs- und Sanierungsarbeiten seit Ende der 1950er Jahre eine umfangreiche Vorgängeranlage nachgewiesen und die vorhandenen Mauerreste gesichert werden. Heute gehört die Ruine zu den von „Burgen, Schlösser, Altertümer Rheinland-Pfalz" verwalteten Anlagen.

Ein isoliert auf dem Burghügel stehender, schmaler Felsklotz mit einem fast nur noch im Kernmauerwerk erhaltenen Bergfried auf

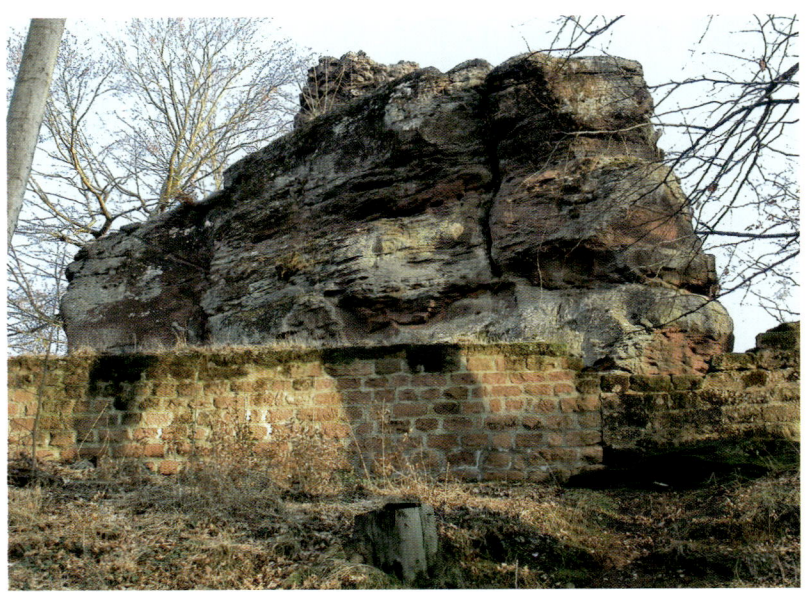
Kernburg mit restaurierter Ringmauer, 2003

dessen Spitze bildet gegenwärtig das Zentrum der Anlage. Eine Vorgängerburg, wohl aus dem 12. Jahrhundert, umgab mit wesentlich größeren Ausmaßen den gesamten Gipfel des Hügels. Von dieser ersten Befestigung haben sich aus glatten, hammerrechten Quadern bestehende Ringmauerreste in Höhe einiger Steinlagen nahe des kleinen, früher umbauten Vorfelsens im Osten der heutigen Burg sowie Reste eines Rundturms erhalten. Fundamentreste eines weiteren Rundturms der älteren Anlage haben Ausgrabungen im Bering der Nachfolgeburg direkt neben dem Torbau ergeben. Möglicherweise benutzte schon die ältere Anlage den jetzt teilweise verfüllten Graben, der die Burg umlief und im Nordwesten und Westen noch gut zu erkennen ist.

Die Nachfolgeburg des 13. Jahrhunderts zeigt Merkmale einer Burg des späten Hochmittelalters: Rücknahme des Areals unter zumindest teilweiser Aufgabe des Vorwerks, Halsgraben mit Zugbrücke, fünfeckiger Bergfried mit Spitze zur Angriffsseite und enge Bebauung. Über einer langovalen, etwa 40 Meter langen und 20 Meter breiten Grundfläche gliedert sich die jüngere Gesamtanlage in einen östlichen und einen westlichen Teil.

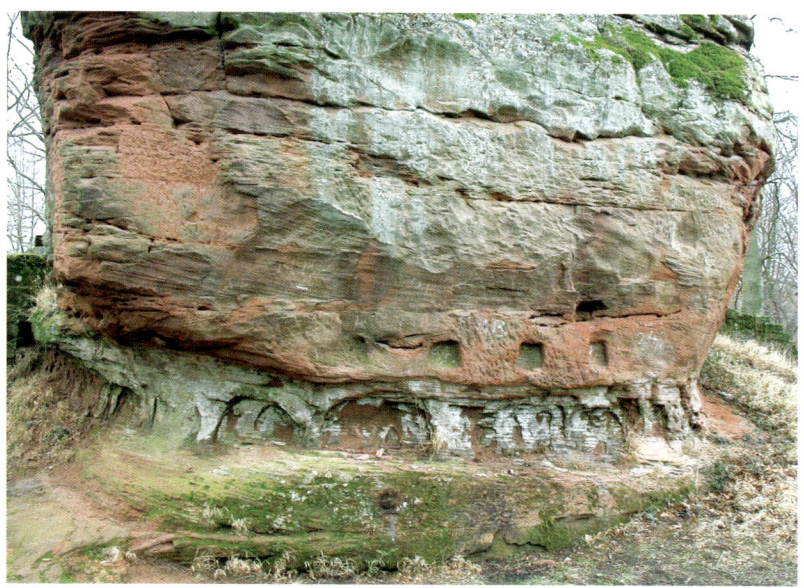
Balkenlöcher von Anbauten am Burgfelsen, 2004

Über den Halsgraben und die wieder errichtete Brücke, die möglicherweise an ein Torhaus stieß – Sockel und Gewändereste sind noch vorhanden –, gelangte man zunächst in den heute leer geräumten östlichen Bereich. Hier dürften sich früher Gebäude (Nebengebäude?) an die Ringmauer gelehnt haben.

Zwei kleinere Tore führen in den vom gut acht Meter hoch aufragenden Felsen in zwei Zonen unterteilten Westteil. Auf der Nordwestseite befinden sich neben einem teilweise in das Gestein eingearbeiteten Zisternenbecken die restaurierten Mauern eines Wohnhauses mit Spitzbogentür. Ursprünglich von einem am hier glatt abgearbeiteten Gestein angesetzten Gebäude aus zugänglich, kann die Plattform des Felsens zurzeit nicht erstiegen werden. Nach Ausweis der Balkenlöcher ehemals vollständig von bis zu dreigeschossigen Bauten umgeben und im unteren Teil nicht zu erkennen, trägt er formlose Reste von Futtermauerwerk des ursprünglich fünfeckigen Bergfrieds.

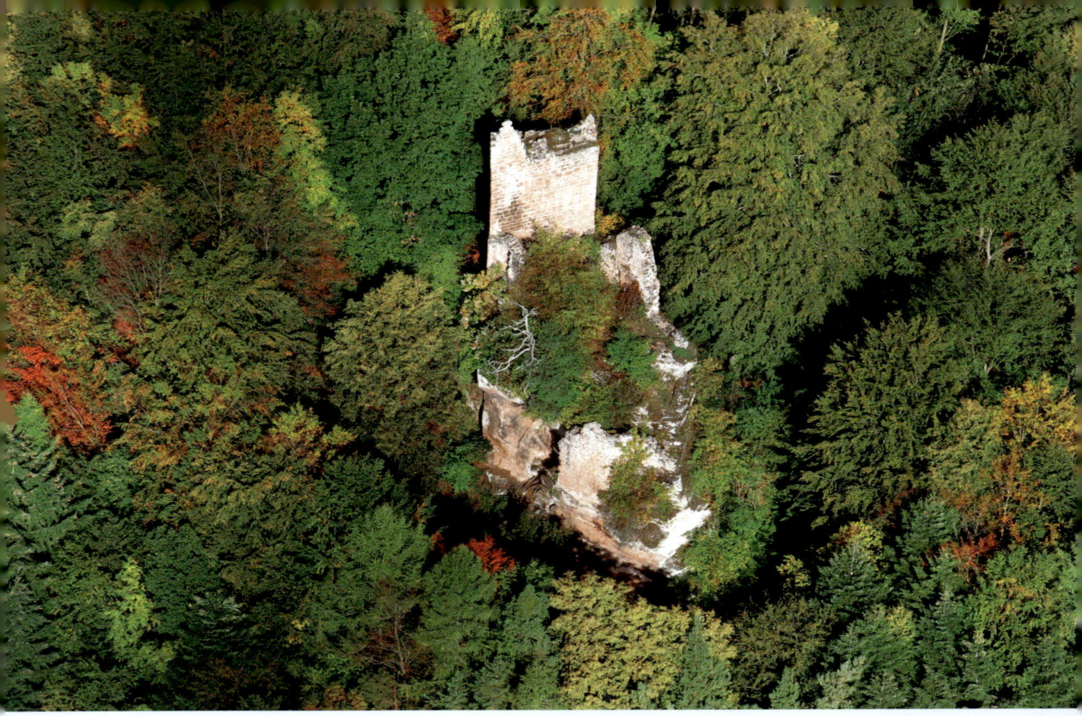

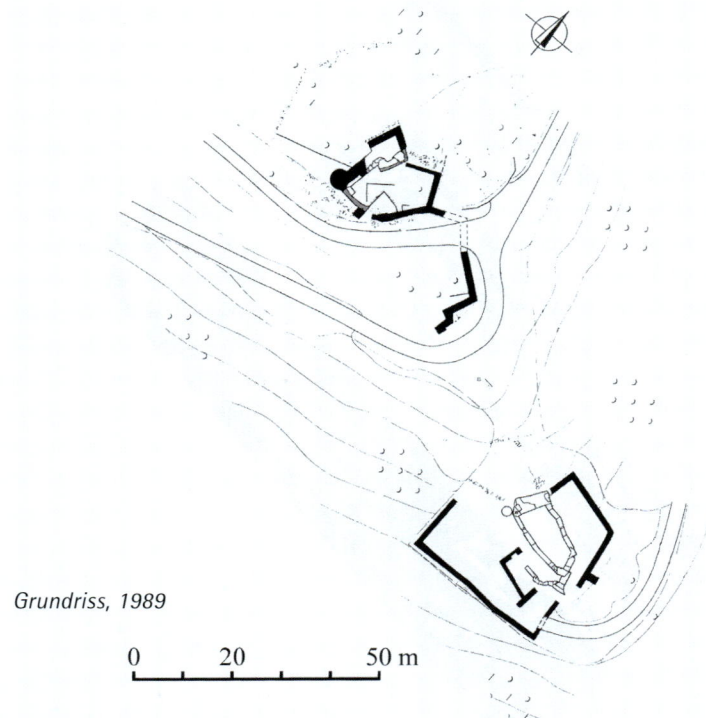

Luftaufnahme des Nieder-Breitensteins von Südosten, 2004

Grundriss, 1989

0   20   50 m

Burg Breitenstein

Die Ursprünge von Burg Breitenstein, die dem Bau-, aber auch dem Schriftquellenbefund nach in einen oberen und einen unteren, 1340 explizit als Nieder-Breitenstein genannten Teil geschieden wird, sind nicht ohne weiteres zu klären. Da bereits von 1257–65 ein im Lehnsverhältnis zu den Grafen von Leiningen stehender Burkhard von Breitenstein in den Schriftquellen erwähnt wird, liegt der Schluss nahe, dass eine erste Burg als Gründung dieses Grafengeschlechts anzusprechen sein wird. Nach einer großen, durch das Fehlen jeglicher Nachrichten bedingten Lücke wird jedoch 1340 in einer Verhandlung des königlichen Hofgerichts in München Graf Walram von Sponheim für schuldig befunden, auf Gebiet des Hochstifts Speyer eine Burg Breitenstein errichtet zu haben. Der Sponheimer Graf hatte gemäß dem Urteil des Hofrichters Ludwig von Teck den speyerischen Lehnsmann Friedrich Horneck nicht nur in den Besitz des neu erbauten Breitensteins, sondern auch des „Nieder-Breitensteins" einzusetzen. Folgt man diesen Aussagen, dann wäre der Nieder-Breitenstein die ältere Anlage und der andere Teil die jüngere, was, behält man die bisherige Benennung bei, den bisherigen Erkenntnissen der Bauforschung konträr entgegensteht. Ebenso wenig erhellt sich, wie ein Besitzwechsel von den Grafen von Leiningen zum Hochstift Speyer zustande gekommen war.

Nach erfolgreichem Einspruch Pfalzgraf Rudolfs II., der Graf Walram gegenüber dem Reichsoberhaupt als seinen Lehnsmann reklamierte, zeitigte das Münchener Urteil keinerlei Folgen, so dass der Breitenstein in sponheimischer Hand verblieb. Die zum Schutz eingesetzten Burgmannen, denen schon 1339 mit Jakob von Flörsheim ein Burggraf vorgesetzt worden war, bildeten nach der Mitte des 14. Jahrhunderts eine Burggemeinschaft, die erstmals 1357 einen Burgfriedensvertrag mit Graf Heinrich von Sponheim-Dannenfels abschloss. Ein weiterer Burgfriedensvertrag von 1382 ist die letzte Urkunde mit einer Nachricht über den Breitenstein. Alle weiteren Aussagen selbst in einschlägigen Handbüchern über spätere Nennungen sind Fehlidentifizierungen, Fehldatierungen oder – wie der angebliche Übergang der Burg an die Grafen von Leiningen nach 1437 und eine vermutete Zerstörung 1470 – beleglose Hypothesen. Heute befindet sich die Anlage im Besitz von „Burgen, Schlösser, Altertümer Rheinland-Pfalz". Die untere, bisher als Nieder-Breitenstein angesehene Burg gliedert

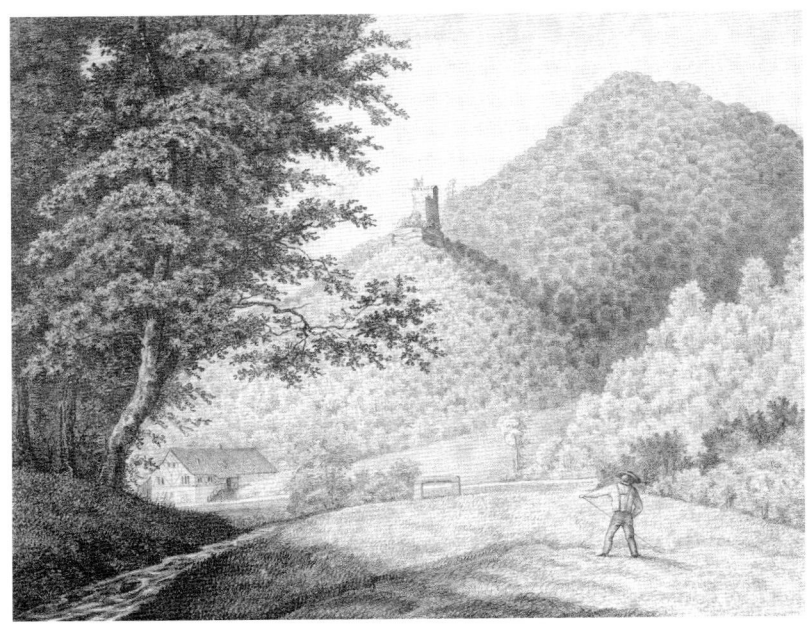

Lithographie, gezeichnet und lithographiert von Karl Knell, o.J. (um 1830)

sich in einen oberen, derzeit nicht zugänglichen Burgteil auf dem eigentlichen Burgfelsen und einen unteren Teil. In Kombination aus baulichem und Schriftquellenbefund darf die typische Spornlagenburg der Zeit vor 1339 zugeordnet werden.

Hinter einem durch Abtrennung des eigentlichen Burgfelsens vom Hang geschaffenen Halsgraben erhebt sich eine zweieinhalb Meter starke, an den Ecken abgeschrägte Mauer ohne jede Öffnung, die heute noch mehr als zwölf Meter hoch ist und sorgfältig gesetzte, qualitätvolle Buckelquader mit Randschlag aufweist. Tatsächlich handelt es sich bei dieser schildmauerartigen Konstruktion mit ihrem nach innen auskragenden Wehrgang um die verstärkte Außenwand des dahinter liegenden Palas, wie die Verzahnungen mit dessen Wänden im unteren Teil dokumentieren. Von diesem Wohnbau des oberen Burgteils hat sich nur unbedeutendes Mauerwerk erhalten.

Vom unteren Burgteil führt eine aus dem Gestein geschlagene, abgewinkelte Treppe, die durch eine Mauer gedeckt war, zum Eingang des Palas hinauf, wobei eine Pforte hinter den ersten Stufen zusätzliche Sicherung bot. Im Gelände der Unterburg lassen sich neben einer

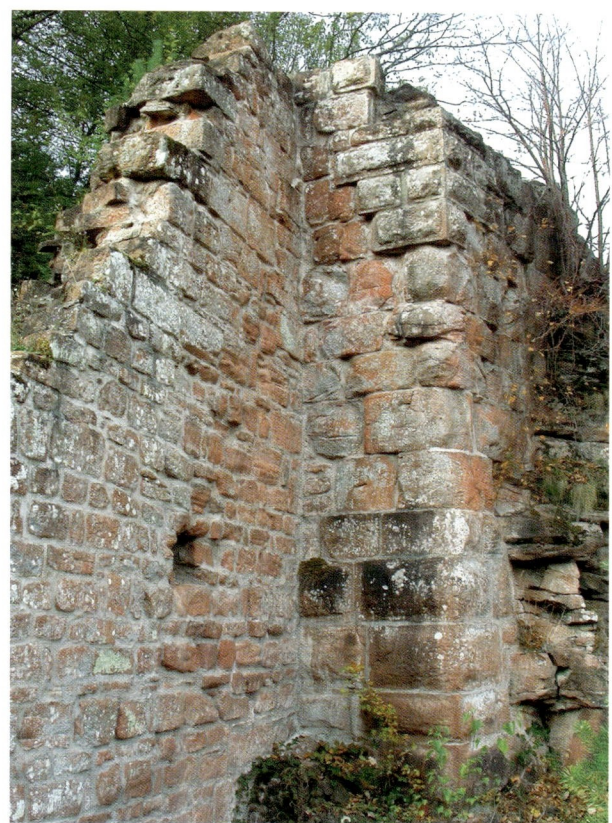

Bergfriedrest der oberen Burg mit unterschiedlichen Buckelquaderformen, 2003

runden Vertiefung im Felsen, von der unklar ist, ob es sich um eine Zisterne oder einen Brunnen handelt, nach Sanierungsmaßnahmen 1988/89 Reste eines Wohnbaus und der Standort des ehemaligen Tores erkennen.

Etwa 60 Meter weiter bergaufwärts zeigen sich die von einem Waldweg zerschnittenen Ruinen der oberen Burg, deren Ursprünge bisher im beginnenden 13. Jahrhundert vermutet worden sind. Neben einer Schildmauer auf einem Felsklotz konnten die Reste eines wohnturmartigen Bergfrieds mit ungewöhnlich großen, vorzüglich bearbeiteten Buckelquadern freigelegt werden. Ein bastionsartiger Rundturm dürfte dagegen als Teil einer späteren Baumaßnahme dem 15. oder 16. Jahrhundert angehören.

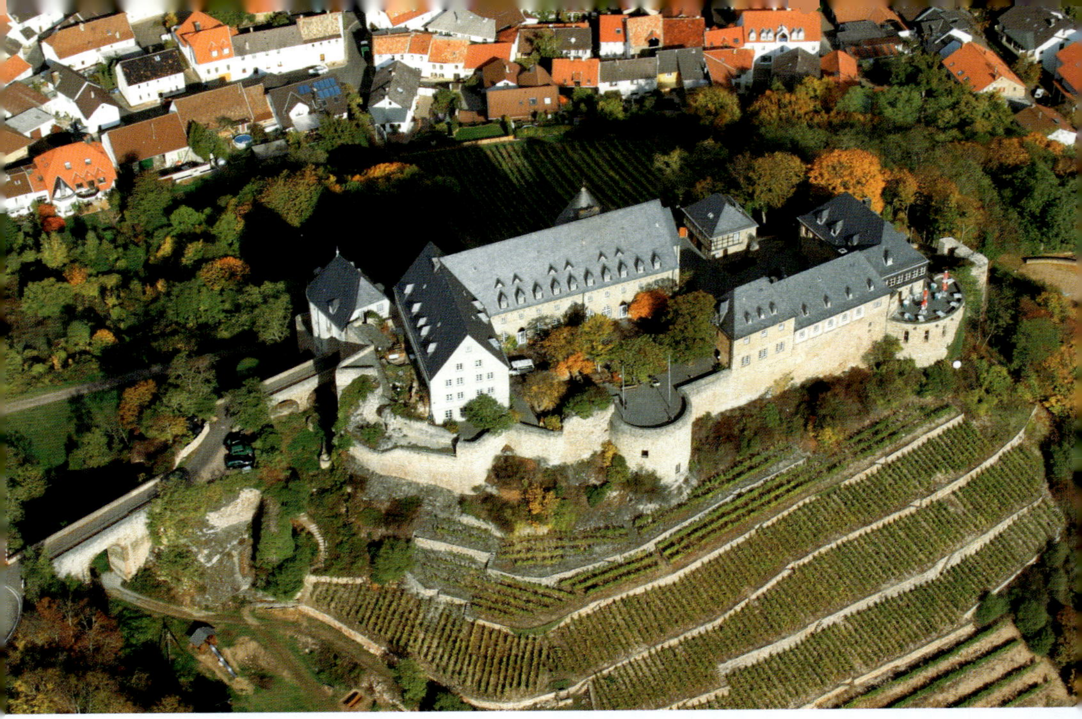

Luftaufnahme von Süden, 2004

Grundriss, vor 1917

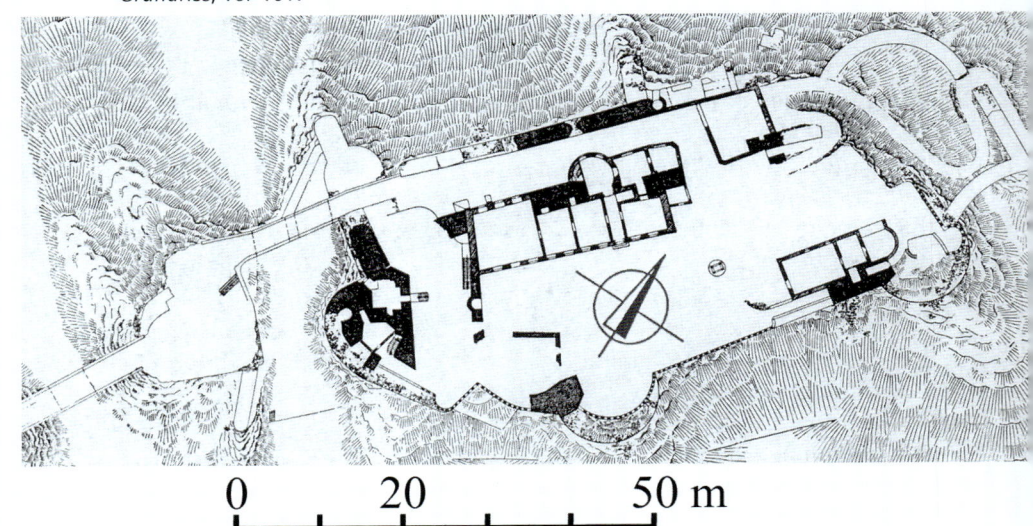

Ebernburg

Erst im 14. Jahrhundert kann man mit Sicherheit von einer Burg Ebernburg sprechen. 1338 vereinbarten Raugraf Ruprecht IV. von Altenbaumburg und sein Onkel, Graf Johann von Sponheim, dass Johann 4.000 Pfund schwarze Turnosen zahlen und außerhalb des Dorfes Ebernburg eine Stadt bauen und freien, in dieser Stadt ein festes Haus aufführen und schließlich auf dem Hutteberg eine Burg errichten sollte. Eine 1347 geschlossene Sühneübereinkunft zwischen Ruprecht und Graf Walram von Sponheim erwähnt dann erstmals eine *Everinburg*, die mit weiteren Gütern bei den Sponheimern verblieb. Der erstmalige Bau dieser Burg ist also auf die Jahre zwischen 1338 und 1347 einzugrenzen. Die bisher häufig anzutreffende, jedoch unbelegte Annahme, die Ebernburg sei bereits in der Salierzeit errichtet worden, ist damit hinfällig.

Trotz zeitweiliger Auseinandersetzungen, insbesondere mit den Pfalzgrafen bei Rhein, verblieb die Anlage für das folgende Jahrhundert im Besitz der Grafen von Sponheim. Nach dem Aussterben der Grafenfamilie 1437 fiel sie zum größten Teil an Baden und Veldenz, während ein Pfandschaftsanteil durch Reinhard VIII. von Sickingen ausgelöst werden konnte. Reinhard gelang es vor 1469, die gesamte Herrschaft Ebernburg samt neu gegründetem Kupferbergwerk mit den Dörfern Feil, Bingert und Norheim sowie vier Fünftel der Burg in seinen Besitz zu bringen. Sein Sohn Schweikard/Schwicker VIII. erwarb 1482 von Kurfürst Philipp von der Pfalz die Herrschaft Ebernburg und konnte sich wohl auch noch das verbleibende letzte Fünftel der Burg sichern.

Die zu dieser Zeit schon sehr baufällige Anlage erfuhr unter Schweikard und seinem Sohn Franz umfangreiche Baumaßnahmen, unter denen die spätgotische Kapelle und die noch heute prägenden vier runden Batterietürme an den Ecken der Anlage hervorragen. Die neue Ebernburg mit dem Charakter einer Residenz der Renaissance gewann in den Jahren bis 1523 durch den Aufenthalt mehrerer Reformatoren und Humanisten, darunter Ulrich von Hutten, ihren Ruf einer „Herberge der Gerechtigkeit". 1522 begann Franz von Sickingen einen Feldzug gegen den Trierer Erzbischof Richard von Greiffenklau, der mit der erfolglosen Belagerung Triers ein unrühmliches Ende nahm. Diese missglückte Unternehmung leitete nach dem Fall der Burg Nanstein und dem Tod

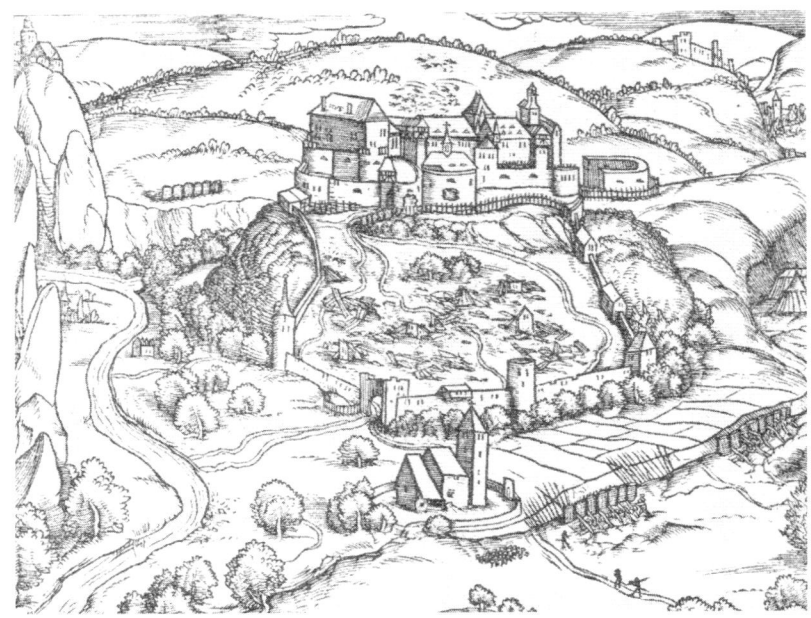

Holzschnitt von Johann Schöffer, vor 1523

Franz' auch den Untergang der restlichen Burgen der Familie ein. Als letzte Anlage traf es die Ebernburg, vor der am 26. Mai der Reichsherold Caspar Sturm erschien. Die wenig mehr als 60 Verteidiger lehnten eine Kapitulation ab und hielten sich nach Beginn der Belagerung noch wenige Tage, bevor sie die Anlage gegen freien Abzug aufgaben. Der pfälzische Kurfürst Ludwig V. ließ die Befestigungen nach Aufteilung des Inventars schleifen und in Brand stecken. Erst 1542 gelang es den Söhnen Franz', die Rückgabe ihrer Besitzungen durch die Fürstenkoalition zu erlangen, woraufhin der älteste Sohn Franz Konrad (1511–1574) sofort mit einem (vertragswidrigen) Wiederaufbau begann.

In den Reunionskriegen lag bis zum September 1697 eine französische Garnison auf der Anlage, als Markgraf Ludwig Wilhelm I. von Baden schließlich die Rückeroberung gelang. Der Friedensschluss von Rijswijk im Oktober 1697, gemäß dem auch die Ebernburg niederzulegen war, sorgte rasch für das Ende der Burg. 1797 wurde die Ruine der Bevölkerung als Steinbruch offen gelassen. Nach mehreren Besitzerwechseln und Baumaßnahmen im 19. und 20. Jahrhundert dient die

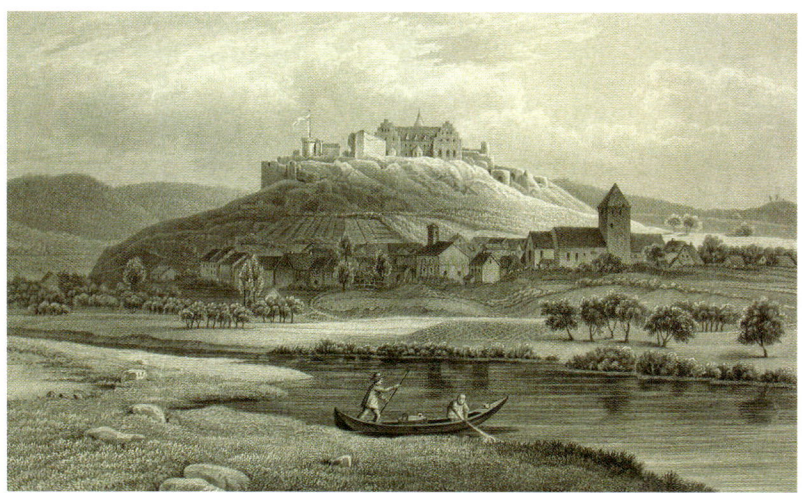

Stahlstich, gezeichnet von Conrad Wiessner, gestochen von Carl Mayer´s Kunst-Anstalt, vor 1862

Ebernburg gegenwärtig als Begegnungsstätte der evangelischen Landeskirchen der Pfalz, Hessen-Nassaus und des Rheinlandes, und wird vom 1950 gegründeten Ebernburg-Verein verwaltet.

Von den mittelalterlichen Bauten haben sich als Folge der systematischen Zerstörung von 1698 und der Benutzung als Steinbruch in den Jahren 1812–1839 kaum ansehnliche Reste erhalten. Trotzdem lässt sich die von Geschütztürmen und Bastionen geprägte spätmittelalterliche Anlage in Grundriss und Aufbau noch gut erkennen. Der Burghof ist heute wieder dicht bebaut und erinnert in seiner Gesamtansicht entfernt an das Erscheinungsbild von einst, wenn auch die modernen Aufbauten keine Rücksicht auf die historischen Fundamente genommen haben.

Der Burgplatz auf dem schmalen, weit vorgeschobenen Hügel, hoch über dem Tal am Zusammenfluss von Alsenz und Nahe gelegen, war strategisch vorteilhaft gewählt worden, denn an drei Seiten des etwa 130 Meter langen und 40–50 Meter breiten Areals fallen die Hänge relativ steil ab. Zwei tief in den Felsen getriebene Halsgräben vor einer hohen Schildmauer auf der Südwestseite reichten lange Zeit aus, eventuelle Eindringlinge auf Distanz zu halten.

Wie schon seit den Umbaumaßnahmen am Ende des 15. und zu Beginn des 16. Jahrhunderts führt heute der Zugang zur Burg zunächst zu einer im Umriss noch erkennbaren Barbakane vor dem inneren Graben heran und von dort über eine steinerne Brücke – sicherlich an Stelle einer früheren Zugbrücke – zum eigentlichen Burgtor. Von der Barbakane aus bietet sich der beste Blick auf die in den unteren Bereichen noch historische Bausubstanz, auf die „Hohe Batterie" aus dem 16. Jahrhundert. Eine völlige Neuschöpfung ist hingegen der mächtige, ursprünglich aus der letzten Bauphase stammende Torturm von 1980 mit seiner überhöhten Durchfahrt. Von dort aus gelangt man in eine zwingerartige Erweiterung der Burg aus dem 17. Jahrhundert, die so genannte Batterie, und von dort in den Hof der Kernburg.

Im eigentlichen Burghof befand sich seit 1840 ein „Restaurationsgebäude", das zwischen 1974 und 1977 eine grundlegende Umge-

Vorwerk mit Graben und „Hoher Batterie", 2004

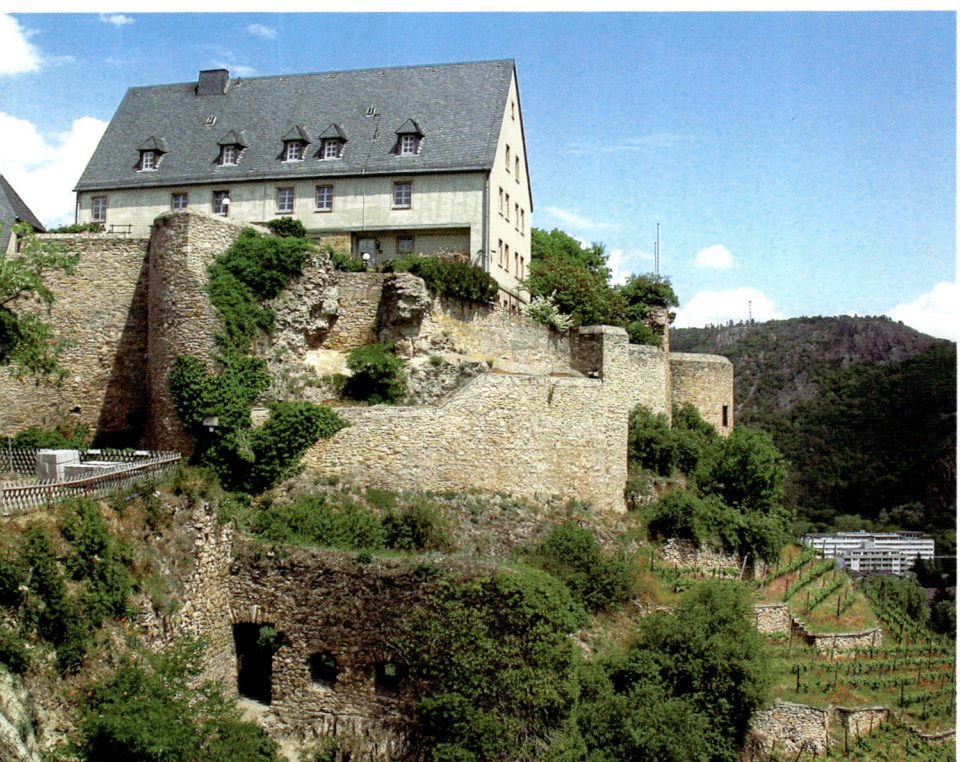

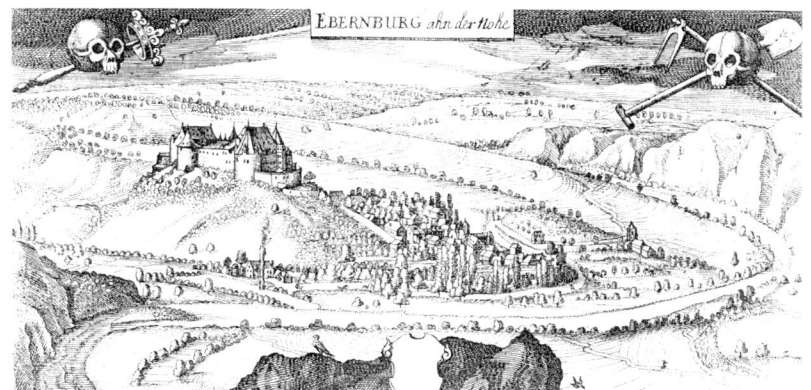

Kupferstich, gezeichnet und gestochen von N.N., vor 1629

staltung erfuhr und heute als „Haus Sickingen" betitelt wird. In ähnlicher Manier wird der sich rechtwinklig anschließende Querbau wegen seiner Lage an der Stelle eines ehemaligen Wohngebäudes als „Palas" bezeichnet. Weder in Grundriss noch Aussehen entsprechen dagegen die vier aneinander stoßenden Häuser auf der Ostseite der Kernburg, die 1954–1956 und 1969–1971 als völlige Neubauten hinzukamen, den historischen Vorgaben. Vermauerte Spolien in einem der Gebäude stammen aus dem 15. und 16. Jahrhundert. Der Brunnen im Hof ist angeblich hundert Meter tief und soll bis auf die Talsohle hinunterreichen.

Noch verhältnismäßig gut haben sich die aufgemauerten und sanierten Befestigungswerke im Nordosten aus der Spätzeit der Burg erhalten, die in ihrer jetzigen Gestalt aus dem späten 16. oder frühen 17. Jahrhundert stammen dürften, vielleicht aber auf älteren Fundamenten angelegt wurden. Jedenfalls handelt es sich um die jüngsten originalen Bauteile der Ebernburg. In der eingeebneten, zwingerartig angelegten Bastion steht auf einem tiefer gelegenen Burgniveau das von Bildhauer Karl Cauer geschaffene sehenswerte Denkmal für Franz von Sickingen und Ulrich von Hutten aus dem Jahr 1889.

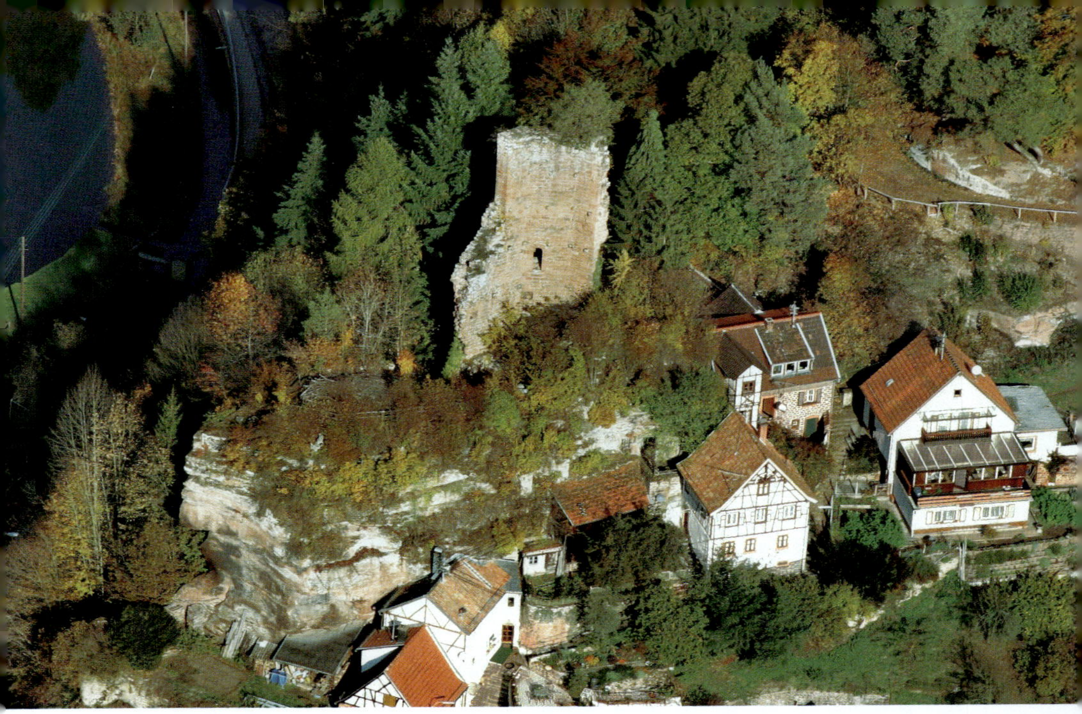

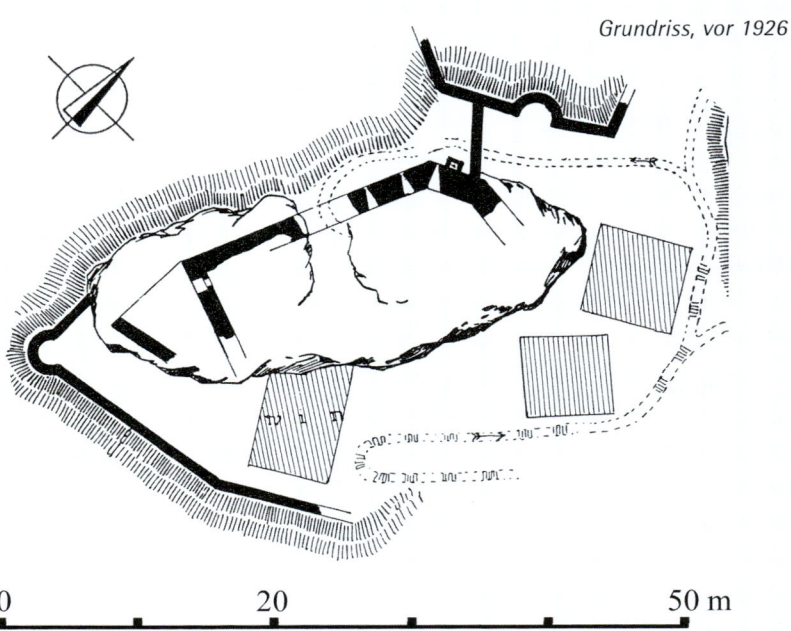

Luftaufnahme von Südosten, 2004

Grundriss, vor 1926

Burg Elmstein

Das Beispiel Elmstein veranschaulicht einmal mehr die Irrungen und Wirrungen der historischen Forschung: Spekulationen, die Burg sei bereits im 12. Jahrhundert durch Herzog Konrad von Schwaben als Reichsburg gegründet worden, beruhen auf einer Verwechslung mit Burg Erfenstein, während es sich bei dem in jüngster Zeit selbst in einschlägigen Handbüchern mit Elmstein in Verbindung gebrachten „Kleriker Siegfried von Elmstein" in einer Urkunde des Mainzer Erzbischofs Konrad von 1194 tatsächlich um Siegfried von Eppstein (im Taunus) handelt, der damals als Propst des Wormser Stiftes St. Martin amtierte und 1200 als Siegfried II. selbst Erzbischof von Mainz wurde. Als sicherer Erstbeleg lässt sich somit die Erwähnung eines Schenken Eckbert von Elmstein als Zeuge in einer Urkunde von 1212 feststellen. Das Geschlecht der Schenken von Elmstein stand, wie erstmals 1229 deutlich wird, in Lehnsabhängigkeit zu den Pfalzgrafen bei Rhein, die möglicherweise auch die Gründer der Burg gewesen waren. Diese Annahme und die Vermutung der Schenkenwürde als pfalzgräfliches Hofamt wird nicht zuletzt dadurch erhärtet, dass Burg Elmstein 1287 zu den pfalzgräflichen Eigengütern zählte.

Ungeachtet mehrfacher Verpfändungen (u.a. an die Grafen von Zweibrücken vor 1291) und Verlehnungen (u.a. an die Grafen von Sponheim, belegt 1376/95) hatte dieses Eigentumsverhältnis bis zum Ende des Alten Reiches Bestand. Während des Bauernkrieges 1525 vom elsässischen Kolbenhaufen geplündert und ausgebrannt, dürfte die Burg bald darauf wieder hergestellt worden sein. Der Zeitpunkt der endgültigen Zerstörung ist nicht abschließend geklärt und wird entweder im Dreißigjährigen Krieg oder während des Pfälzischen Erbfolgekrieges vermutet.

Da große Teile der Burgruine im 19. Jahrhundert abgebrochen wurden und historische Abbildungen aus der Zeit zuvor fehlen, ist eine genaue Vorstellung von ihrem ehemaligen Aussehen nur schwer möglich. Es handelt sich um eine Felsenburg von verhältnismäßig geringer Ausdehnung in Spornlage, wie sie bei stauferzeitlichen Anlagen häufig zu finden ist. Vom Berg durch einen tief ins Gelände eingeschlagenen Halsgraben getrennt, unterteilt sich die Anlage in eine Ober- und eine heute kaum noch erkennbare Unterburg.

Die in Privatbesitz befindliche Unterburg ist von mehreren Häusern fast ganz verbaut und daher nur eingeschränkt zugänglich. Wegen

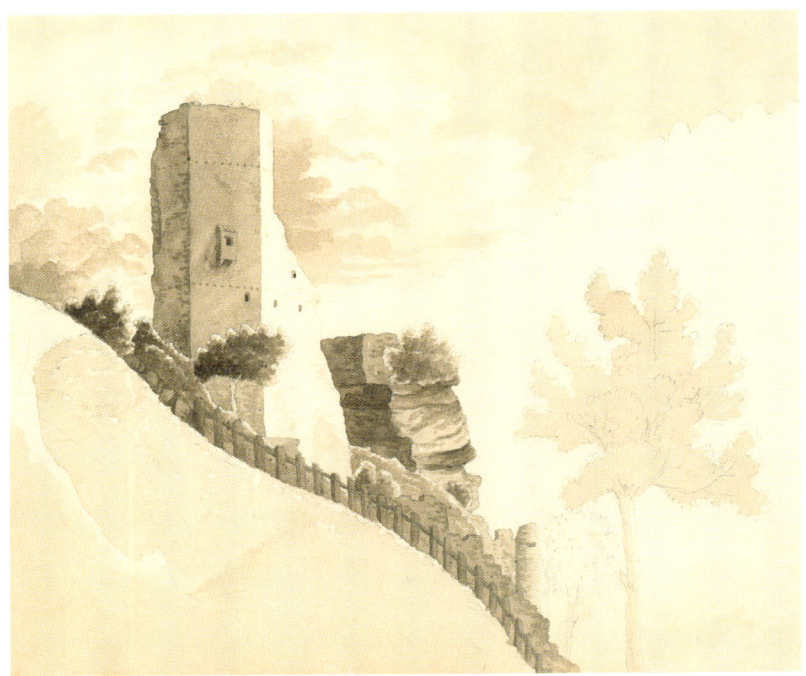

Kolorierte Zeichnung von N.N., 1833

der starken Veränderungen im Gelände lässt sich die ursprüngliche Aufteilung nicht mehr feststellen. Unter der südlichen Schmalseite des Felsens hat sich der Unterbau eines flankierenden Rundturms erhalten. Er scheint Bestandteil einer Mauer gewesen zu sein, welche die Anlage einst mit dem Dorf verbunden hat.

Auf der Nordostseite des Hauptfelsens führt der Burgweg durch eine abgegangene Toranlage zu einer Felspforte und anschließend in einen rechteckigen Felsenkeller. Von hier aus durchstößt ein tunnelartiger Gang das Gestein – für Felsenburgen nicht ungewöhnlich – und führt in den Keller des Wohnhauses. Eine gewendelte Treppe in der Felswand übernahm früher die Verbindung zur oberen Plattform, die heute von Trümmerschutt bedeckt wird.

Die Oberburg wurde von einem Wohngebäude eingenommen, dessen polygonal abknickende Außenmauer gegen die gefährdete Bergseite zu einer Schildmauer verstärkt und sicherlich auch mit einem Wehrgang versehen war. Ungewöhnlich ist die glatte Quaderung sowohl

Innenseite der Schildmauer, 2004

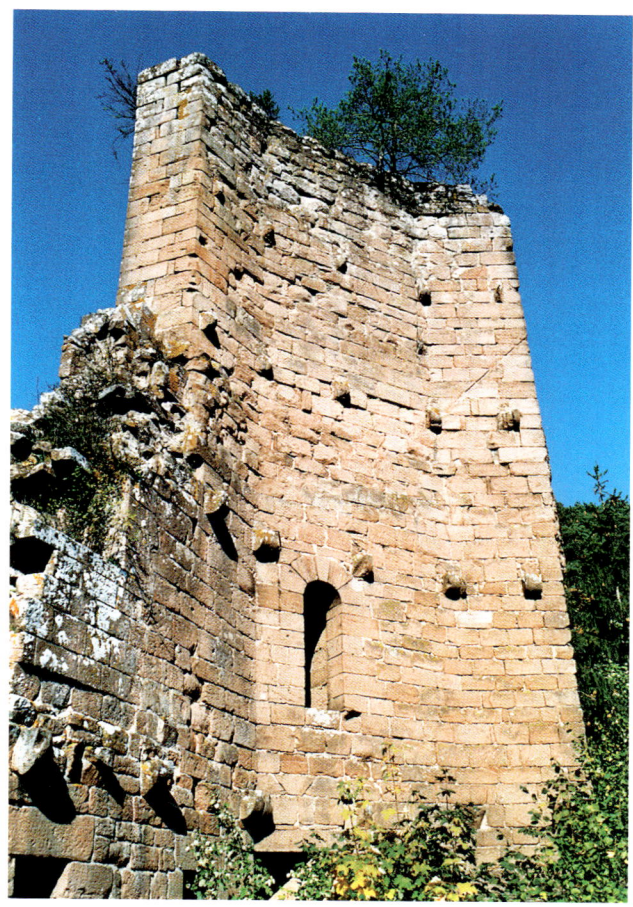

der Außen- als auch der Innenseite, was für eine späte Erbauungszeit (frühestens 14. Jahrhundert) sprechen könnte, wohingegen der untere Mauerbereich Buckelquader zeigt. Während sich an den Balkenlagersteinen ablesen lässt, dass der im Nordteil noch bis zur vollen Höhe von 20 Metern aufsteigende Wohnbau mindestens drei Geschosse aufnahm, lässt sich die Längenausdehnung kaum noch bestimmen. An der Außenseite hat sich ein Aborterker fast vollständig erhalten.

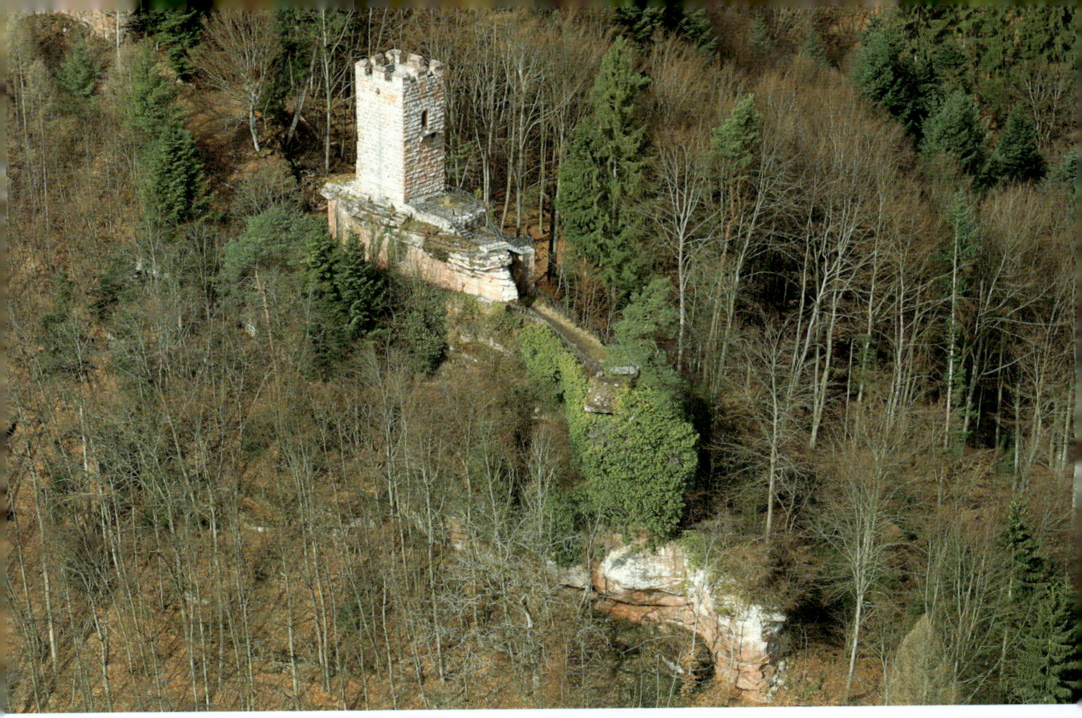

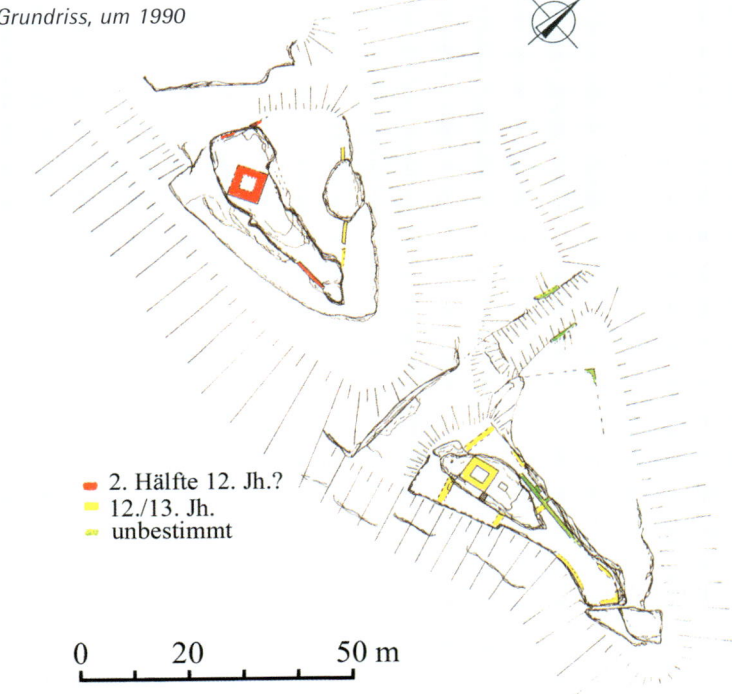

Luftaufnahme des unteren Burgteils von Osten, 2004

Grundriss, um 1990

- 2. Hälfte 12. Jh.?
- 12./13. Jh.
- unbestimmt

0   20   50 m

Burg Erfenstein

Burgruine Erfenstein gliedert sich in zwei separate Burgbereiche, von denen der ältere nach einer Erwähnung in einer Urkunde von 1380 als „Alte Burg" und „Burgstaden" bezeichnet wird, was auf eine Zerstörung oder Offenlassung hinweisen dürfte. Welcher Burgbereich gemeint war, bleibt unklar und gegenwärtig allein aus dem Baubefund gefolgerten Spekulationen überlassen. Die in jüngster Zeit vorgenommene Betitelung der unteren Burg als „Neu-Erfenstein" ist in den Schriftquellen nicht zu verifizieren und sollte vermieden werden. Die Ursprünge der Anlage reichen bis 1189/93 zurück, als ein *castrum Erphenstein* im Lehnsbuch des pfälzischen Reichsministerialen Werner II. von Bolanden als Lehen Herzog Konrads von Schwaben erwähnt wird. Auf der Burg, die also ursprünglich zum staufischen Hausgut gehörte und keine Reichsburg war, waren zu dieser Zeit zumindest die drei Brüder Meinhard, Adelger und Egeno von Dürkheim als Burgmannen tätig, wovon Meinhard ausdrücklich mit der Sorge um den Turm und die Wachen beauftragt war.

Wann die Anlage an die Grafen von Leiningen übergegangen ist, kann nicht genau bestimmt werden. Erst 1380 liefert ein Lehnsrevers Emmerich Bocks von Erfenstein für Graf Johann von Leiningen-Rixingen einen eindeutigen Beleg; entgegen der bisherigen Literatur wird Erfenstein, das schon bald darauf eine zahlreiche Burggemeinschaft beherbergte, bei der leiningischen Teilung von 1317 noch nicht erwähnt. Im 15. Jahrhundert für kurze Zeit an die Grafen von Sponheim gefallen, blieben die Grafen von Leiningen nach deren Aussterben 1437 bis weit in die Neuzeit unbestrittene Besitzer der Burg. Ob, nachdem Erfenstein 1471 von Truppen Pfalzgraf Friedrichs I. zerstört worden war *(gebocht, erobert, ausgebrant vnd zerstort)*, die Gebäude wieder hergestellt wurden, bleibt unsicher.

Über das Königlich Bayerische Forstärar schließlich 1963 an die staatliche Schlösserverwaltung gekommen, gehört die Ruine heute zu „Burgen, Schlösser, Altertümer Rheinland-Pfalz". Ersten Restaurierungen in der zweiten Hälfte des 19. Jahrhunderts folgten 1965 größere Baumaßnahmen, in deren Verlauf Bergfried und Aufsatzfelsen des unteren Burgteils gesichert und die Reste der Ringmauer erneuert wurden.

Die Burg zerfällt in zwei ähnlich konzipierte Anlagen, die auf unterschiedlich großen Felsterrassen am Osthang des Wasserstein-

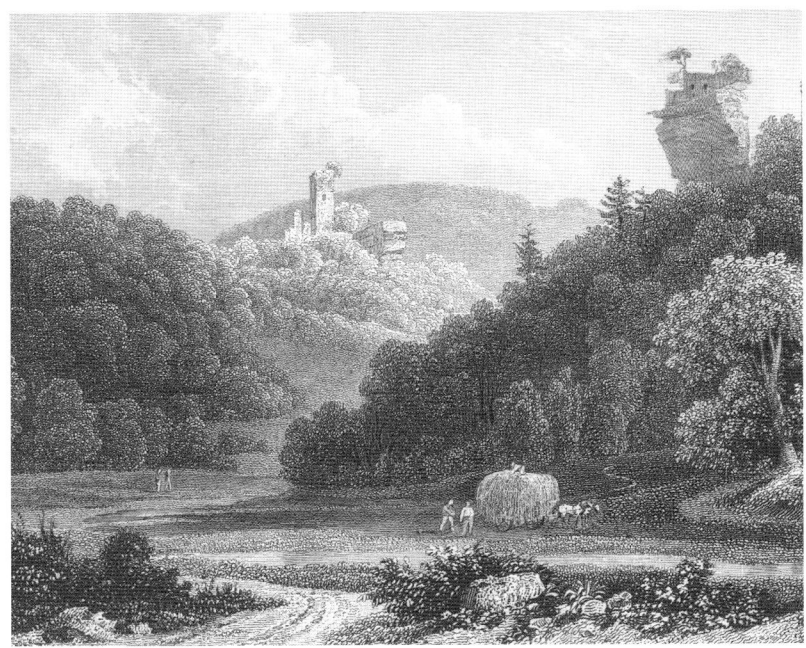

Burgruinen Erfenstein (links) und Spangenberg (rechts). Stahlstich, gezeichnet von Theodor Verhas, gestochen von Carl Frommel und Henry Winkles, vor 1840

berges errichtet worden sind. Beide Teilburgen werden jeweils durch einen breiten Halsgraben vom Bergmassiv abgetrennt, beide weisen einen fast quadratischen Bergfried auf einem Aufsatzfelsen auf, um den und zu dessen Fuß sich, jeweils zusätzlich von einer Schildmauer gedeckt, Gebäude einer nahezu dreieckigen Unterburg von 30 bis 40 Metern Länge gruppierten.

Den spärlichen Resten des übereck gestellten Bergfrieds nach zu schließen, dürfte die obere „Alte Burg" noch aus dem 12. Jahrhundert stammen. Während sich von der Verkleidung dieses ehemals ansehnlichen Turms noch einige Lagen recht großer, eindrucksvoller Buckelquader erhalten haben, lässt sich ansonsten kaum noch aufsteigendes Mauerwerk finden. Im bergseitigen Halsgraben liegen zahlreiche Steintrümmer der abgegangenen Schildmauer. Über die Ausdehnung des an den Burgfelsen der Oberburg angelehnten unteren Burgbereichs lassen sich ebenfalls kaum detaillierte Aussagen treffen.

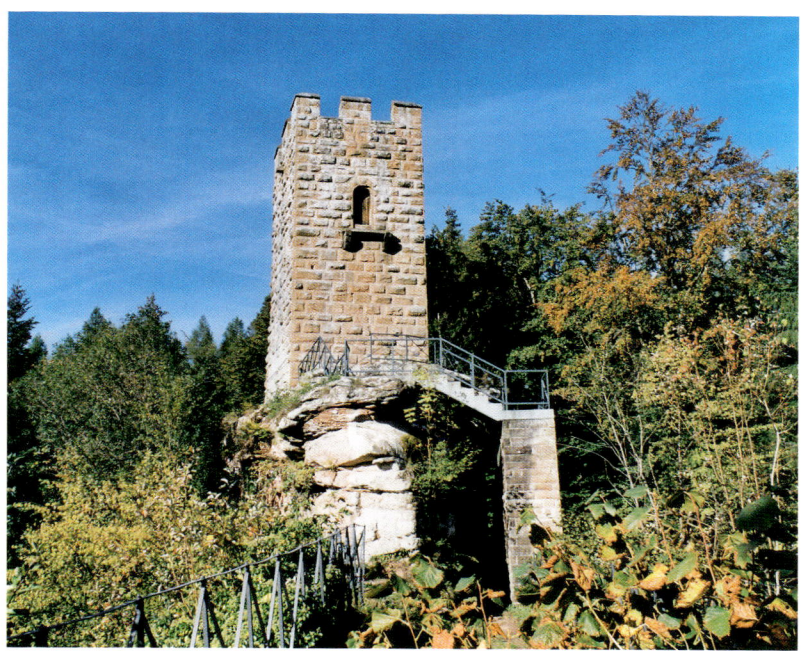

Bergfried der unteren Burg mit moderner Stützmauer, 2004

Die weiter talwärts gelegene untere Burg scheint etwa 50 Jahre jünger zu sein. Sie zeigt außer dem noch bis über den Eingang gut erhaltenen, zurzeit nicht zugänglichen Turm kaum originales Mauerwerk. Neuzeitliche Stützmauern festigen die Tragfähigkeit des tischförmigen Aufsatzfelsens, zu dem eine moderne Betontreppe hinaufführt. Unter der hoch gelegenen, dem Tal zugewandten rundbogigen Pforte des Turms ragen noch die Konsolen einer kleinen Eingangsplattform hervor, von der aus man über einen Steg in ein heute völlig verschwundenes Wohngebäude gelangen konnte. Die Mauerkrone trägt einen Zinnenkranz aus dem 19. Jahrhundert. Von der gegen den Berg und die obere Burg gerichteten Schildmauer waren um 1840 noch zu ansehnlicher Höhe aufsteigende Reste vorhanden.

Auf der Nordseite befand sich im Schutz des Burgfelsens ein relativ ausgedehnter Burghof, von dessen ehemaligen Gebäuden allerdings nur noch verschwindend geringes Mauerwerk erhalten geblieben ist.

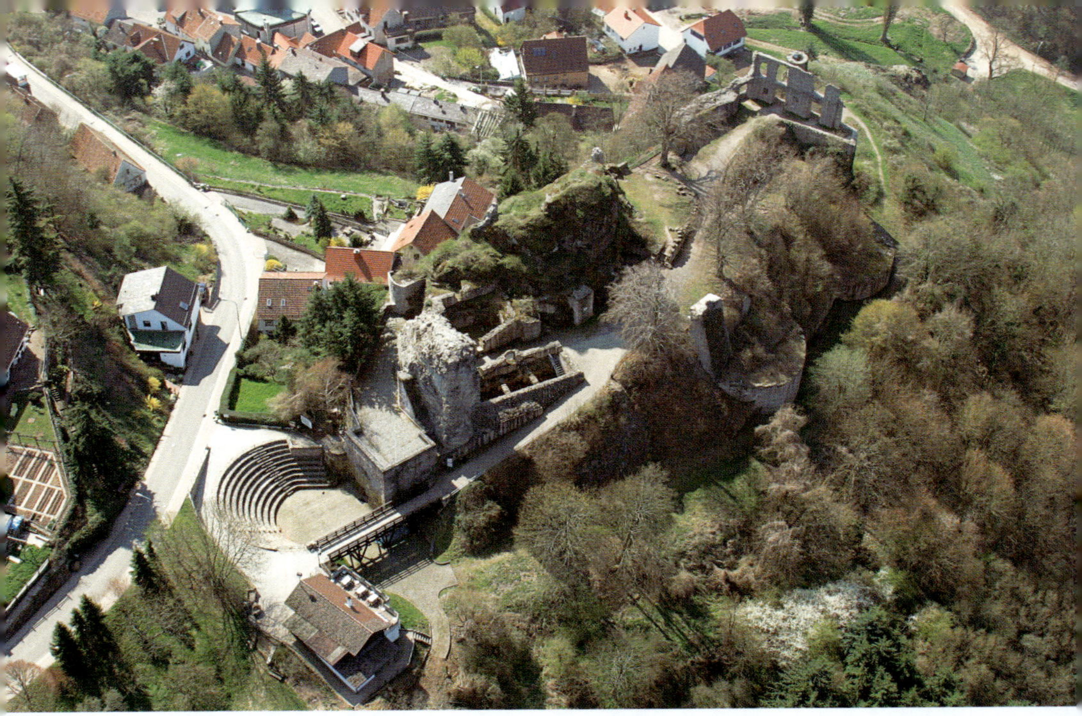

Luftaufnahme von Norden, 2004

Grundriss, 1937

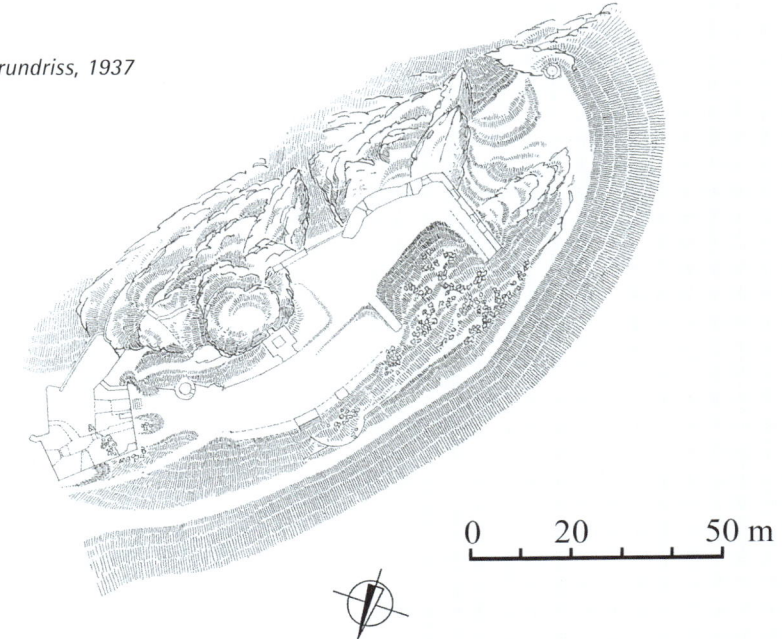

Burg Falkenstein

Ein Felsen Falkenstein wird bereits 1019 in einer Urkunde Erzbischof Erkinbalds von Mainz erwähnt. Weder die Gleichsetzung dieses Felsens mit der späteren Burg noch die angebliche Grenzlage im erst viel später belegten „Kaiserslauterer Reich" ist jedoch haltbar. Neuere Forschungen haben gezeigt, dass mit dem 1135 genannten Sigbold von Falkenstein und dem vier Jahrzehnte lang auftretenden Brüderpaar Hunfried und Heinrich von Falkenstein erstmals auf eine Burg Falkenstein geschlossen werden kann. Hunfried und Heinrich gehörten wohl einer Reichsministerialenfamilie an, die erst durch die Heirat Hunfrieds mit einer Tochter Werners II. von Bolanden verwandtschaftliche Bande zu dem bekanntesten pfälzischen Reichsministerialengeschlecht knüpfte. Kurze Zeit später starb die erste Falkensteiner Linie aus, und das von Hunfried bekleidete Amt des Reichstruchsessen ging an die Bolander über.

Im 13. Jahrhundert begründete Philipp IV. von Bolanden einen eigenen Familienzweig und nannte sich 1233 in einer Urkunde erstmals „von Falkenstein". Als Philipp (I.) von Falkenstein machte der pfälzische Reichsministeriale eine glänzende Karriere und wurde Reichstruchsess und ab 1255 Reichskämmerer. Burg Falkenstein blieb in der Folgezeit im Besitz der 1397 zu Grafen erhobenen Familie, ohne dass allerdings der Reichslehnsstatus verloren ging.

Nach dem Aussterben der Falkensteiner 1418 gelangte die Burg schließlich 1420 in den Besitz der Grafen von Virneburg und 1456 an die Familie von Daun-Oberstein. 1458 bestellte Kaiser Friedrich III. den lothringischen Herzog Johann III. zum Lehnsträger, wodurch Wirich IV. von Daun-Oberstein gleichsam zum Zweit- (After-)Lehnsträger wurde. Bei der Besitzerhierarchie Reich – Herzogtum Lothringen – Herren (seit 1518 Reichsgrafen) von Daun-Oberstein blieb es für mehr als 200 Jahre. Im Februar 1644 überrumpelten französische Truppen die lothringische Besatzung und entwendeten 60.000 Reichstaler sowie das Mobiliar, bevor lothringische und spanische Soldaten die Anlage zwei Monate später zurückerobern konnten. 1647 wurde die Anlage mit fünf Minen gesprengt, allerdings kurze Zeit später auf Betreiben des Burgkommandanten wieder hergestellt. Wann und ob eine weitere Zerstörung erfolgte, ist nicht geklärt.

Über Jahrzehnte schwelende Besitzstreitigkeiten zwischen den Grafen von Daun-Falkenstein-Bruch, deren Erbansprüche übergangen

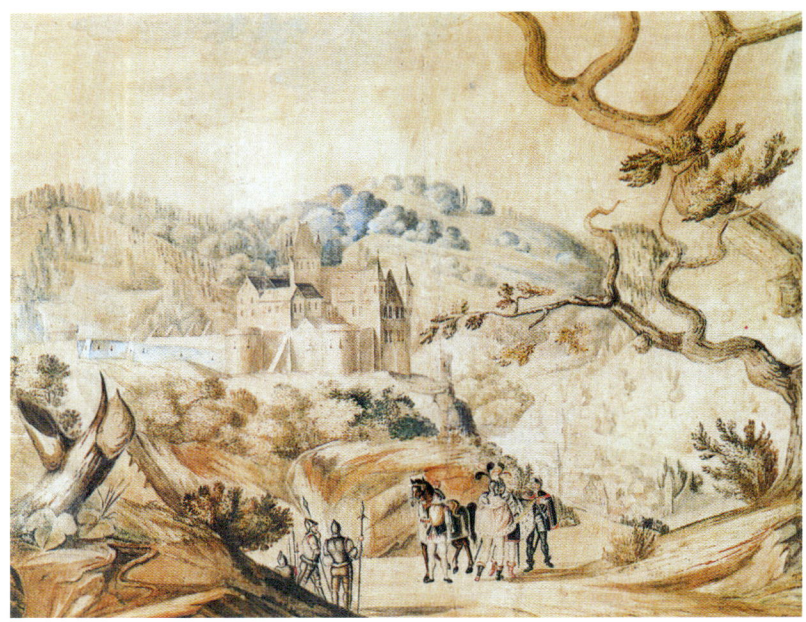

Aquarellierte Zeichnung von N.N. (Frankenthaler Meister), Anfang des 17. Jahrhunderts

worden waren, und den Herzögen von Lothringen konnten erst 1731 geregelt werden. Durch die Ehe des lothringischen Herzogs Franz Stephan mit der habsburgischen Erbtochter Maria Theresia fielen Herrschaft und Burg Falkenstein bis zum Ende des Alten Reiches an Österreich; das Oberamt Falkenstein wurde der österreichischen Regierung in Freiburg unterstellt.

Mutwillige Zerstörung und der Steinraub der folgenden Jahrhunderte machten die Burg zur Ruine. Instandsetzungs- und Umbauarbeiten erfolgten in den 30er und 70er Jahren des 20. Jahrhunderts sowie in neuester Zeit.

Die steil über dem Talgrund auf einem lang gestreckten felsigen Bergsporn ausgedehnte Burganlage beeindruckt sowohl durch ihre dem Spätmittelalter angehörenden festungsartigen Steinmassen am Halsgraben als auch durch das großartige Gesamtbild, welches trotz gründlicher Zerstörungen noch das ehemalige Aussehen erahnen lässt, wie es die Abbildungen aus dem 17. Jahrhundert zeigen. Die stark restaurierten Burgbereiche – Schildmauer und vorgelegte Geschützbastion – sowie der zum Freilichttheater umgewandelte Halsgraben und die darüber aufwändig ausgeführte Brücke verwirren jedoch den Betrachter im Verständnis der einzelnen Bauepochen. Bei der Errichtung der vorgesetzten Bastion dürfte der noch heute verwendete Zugang in die Burg mit einer Rampe auf die Westseite der Schildmauer verlegt worden sein.

Wie der ursprüngliche Zugang in die Burg verlief, ist nicht mehr klar zu erkennen; wahrscheinlich durchschnitt er die Schildmauer. In dem durch einen erneuerten Segmentbogen geschlossenen Durchbruch hat sich ein Teil des niedrigeren rundbogigen Tordurchgangs erhalten. Die ursprüngliche Verkleidung der Schildmauer ist weitgehend abgegangen. Den unförmigen, aber noch beträchtlich aufragenden, gewaltigen Steinklotz aus Füllmauerwerk hat man durch Anspritzen mit Zementschlamm teilweise zu sichern versucht.

An die Innenseite der Schildmauer stoßende Gebäuderuinen, 2004

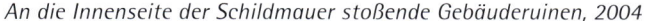

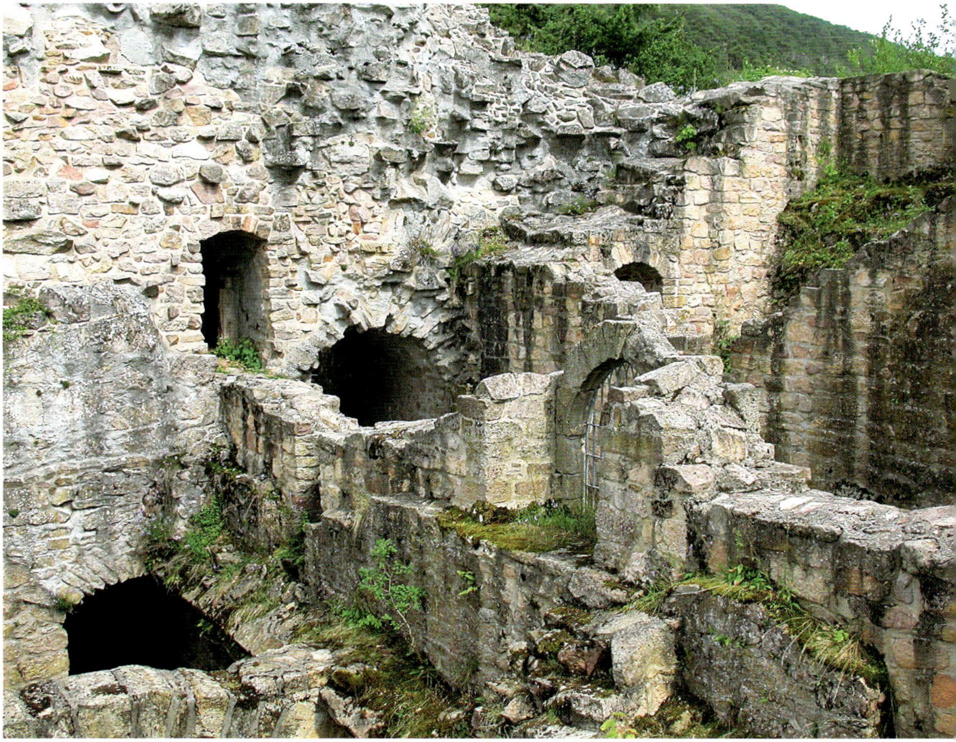

An die Rückseite der Schildmauer stießen links und rechts des Torgangs mit ihren Schmalseiten zwei Gebäude, die erst in den Freilegungskampagnen der letzten 20 Jahre ausgegraben wurden. Eines davon zeigt noch zwei Gurtbögen des tonnengewölbten Kellers aus der Spätzeit der Burg (Mitte des 16. Jahrhunderts). Von dort aus lassen sich interessante Gewölbe am Grund der Schildmauer mit den Zugängen zur Bastion erreichen. Ein aufgefundenes spätgotisches Fenster mit Wulst und Kehle – oder eine Tür? – ist über der östlichen Kellerwand vermauert worden. Dem Gang gegenüber steht der Rest eines halbrunden Turms mit dem Anfang einer Wendeltreppe, der ebenfalls einer der letzten Bauphasen anzugehören scheint.

Vom ältesten Teil der Burg, auf dem sich der Bergfried befand, ist nur noch der senkrecht aufsteigende Felsklotz als dessen Standort übrig geblieben. An seiner hofseitigen Wand fällt ein schmaler, senkrecht hinabführender künstlicher Schacht auf, der zu einer ehemals einge-

Reste des Zisternengewölbes mit in den Fels eingetiefter Aufzugsrinne, 2004

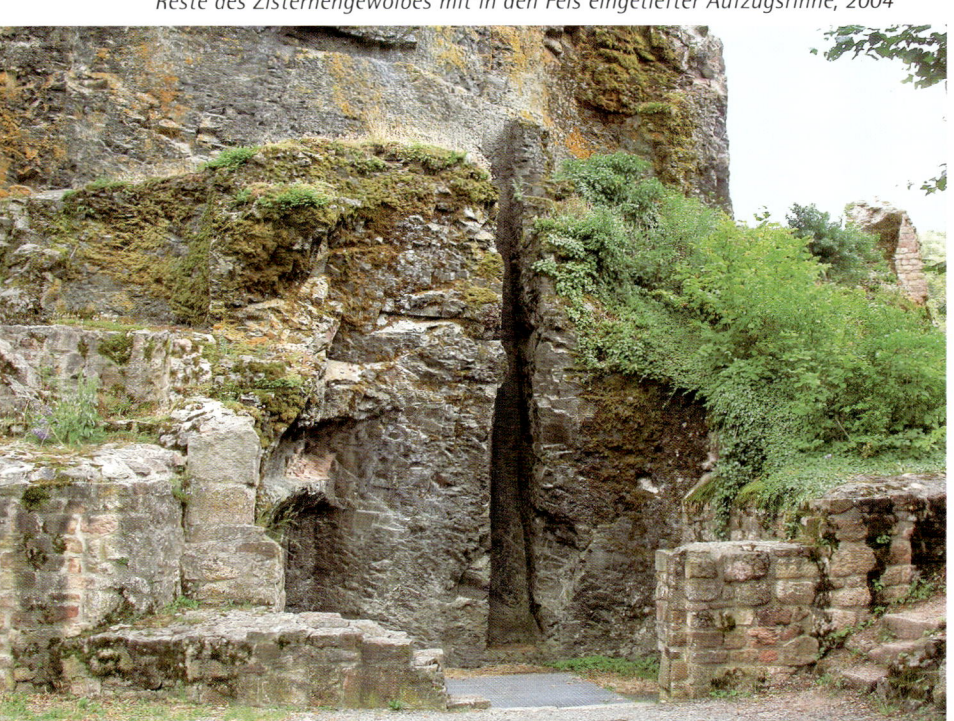

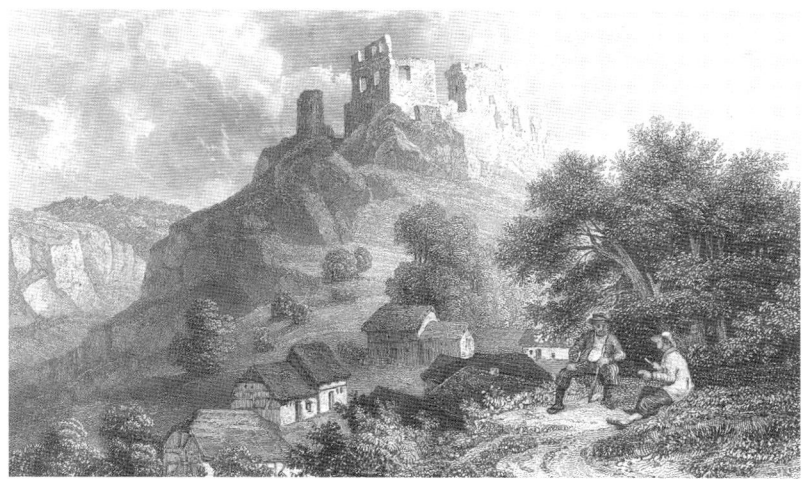

Stahlstich, gezeichnet von Theodor Verhas, gestochen von Henry Winkles, vor 1840

wölbten Zisterne hinabführt. Hier handelt es sich um eine Aufzugsvorrichtung zur Wasserversorgung. Auf den Abbildungen des 17. Jahrhunderts ist der Turm, der am Dachansatz vier Eckturmchen trug, noch vollständig erhalten. Dem Stahlstich von Verhas/Winkles von vor 1840 gemäß war sein Felssockel ehemals ganz mit Steinen ummantelt.

Den südlichen Burgteil beherrscht die Ruine eines einst umfangreichen, mehrstöckigen Wohnbaus. Dessen nach Süden gewandte und daher eventuellen Angriffen nicht ausgesetzte Wand war reich durchfenstert. Stark einsturzgefährdet, ist sie durch Aufmauerung der zerstörten, heruntergezogenen Fensterhöhlen weitgehend gesichert worden. Vom Keller dieses Gebäudes aus führen erneuerte Treppen zu zwei Pforten, möglicherweise Poternen, und auf die Südspitze des Burgfelsens beziehungsweise an den Fuß der westlichen, mit Flankierungstürmen versehenen Verteidigungsanlage. Die äußerste Felsspitze wird vom Rest eines kleinen runden Wachturms eingenommen. Eine ähnliche Aufgabe hatte der wesentlich größer ausgefallene Rundturm innerhalb einer Ringmauer etwa 150 Meter nördlich der Burg. Von ihm ist nur noch eine unförmige Steinmasse zu sehen.

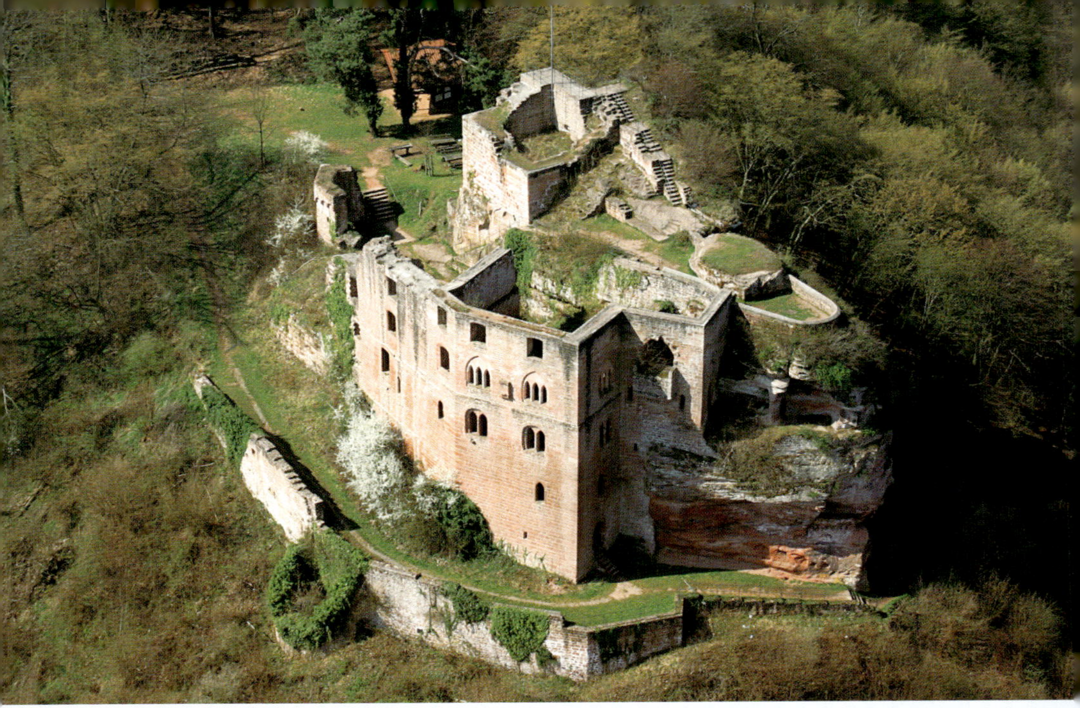

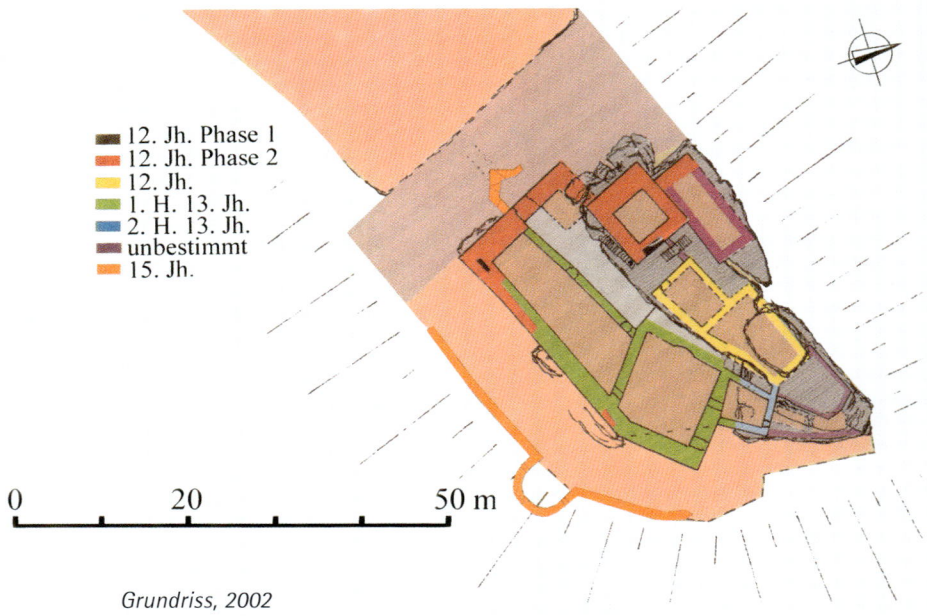

Luftaufnahme von Osten, 2004

- 12. Jh. Phase 1
- 12. Jh. Phase 2
- 12. Jh.
- 1. H. 13. Jh.
- 2. H. 13. Jh.
- unbestimmt
- 15. Jh.

Grundriss, 2002

Burg Frankenstein

Die imposante Ruine von Burg Frankenstein beherrscht auf einem hoch aufragenden Felsen noch heute das Hochspeyerbachtal. Wie bei den meisten anderen Burgen in Nord- und Westpfalz schweigen die Schriftquellen über das genaue Datum ihrer Gründung; inwieweit ein schon seit 1146 belegtes gleichnamiges Geschlecht, das in Lehnsabhängigkeit zu den Grafen von Leiningen stand, in Zusammenhang mit einer Burg oder vielleicht doch nur mit dem Ort gebracht werden kann, bleibt unklar. Erstmals ausdrücklich erwähnt wird eine Burg Frankenstein *(castrum Frankenstein)* anlässlich der leiningischen Teilung von 1237. Bedenkt man, dass Graf Friedrich I. Emich 1205 von König Philipp von Schwaben mit der Landvogtei im Speyergau betraut worden war, so könnte – ähnlich wie im Fall der Hardenburg – die Errichtung von Frankenstein in diese Zeit gefallen sein.

Die Eignerschaft der Leininger Grafen blieb in den nachfolgenden Jahrzehnten jedenfalls unbestritten, bis nach der Mitte des 14. Jahrhunderts die in den Besitz einer Hälfte gekommenen Erzbischöfe von Trier eigene Amtleute einsetzten. Verpfändungen, so an die Grafen von Nassau-Saarbrücken und von Sponheim, und die Aufspaltung des Grafenhauses in verschiedene Linien brachten es mit sich, dass die Besitzverhältnisse sich zunehmend komplexer gestalteten und durch detaillierte Burgfriedensverträge geregelt werden mussten.

Vermutungen, die Burg sei bereits im Verlauf der Feldzüge Pfalzgraf Friedrichs I. 1470/71 oder im Bauernkrieg 1525 zerstört und nicht wieder aufgebaut worden, lassen sich nicht verifizieren und erscheinen angesichts der Einsetzung eines nassau-saarbrückischen Amtmannes 1531 wenig wahrscheinlich. Nimmt man hinzu, dass noch 1703 in der Kapelle Gottesdienst abgehalten wurde, so besteht durchaus die Möglichkeit, dass die Anlage auch den Pfälzischen Erbfolgekrieg einigermaßen unbeschadet überstehen konnte. Fehlende Quellen machen eine definitive Aussage jedoch unmöglich.

Als letzte Besitzer sind im 18. Jahrhundert die Kurfürsten von der Pfalz, die Herren von Wallbrunn, die Herren von Sickingen und die Grafen von Leiningen nachgewiesen. Heute gehört die Ruine zu den von „Burgen, Schlösser, Altertümer Rheinland-Pfalz" verwalteten Objekten.

Die Gesamtanlage des Frankensteins zerfällt in eine auf dem obersten Felsen gelegene Oberburg und eine sich südlich anschließende, tiefere

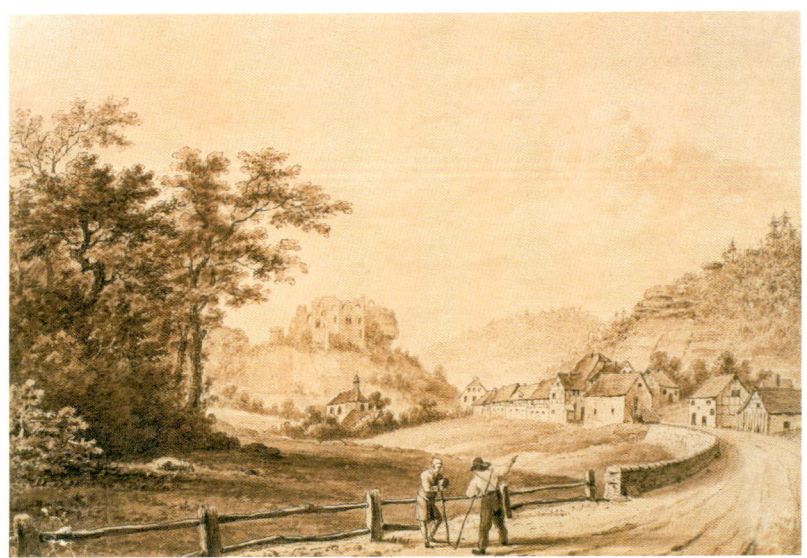
Sepiazeichnung von Peter Gayer, vor 1836

Unterburg mit vorgelagertem Halsgraben und Zwinger. Die ältesten Teile der Burg – die Ruine des Bergfrieds und die Reste einer Mauer im späteren südlichen Wohnbau – befinden sich auf und um den einst frei ansteigenden Fels der in das Tal ragenden Bergnase.
Über eine Felstreppe, die ursprünglich mutmaßlich nur durch ein vorgelegtes Gebäude zu besteigen war und deren unterer Teil später in Stein errichtet worden ist, gelangt man auf die Oberburg und über neuzeitlich angelegte Stufen zum Stumpf des vielleicht noch im 12. Jahrhundert an der höchsten Stelle errichteten rechteckigen Bergfrieds mit Seitenlängen zwischen acht und neun Metern. Er besteht noch zu wesentlichen Teilen aus dem originalen Buckelquadermauerwerk, wurde aber 1975 stark aufgemauert und verunklärt. Gegenüber der Bergseite schildmauerartig verstärkt, schirmte er den gesamten schmalen Bereich der Oberburg gegen mögliche Angriffe ab. Von den anderen Gebäuden sind allein Ausschrotungen auf der terrassierten Felsoberfläche zu sehen.
Gegen Ende des 13. bis Anfang des 14. Jahrhunderts wurde die Ursprungsanlage deutlich erweitert oder zumindest durchgreifend umgebaut. Die damals entstandenen großen, mehrstöckigen Wohnbauten in der Unterburg zeigten sich bis zum Ende der 1960er Jahre

im zwar ruinösen, aber noch originalen Zustand, bevor 1974/75 das nördliche, wohnturmartige Gebäude um die beiden oberen Geschosse ergänzt wurde. Buckelquader, möglicherweise aus der ersten Bauphase, finden sich im unteren Burgteil am heutigen Westende des südwestlichen Wohngebäudes, wo 1988/89 bei Grabungen der Nachweis einer bis dahin unbekannten Schildmauer erbracht werden konnte, die vom Felssockel des Bergfrieds in südlicher Richtung verlief. Durch diese Mauer führte das ehemalige Haupttor, das wiederum hinter einem jetzt verfüllten, früher von einer Zugbrücke überspannten Graben lag.

Am ursprünglichsten geblieben ist trotz Verlust an Mauerwerk der südwestliche Wohnbau. Seine Fenstergewände sind herausgebrochen oder beim Absturz der äußeren Mauerschale verloren gegangen; besondere Beachtung verdient ein Ausgussstein mit Ablaufrinne in einer Fensternische.

Eingangssituation mit Bergfriedrest, 2004

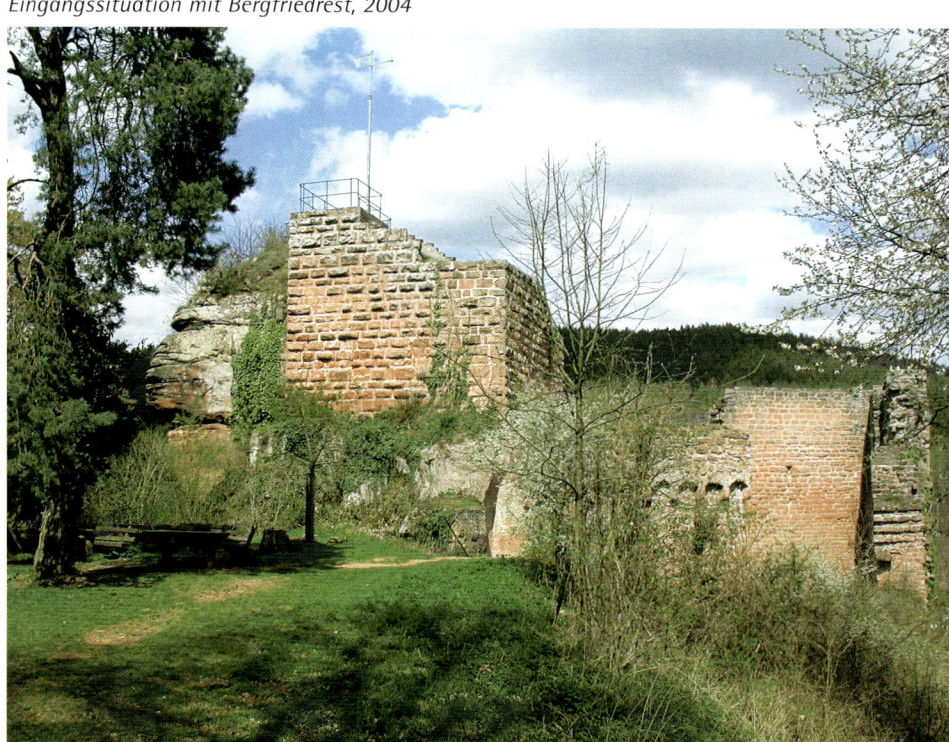

Im Grundriss fast quadratisch, schließt sich nordöstlich der zweite Wohnbau („Saalbau") an, der bis zur Höhe der originalen gedoppelten Fenster noch aus der ersten Hälfte des 13. Jahrhunderts stammen dürfte. Die kreisrunden Blendbögen mit Wulst und Kehle verweisen eindeutig in die romanische Bauepoche. Dagegen sind die durch Ansätze der Säulchen als dreigeteilt nachgewiesenen Fenster darüber in ihrer heutigen gotisierenden Form und den Spitzbogenblenden Versuche einer Rekonstruktion. Das gesamte Gebäude erhebt sich mit seinen insgesamt fünf ehemals balkengedeckten Geschossen über einem Keller, in den von außen eine Pforte, die vielleicht als Poterne gedient haben mag, führt. Die Innenwände zeigen qualitätvolle, mit Seitenbänken versehene Fensternischen. Das hervorragendste architektonische Detail ist jedoch ohne jeden Zweifel der mächtige

Innenseite der südlichen Saalbauwand, 2004

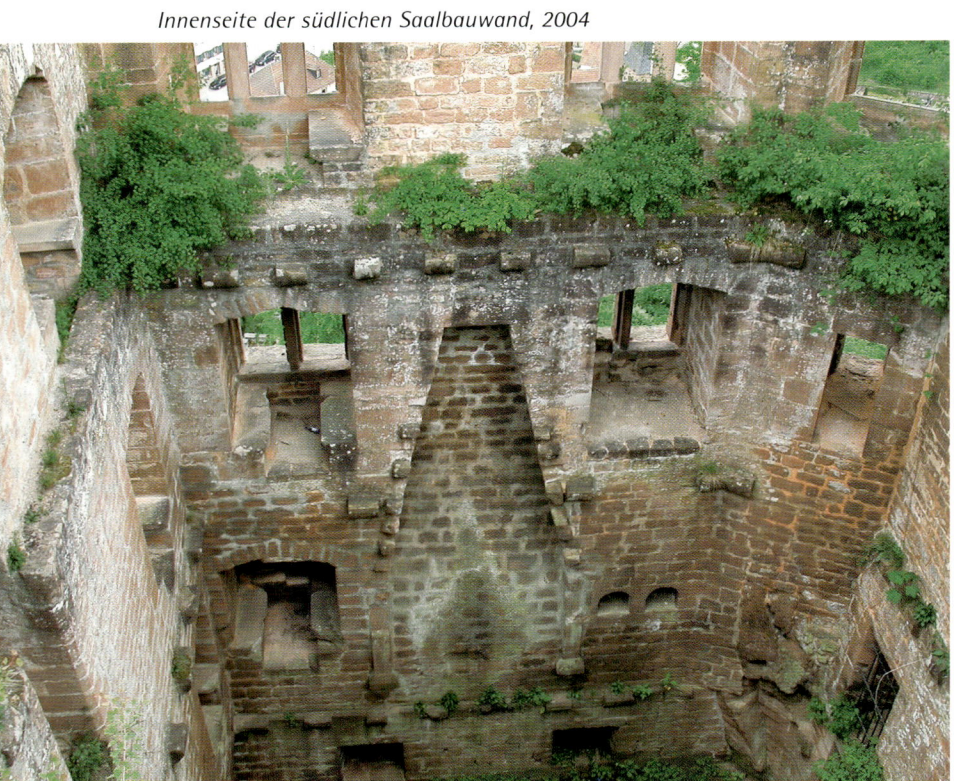

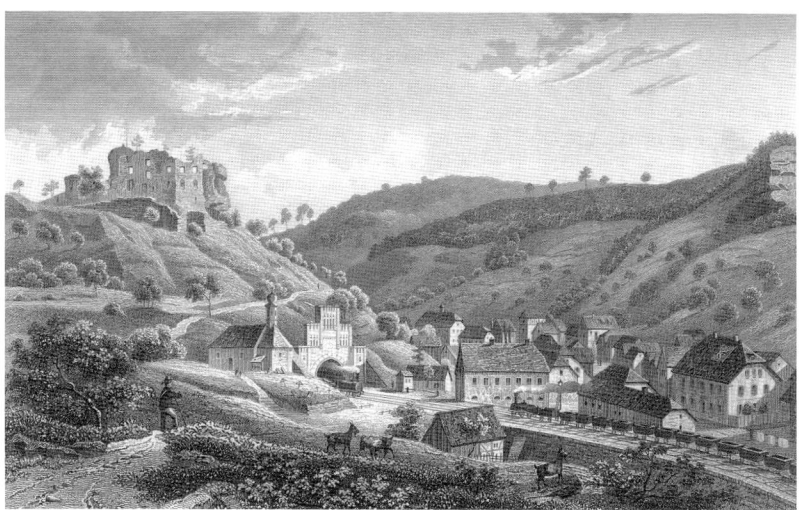

Stahlstich, gezeichnet von Richard Höfle, gestochen von N.N., vor 1855

Kamin mit teilweise noch erhaltenen Wangen, dessen Haube bis in das darüber liegende Stockwerk reichte und von dort aus in einen Rauchabzug innerhalb der Mauer überging.

Teilweise auf einem separaten Felsabsatz gründend, folgt der Kapellentrakt in nördlicher Richtung. Der außergewöhnlich schöne Erker des Altarraums mit seinem noch gut erhaltenen Fuß endet, mit Stäben und Kehlen profiliert, in sechs zierlichen Spitzkonsolen. Die schmalen Spitzbogenfensterchen zu beiden Seiten sind Teil des unteren Geschosses, von dem aus eine Tür auf den leer geräumten Felssockel führt.

Dem 15. Jahrhundert zuzurechnen ist die kleine bastionsartige Befestigung im Westen der Burg, von der noch eine dreiseitige Ruine mit Schießscharten und Stichbogenfries erhalten geblieben ist, deren untere Mauerzüge im Erdreich des verfüllten Grabens liegen. Gegen die Bergseite gerichtet, diente sie zusätzlich zur Schildmauer der Verteidigung des Haupttores.

Unterhalb des Frankensteins trägt ein Eisenbahntunnel mit seinem in anspruchsvoller Architektur geschaffenen Portal aus der Mitte des 19. Jahrhunderts seinen Teil zu dem romantischen Ensemble bei, das Künstler immer wieder inspiriert hat.

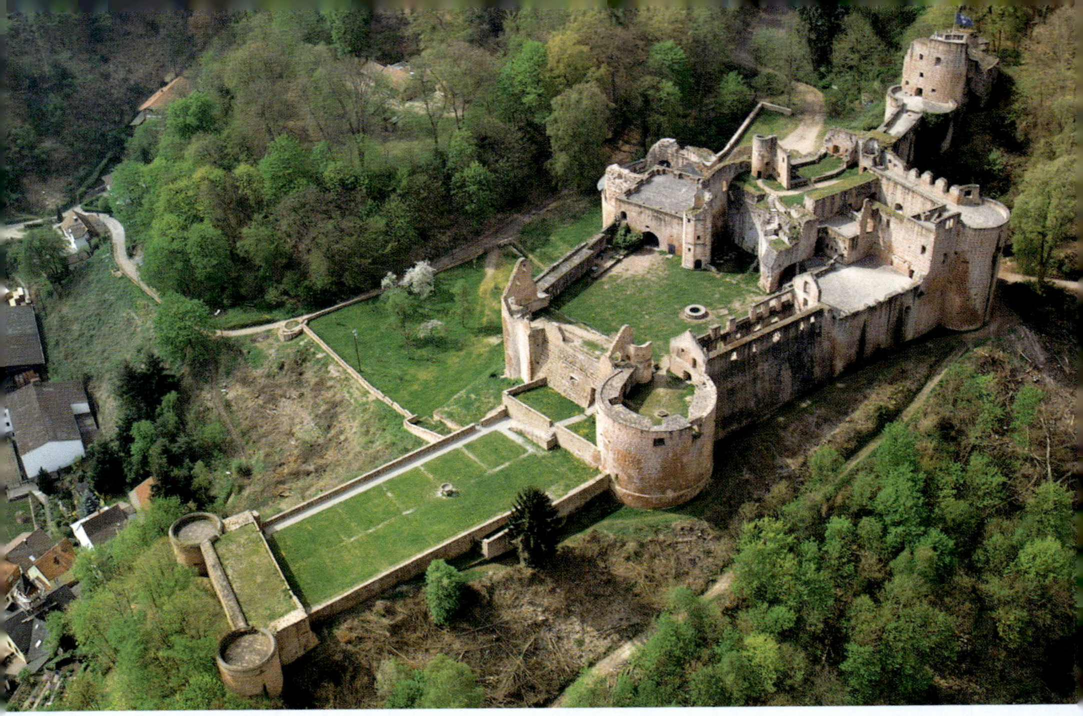

Luftaufnahme von Norden, 2004

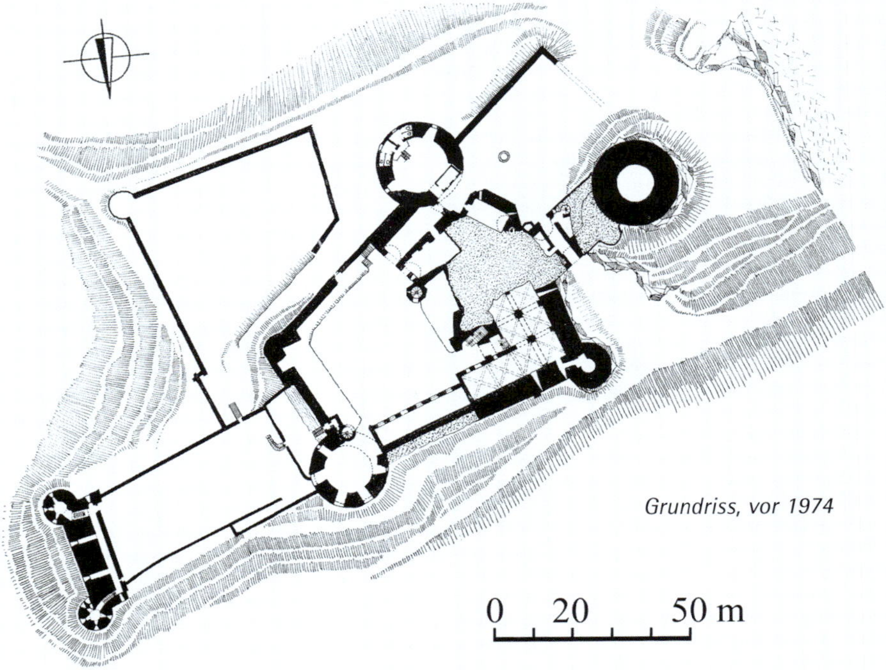

Grundriss, vor 1974

0 20 50 m

Burg und Festung Hardenburg

Im Gegensatz zu den meisten anderen pfälzischen Burgen lassen sich die Anfänge der Hardenburg relativ genau zurückverfolgen. Hintergrund ihrer Errichtung war die Erhebung Graf Friedrichs I. (Emich) von Leiningen zum Landvogt im Speyergau und die damit verbundene, 1205 vorgenommene Übertragung der Schutzvogtei über das nahe gelegene Kloster Limburg. Zweifellos als Konsequenz aus dieser Amtsübertragung begannen die Leininger mit dem Bau einer Burganlage auf klösterlichem Grund und Boden, was langjährige Auseinandersetzungen nach sich ziehen sollte. 1214 jedenfalls sind erstmals *castrenses,* also Burgmannen, auf einer Hardenburg bezeugt, die damals zum ersten Mal erwähnt wird. Spekulationen über eine angebliche Vorgängeranlage der Grafen von Saarbrücken lassen sich angesichts der eindeutigen historischen Befundlage nicht aufrecht erhalten.

Die Hardenburg blieb, nachdem schließlich 1249 auch die Differenzen mit der Abtei Limburg beigelegt werden konnten, von dieser Zeit an im ungestörten Besitz der Grafenfamilie von Leiningen. Im Rahmen der bekannten innerfamiliären Teilung von 1237 erhielt Graf Emich IV. die Hardenburg, 1317 fiel die Burg an Graf Jofried, der sie zum Sitz der jüngeren Linie der Grafen von Leiningen (-Hardenburg) machte.

In der unruhigen zweiten Hälfte des 15. Jahrhunderts standen die Grafen von Leiningen auf Seiten der entschiedenen Gegner Pfalzgraf Friedrichs I., mussten aber nach der Eroberung Dürkheims zusagen, ihre Burgen Frankenstein und Hardenburg nicht mehr gegen Friedrich einzusetzen. Wohl noch als späte Konsequenz daraus ist die Zerstörung des Klosters Limburg durch leiningische Soldaten am 30. August 1504 zu bewerten, die von der Hardenburg ihren Ausgang nahm.

Unter Graf Emich VIII. wurde die Hardenburg zu Beginn des 16. Jahrhunderts nach modernsten Grundsätzen der damaligen Festungsbaukunst verstärkt – unter anderem wurden die Rondelle und vor allem der mächtige Bollwerksturm errichtet. Die zur Renaissancefestung ausgebaute Burg belagerten im Jahr 1512 pfälzische Truppen. Jedoch unterblieb eine gewaltsame Erstürmung, da die Burg Herzog Ulrich von Württemberg zugesprochen wurde. Bis zur Begnadigung Emichs VIII. im Jahre 1518, der wegen seines Bündnisses mit dem französischen König Ludwig XII. in die Acht geraten war, blieb die Festung in württembergischer Hand.

Nach 1538 folgten weitere Ausbauten, wobei nun großer Wert auf repräsentative Wohnbauten gelegt wurde. Nachdem sie offensichtlich weder vom Bauernkrieg noch vom Dreißigjährigen Krieg in Mitleidenschaft gezogen worden war, konnte die Anlage noch im Holländischen Krieg gegen den Angriff einer französischen Armeeabteilung behauptet werden. Im Verlauf des Pfälzischen Erbfolgekrieges wendete sich jedoch das Blatt: 1690 besetzten französische Truppen die Burg und sprengten bei ihrem Abzug zwei Jahre später die Kuppel des großen Westbollwerks und die Außenwerke.

Obwohl Graf Johann Friedrich nach dem Frieden von Rijswijk wieder zurückkehrte, büßte die Hardenburg ihre Bedeutung zunehmend ein. Vor allem verlor sie ihre Residenzfunktion, als Graf Friedrich Magnus 1725 das neu erbaute leiningische Schloss in Dürkheim bezog. Die veraltete, teilzerstörte Feste diente in der Folgezeit nur noch als Beamten- und Verwaltungssitz. Karl Friedrich Wilhelm war der letzte Leininger, der den Versuch unternahm, den alten Stammsitz wieder herzustellen. Jedoch waren seine Bemühungen letztlich nutzlos, denn am 29. März 1794 wurde die Hardenburg als letzte noch intakte pfälzische Wehranlage von französischen Revolutionstruppen niedergebrannt. Zugunsten des französischen Staates versteigert und als Steinbruch ausgebeutet, gelangte die Ruine 1852 durch Gerichtsentscheid an das Königlich Bayerische Staatsärar, wobei die in andere Hände gelangte Vorburg erst 1937 hinzugekauft werden konnte.

Mit einer Ausdehnung von 180 mal 90 Metern gehört die Hardenburg gemeinsam mit Lichtenberg, Madenburg und Altenbaumburg zu den größten Burg- und Festungsanlagen der Pfalz. So wie sich die Anlage heute darstellt, vermittelt sie eindrucksvoll das Bild einer in der frühen Neuzeit gemäß den wehrtechnischen Erfordernissen des 16. Jahrhunderts zur Festung umgebauten Burg, die auch zu Wohnzwecken dienen sollte.

Von der auf einem Bergsporn angelegten stauferzeitlichen Anlage des frühen 13. Jahrhunderts haben sich infolge der umfangreichen nachträglichen Baumaßnahmen nur noch wenige Mauerzüge in Buckelquaderverkleidung erhalten. Die Burg nahm zu dieser Zeit nur den im Westteil des Festungshofs aufragenden Felsen ein und war vom Berghang durch einen Halsgraben im heutigen Eingangsbereich getrennt.

Seit dem Ende des 15. Jahrhunderts bis ins 17. Jahrhundert hinein wurde die Burg in ihrem Aussehen grundlegend verändert. Die um-

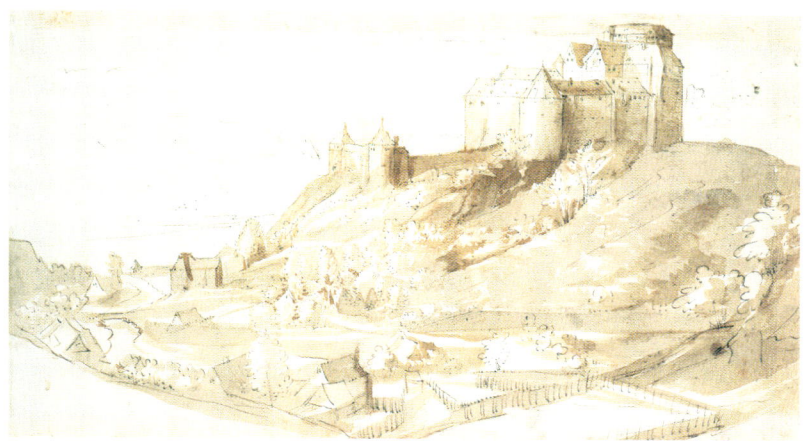

Lavierte Federzeichnung von N.N., um 1600

fangreichste Bautätigkeit lag zwischen 1501 und 1564. Vor allem gegen die westliche Talseite wurde die Burg beträchtlich erweitert. Geschütztürme und Rondelle kamen hinzu sowie das so genannte Bollwerk im Westen jenseits des Grabens. Der Große Ausfallgarten des 16. Jahrhunderts schob den Burgbereich bis weit an den Talgrund heran.

Der Besucher gelangt über die nicht ursprüngliche Zufahrt zunächst in den mittelalterlichen Halsgraben, der um 1550 mit einem Verbindungsbau von mehreren Geschossen, der „Großen Kommunikation", überbaut worden ist. Der hofseitige Teil dieses Verbindungsbaus blieb wahrscheinlich unvollendet und wurde vielleicht als Archiv und Schreibstube benutzt.

Im heutigen Haupteingang, dem Torrondell, wird auch der ehemalige mittelalterliche Zugang vermutet, den möglicherweise ein später zugeschütteter Graben mit Brücke sicherte. An der dem Rondell gegenüber liegenden so genannten Schmiede ist noch ein Stück des alten Torbaus mit einem Rundbogenfries erhalten geblieben. Der Torbau selbst wurde Anfang des 19. Jahrhunderts abgerissen.

Nach Verlassen der Tordurchfahrt gelangt man in den Festungshof, der im Verlauf der Erweiterungen des 16. Jahrhunderts entstanden ist. Im Westteil erhebt sich der Hauptfelsen, auf dem sich von den hochmittelalterlichen Befestigungen noch einige, teilweise restaurierte Buckelquadermauern erhalten haben. Diese Plattform war eng mit mehrstöckigen Gebäuden bebaut, darunter mit einem

Saalbau und einem mehrflügeligen Wohnbau, unter dem sich zurzeit nicht zugängliche Kellergewölbe befinden. Von allen Gebäuden haben die Zerstörungen an aufsteigenden Mauerzügen nur noch unwesentliche Reste übrig gelassen. Hinter dem achteckigen Treppenturm, über den man auf einer modernen Treppe zur Oberburg gelangt, ist noch die Felsverkleidung der stauferzeitlichen Burg in wohlgeformten, glatten Quadern zu sehen. Davor stand ein völlig abgegangener, großer Fachwerkbau. Der Saalbau, von dem noch die nördliche Giebelwand steht, war bis 1781 bewohnt, besaß mehrere Stockwerke und beherbergte im ersten Obergeschoss den großen Saal.

Ein weiterer Aufgang zur Oberburg beginnt an der Nordwestseite des Felsens, nicht weit vom Kellereingang entfernt. Von dort gelangt man in die oberen Bereiche des weitläufigen Nordwestbaus mit Überresten

Südwestteil der Oberburg mit so genanntem Westbollwerk, 2004

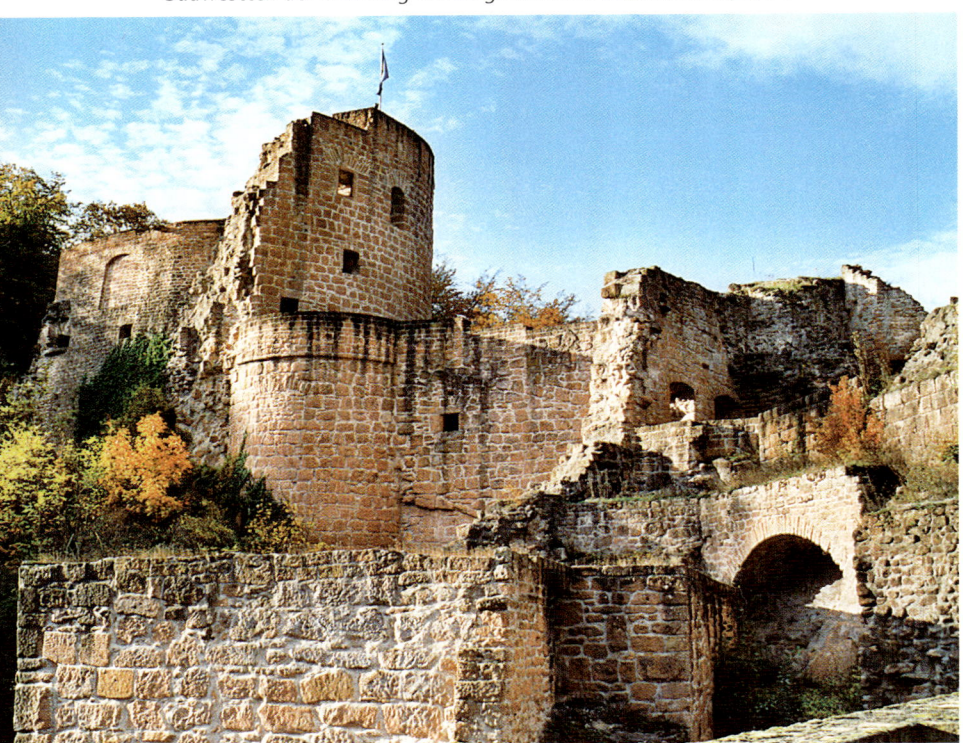

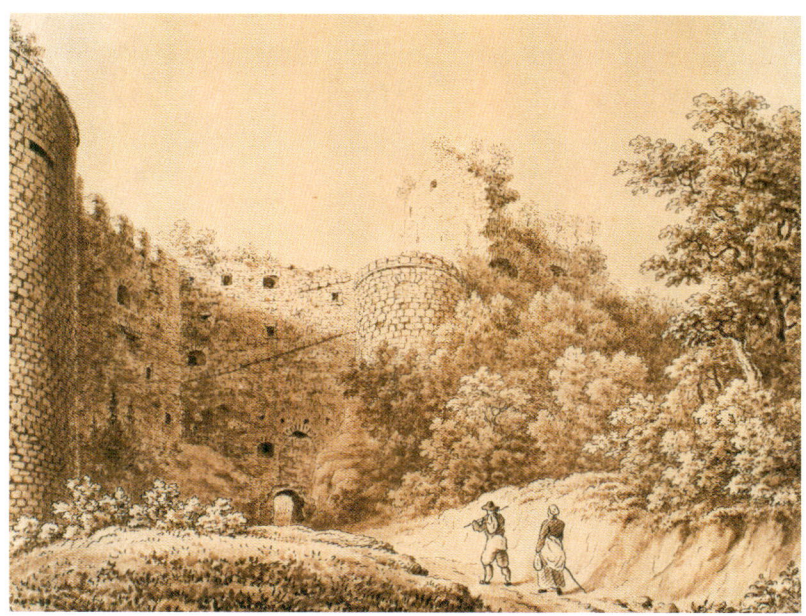
Sepiazeichnung von Peter Gayer, vor 1836

einer Kapelle, einer Back- und einer Badstube. In einen Treppenturm, der die Verbindung zum „Westbollwerk" vermittelt, führt ein sehr schönes spätgotisches Portal mit lilienförmigen Ornamenten („Lilienportal").

In Richtung „Westbollwerk" – des als eigenständiges Verteidigungswerk angelegten mächtigen Geschützturms auf dem Felskopf jenseits des Grabens – verläuft ein gewölbter, ansteigender Verbindungsgang, der den Halsgraben überquert. Das imposante Bauwerk mit einem Durchmesser von 22 Metern und einer Mauerstärke von 6,80 Meter besaß ehemals drei Geschosse mit Schießkammern für die Aufnahme von Kanonen. Obwohl die obere Hälfte abgesprengt worden ist, beherrscht der Turm mit einer Gesamthöhe von 27 Metern noch immer, einem Wahrzeichen gleich, die gesamte Hardenburg. Sein Erscheinungsbild zu Beginn des 17. Jahrhunderts erschließt sich nachdrücklich bei der Betrachtung einer zeitgenössischen lavierten Federzeichnung (vgl. S. 63). Demnach trug der Turm unmittelbar unter einer flachen Bedachung einen umlaufenden, hölzernen Wehrgang.

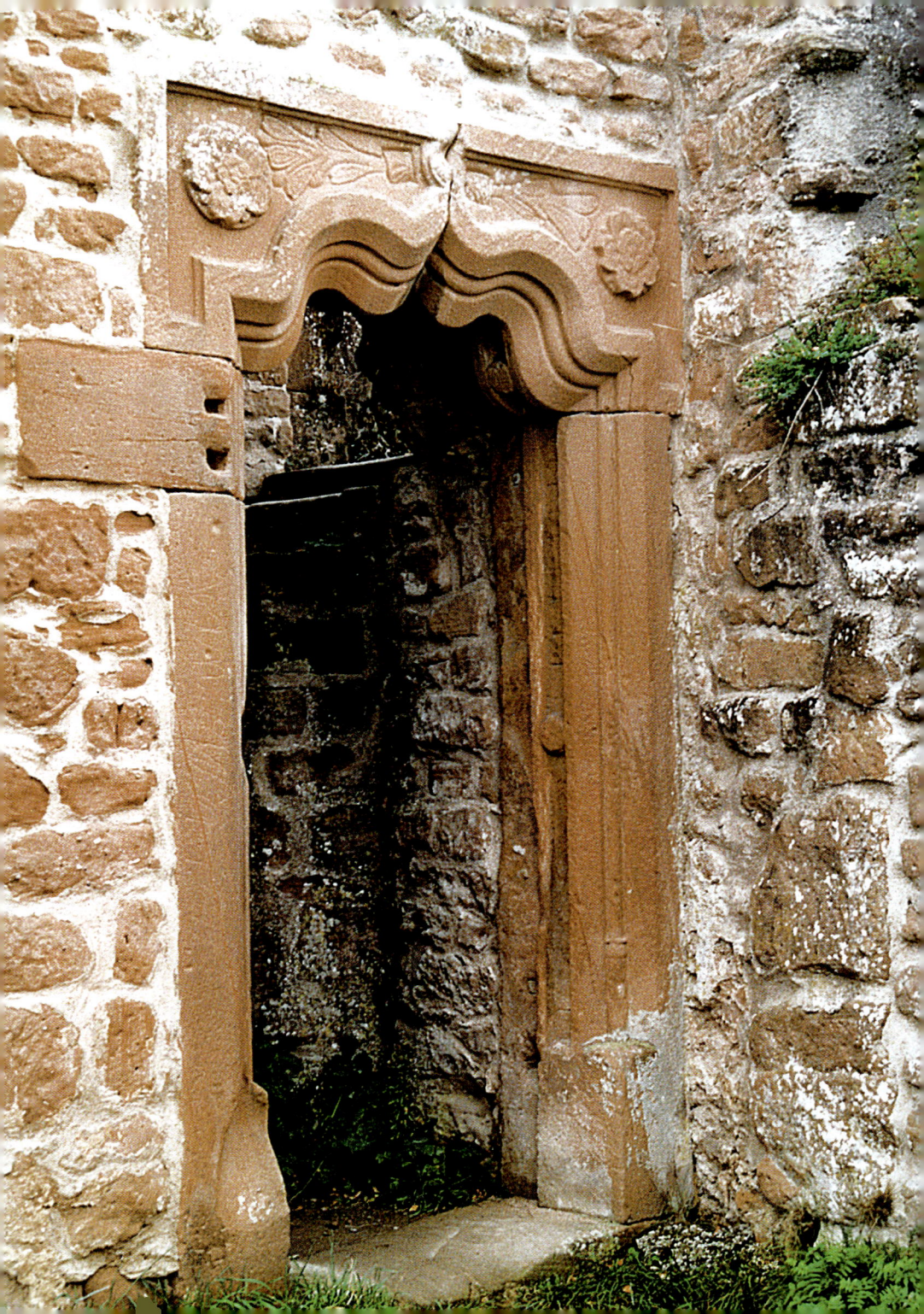

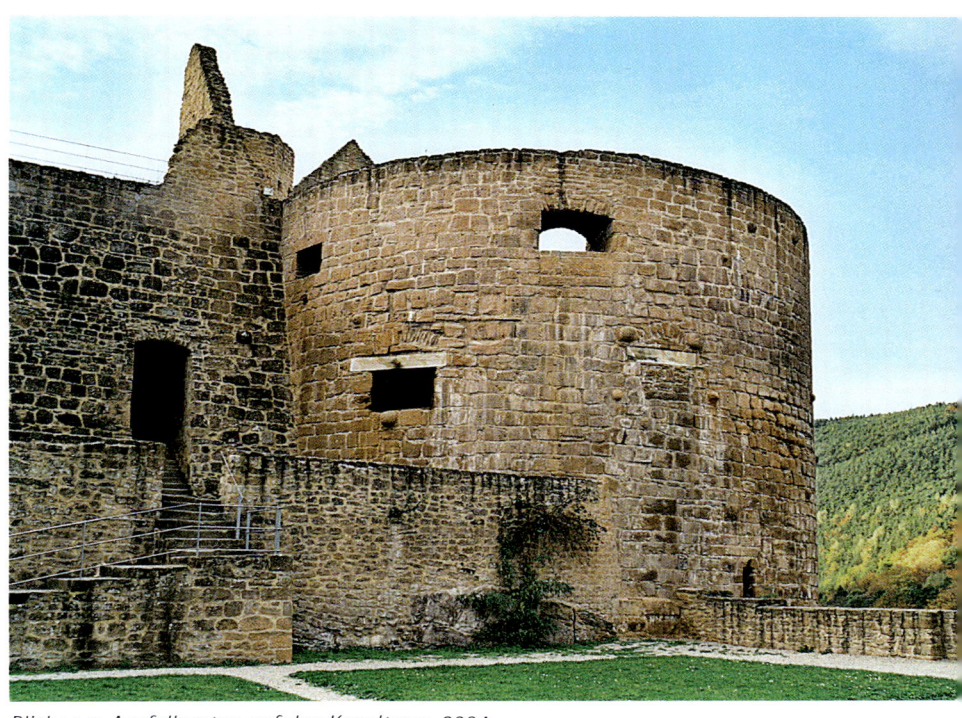

Blick vom Ausfallgarten auf den Kugelturm, 2004

Den heute ausgedehnten Festungshof umschließen mehrere Gebäude, darunter der in den Außenmauern noch gut erhaltene so genannte Marstall (eigentlich ein Wohngebäude) im Norden sowie im Osten das Gästehaus. Zwischen beiden Bauwerken liegt ein weiterer, gewaltiger Rundturm („Kugelturm") mit Geschützkammern, von dem aus die Außenseiten der nördlichen und östlichen Festungsmauer unter Beschuss genommen werden konnten.

Vom Gästehaus gelangt man zunächst in einen schmalen Zwinger und dann in den Großen Ausfallgarten mit einer jüngst dort wieder aufgestellten Brunnenschale. Den Abschluss der Burg bildet die „Münze", eine schildmauerartige Befestigung, die von zwei Rundtürmen flankiert wird.

Lilienportal am Treppenturm in der Oberburg, 2004

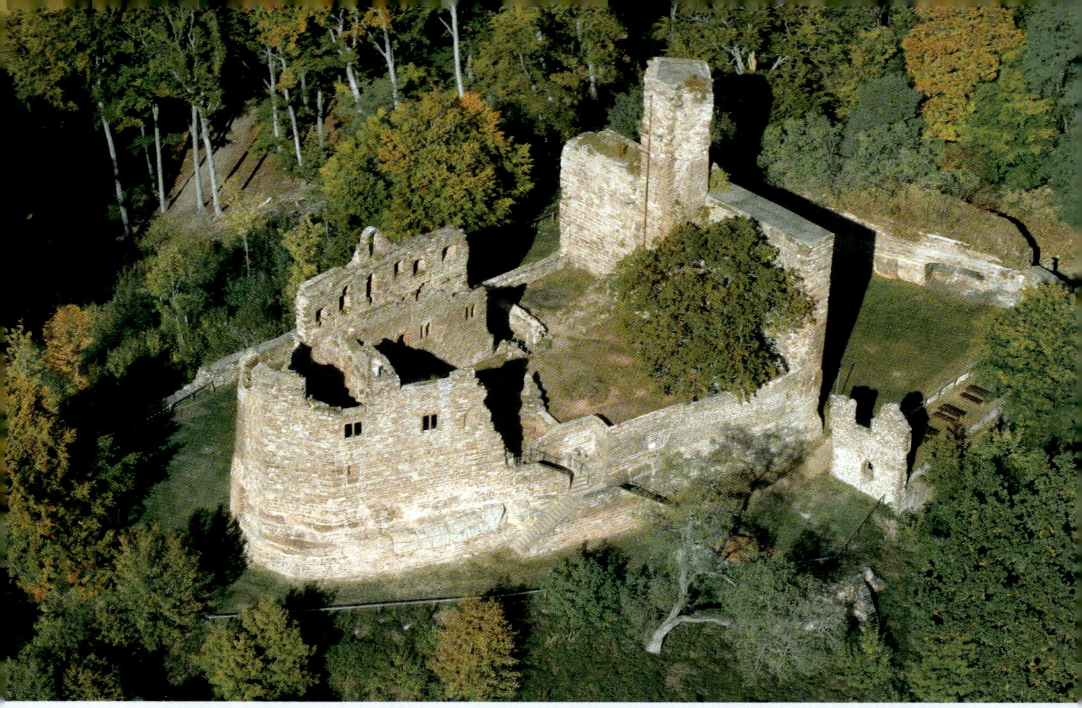

Luftaufnahme von Süden, 2004

Grundriss, 1971

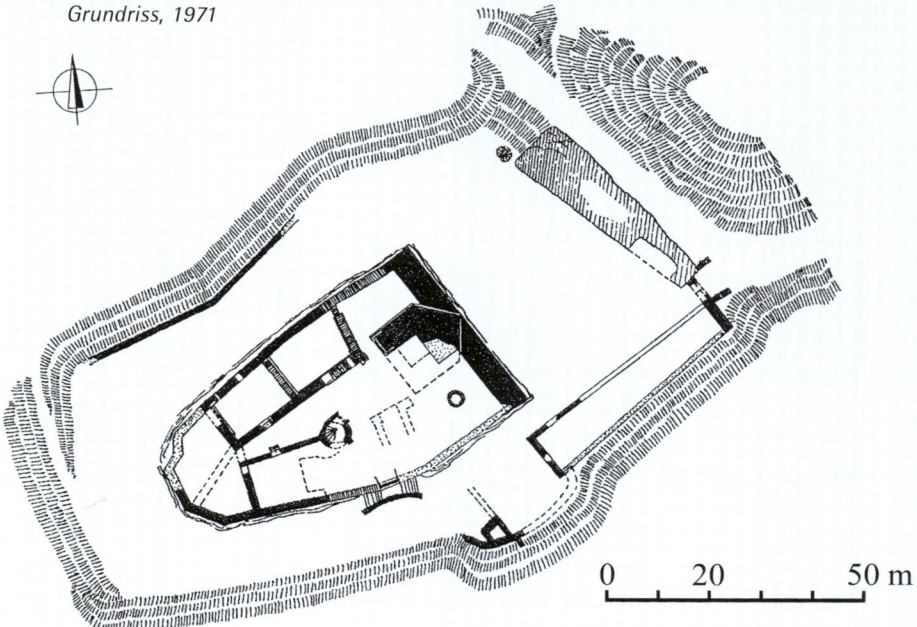

Burg Hohenecken

Hartnäckige Vermutungen, die auf dem Schlossberg über Kaiserslautern-Hohenecken gelegene Burgruine sei unmittelbar im Anschluss an den Neubau der Reichsburg in Kaiserslautern (zwischen 1152 und 1158) errichtet worden, sind völlig aus der Luft gegriffen und nicht zu beweisen. Erstmals um 1219 findet mit Siegfried II. von Lautern-Hohenecken ein Mitglied einer Reichsministerialenfamilie Erwähnung, die sich vielleicht nach einer Befestigung, möglicherweise aber auch nach der Siedlung benannte. Berücksichtigt man, dass ein *castrum Hohenecken* nicht vor 1277 nachzuweisen ist, dann ergibt sich zu der aus dem ältesten Baubefund resultierenden Datierung auf „um 1200" eine zeitliche Diskrepanz von einem Dreivierteljahrhundert. Fest steht immerhin, dass Burg Hohenecken eine Reichsburg war, die dem an sich unfreien Reichsministerialen Heinrich III. von Lautern-Hohenecken 1277 durch Graf Friedrich IV. von Leiningen als Reichslehen übertragen wurde. Zu dieser Zeit hatte die Familie bereits ihren Höhepunkt an Bedeutung überschritten: Heinrichs Cousin Reinhard III. von Lautern-Hohenecken, Reichsschultheiß und Verwalter des gesamten Reichsgutbezirks von (Kaisers-)Lautern sowie 1273 Verwalter von Burg Trifels nebst Reichskleinodien, war kurz zuvor vom neu gewählten König Rudolf von Habsburg seiner Ämter enthoben worden. Trotz dieses unverkennbaren Abstiegs, der mit wirtschaftlichen Schwierigkeiten einherging, gelang es den Hoheneckern bis weit in die Neuzeit hinein, sich in ihrer kleinen Herrschaft insbesondere gegen die Erzbischöfe von Trier und die Pfalzgrafen bei Rhein zu behaupten.

Die Burg selbst beherbergte schon zu Beginn des 14. Jahrhunderts eine aus mehreren Parteien bestehende Burggemeinschaft, die rasch Zuwachs erfuhr und dafür sorgte, dass der Stammanteil der Familie von Hohenecken sich immer mehr verminderte. 1525 wurde die Anlage von den Bauern *on Widerstand* erobert, aber wohl nicht beschädigt. Die noch immer schwelenden Auseinandersetzungen mit den pfälzischen Kurfürsten, die Ansprüche auf ein Viertel erhoben, gipfelten schließlich nach wechselvollem Verlauf 1668 in einer fünftägigen Belagerung durch Kurfürst Karl Ludwig, der die von den Freiherren von Hohenecken zu Hilfe geholte lothringische Besatzung zum Abzug zwang. Endgültig zerstört wurde die Burg während des Pfälzischen Erbfolgekrieges im September 1688 durch französische Truppen. Die Kernanlage von Hohenecken besticht noch als Ruine durch das klare bauliche Konzept und die geradezu ideale architektonische Verbindung von Wehr- und Wohnbauten. Hinter einer gegen die gefährdete Bergseite errichteten Schildmauer verbirgt sich auf einer Fläche von 25 mal 40 Metern auf einem etwa fünf Meter hohen, eingeebneten und an den Rändern geglätteten Felsplateau die Oberburg, deren Bauten größtenteils dem 13. Jahrhundert entstammen. Das weiträumige untere Burgareal entstand erst im 15. und 16. Jahrhundert. Ursprünglich gab es vor der Schildmauer nur den Halsgraben und an der Südseite des Felsens einen befestigten Aufgang, der eventuell in einen eigenen Torbau mündete, heute aber durch eine unsachgemäß angelegte Freitreppe vollkommen unkenntlich gemacht worden ist.

Die Gebäude der Oberburg gruppieren sich dem Geländeverlauf entsprechend im Schutz von Bergfried und Schildmauer hufeisenförmig um einen schmalen Innenhof. Der im Innern quadratische Turm mit drei Meter dicken, ganz mit Buckelquadern verkleideten Mauern ist außen fünfeckig und schneidet mit einer Kante in die Schildmauer

Eingang in die Unterburg, davor der zugeschüttete Graben, 2002

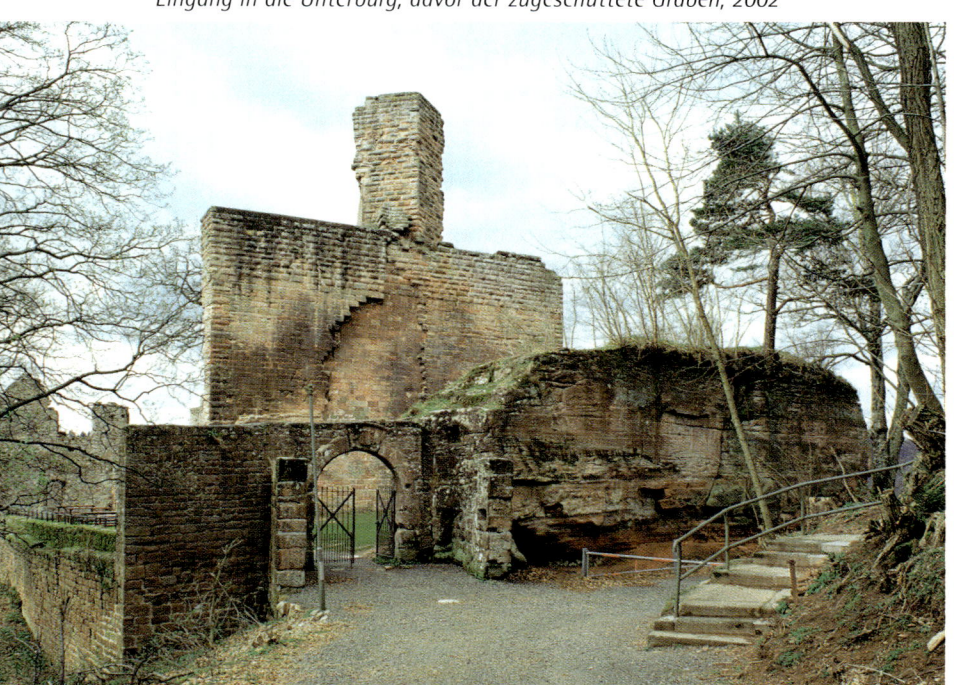

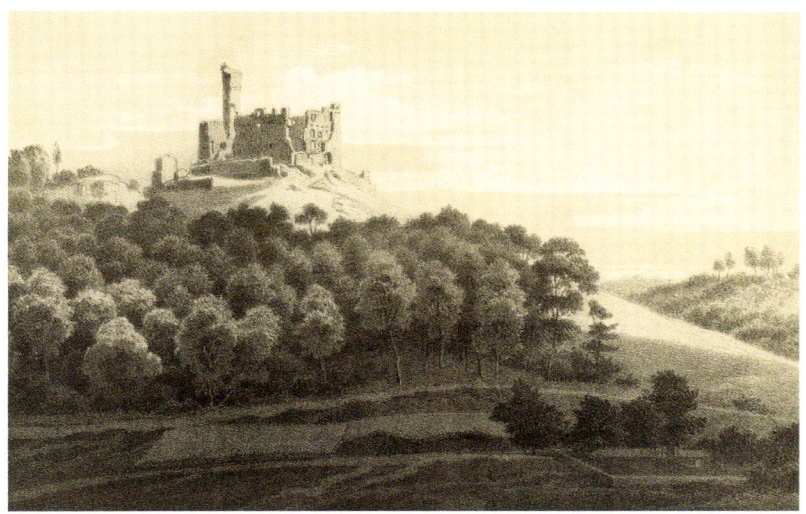

Lithographie, gezeichnet und lithographiert von Friedrich Hohe, vor 1854

ein. Die nach den Sprengarbeiten von 1688 übrig gebliebene, übermäßig sanierte Turmruine mit zwei der ehemals fünf Seiten steigt heute noch bis zu einer Höhe von 20 Metern auf.

Als zweifellos überregional bedeutendes Bauwerk präsentiert sich die 25 Meter lange, 2,50 Meter dicke und dabei noch elf Meter hohe Schildmauer, deren imposante äußere Schauseite im mittleren Teil starke Beschädigungen erlitten hat. Während für die Eckkanten und das obere Drittel durchgängig Buckelquader mit Randschlag Verwendung fanden, bestehen der Großteil der Außenseite und die komplette Innenseite aus glattquadrigem Mauerwerk. Als oberen Abschluss trug die Schildmauer einen gemauerten Wehrgang, als dessen einziger Rest ein winkliges, gegen die Turmruine gelehntes Mauerstück erhalten geblieben ist.

Von den Bauten hinter der Schildmauer hat die Sprengung 1688 den größten Teil vernichtet. Der einst mehrstöckige Palas zeigt neben relativ kleinen, stark restaurierten Fensteröffnungen auch Zugänge zu ehemaligen Aborterkern. In der hofseitigen Wand hat sich ein gekuppeltes romanisches Fenster erhalten, dessen rechteckigem Mittelpfosten ein Dreiviertelsäulchen mit attischer Basis und noch gut erkennbarem Laubwerkkapitell vorgesetzt worden ist. Das zweite Fenster ist nach diesem Vorbild restauriert worden.

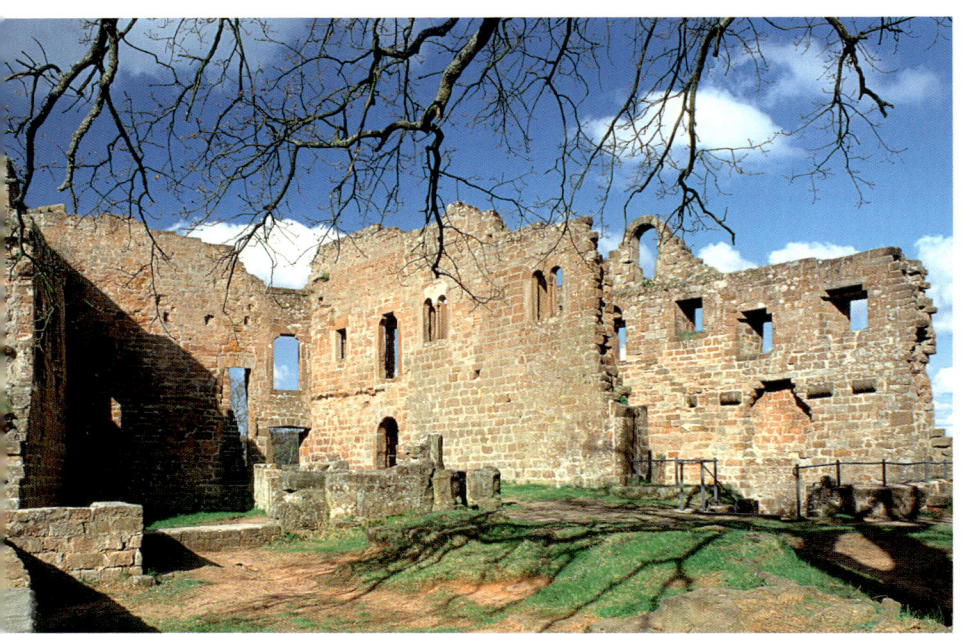
Wohnbauten der Kernburg, 2001

Der im Inneren zerfallene Gebäudetrakt auf der gegenüber liegenden Südseite stammt vermutlich noch aus dem späten 13. oder dem 14. Jahrhundert, wurde jedoch im 16. Jahrhundert verändert, worauf profilierte Fenstergewände und der Rest eines Treppenturms mit schönen Renaissance-Motiven hinweisen. Beide Wohnbauten waren am Westende der Oberburg durch einen Querbau miteinander verbunden, bei dem es sich, wie aus den Kaminen geschlossen wird, um einen Küchenbau gehandelt haben soll.

Spätere Um- und Neubauten betrafen hauptsächlich die ehemals dicht bebaute Unterburg, die in der Mitte des 16. Jahrhunderts beträchtlich erweitert wurde. Dazu wurden der alte Graben zugeschüttet, das Gelände bis zu einer verbliebenen Felsbarriere eingeebnet und davor ein neuer Halsgraben angelegt. An der Südkante des zu einer natürlichen Schildmauer ausgebauten Felsens entstand ein turmartiges, befestigtes Burgtor mit Zugbrücke, dessen Brückenlager und Pfeiler Ende des 19. Jahrhunderts noch erkennbar waren. Der Schlussstein des Torbogens zeigt das Wappen der Herren von Hohenecken mit der Jahreszahl 1560.

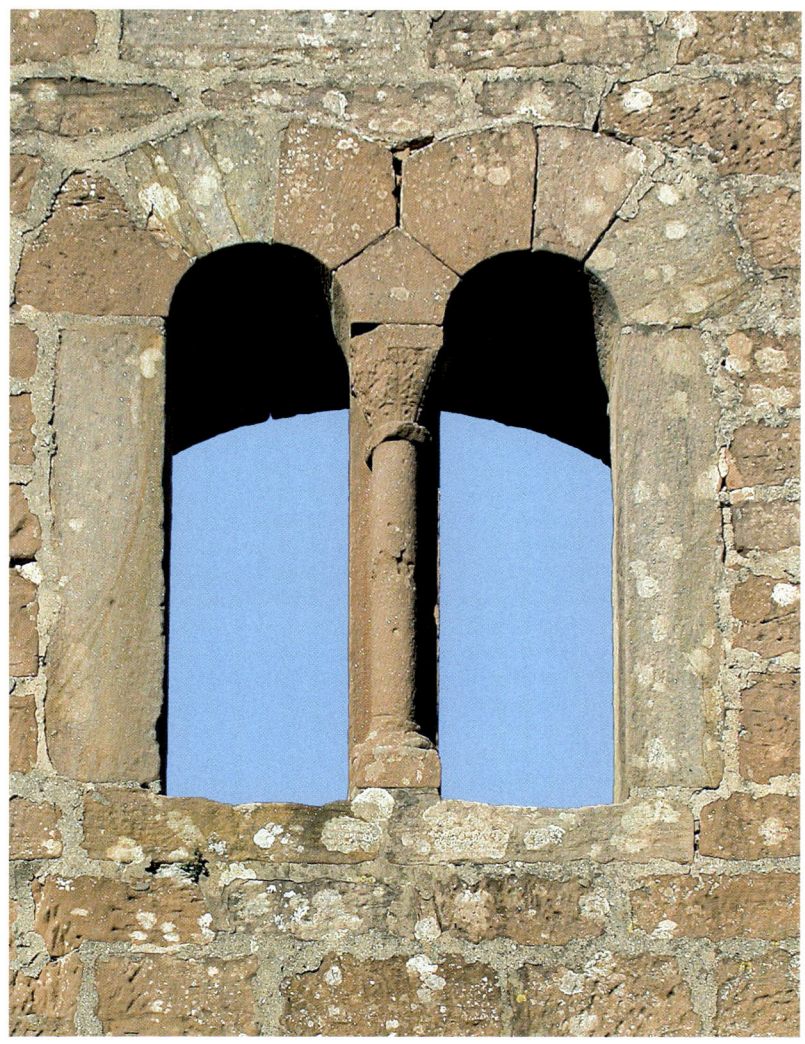

Zweigeteiltes Fenster mit Dreiviertelsäulchen am Mittelpfosten, 2005

Heute befinden sich auf dem 1875 und 1905 geräumten Gelände der Unterburg mit einer Fläche von 50 mal 90 Metern nur noch wenige Reste der einst zahlreichen Wirtschaftsgebäude. Abgesehen vom äußeren Tor hat sich ein schmales, lang gezogenes Gebäude hinter der Toranlage erhalten.

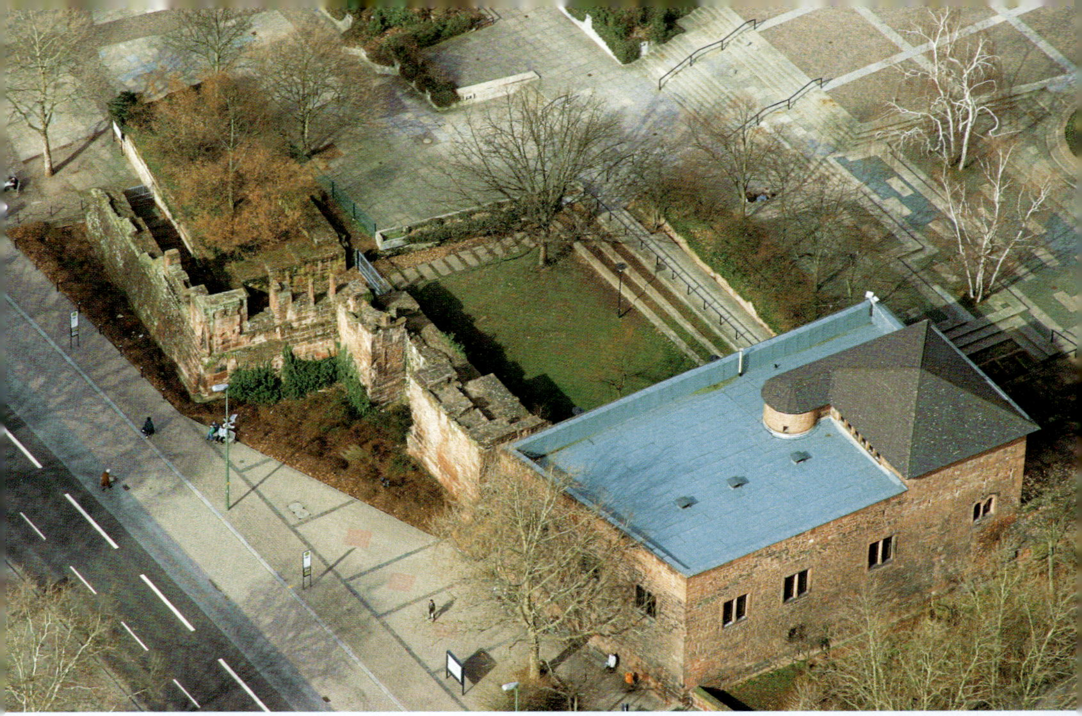

Luftaufnahme von Südosten, 2004

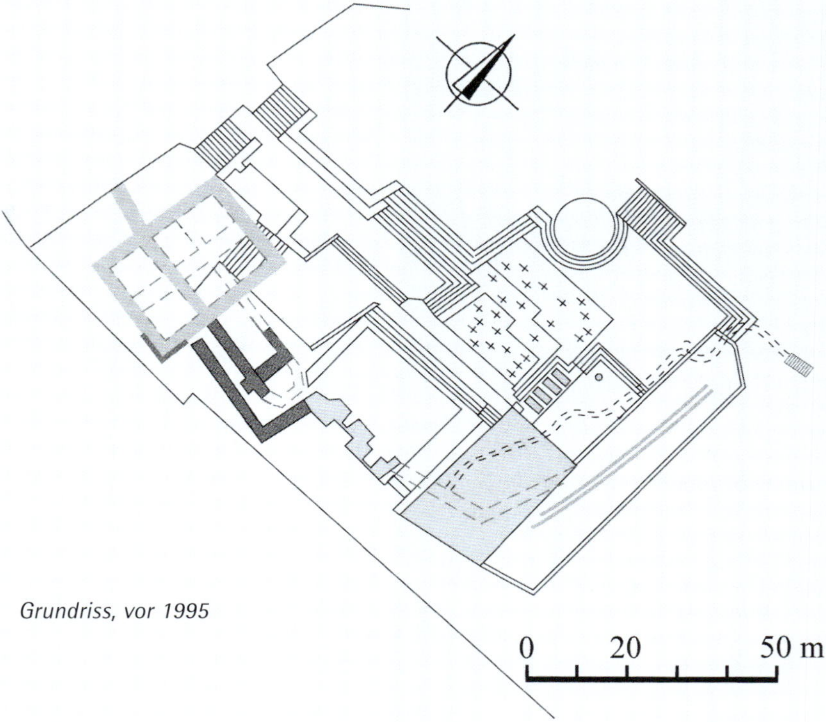

Grundriss, vor 1995

0 20 50 m

Burg und Schloss Kaiserslautern (Lautern)

Die Reste von Reichsburg und Schloss (Kaisers-)Lautern dokumentieren, wie es kaum an einem anderen Ort der Fall ist, in welch frappierendem Maß historische Bedeutung und gegenwärtiger Bauzustand auseinander klaffen können. Während die überlieferten Schriftquellen ein deutliches Bild von der Bedeutung der hochmittelalterlichen Burg zeichnen, erkennt der heutige Besucher vor Ort nach mehreren Zerstörungen und Baumaßnahmen, die bis weit in die Mitte des 20. Jahrhunderts reichten, nur noch unscheinbare Relikte. Im Schatten des Büroturms der Stadtverwaltung gelegen und von Betonplatten und -treppen eingeschnürt, fristet die eigentlich bedeutende Ruine ein bedauernswertes und vernachlässigtes Dasein.
Während keineswegs klar zu belegen ist, inwiefern ein schon im 9. Jahrhundert nachgewiesener Königshof mit der späteren Burg als ortidentisch angesprochen werden kann, so steht jedenfalls fest, dass zwischen 1152 und 1158 – eine genauere zeitliche Eingrenzung ist nicht möglich – König bzw. Kaiser Friedrich I. Barbarossa in Lautern auf einem von der Lauter umschlossenen Felsplateau eine Burg errichten ließ. Ob Reste einer salischen Mauer, die bei den Grabungen des 20. Jahrhunderts zutage kamen, tatsächlich als direkter Vorgängerbau gedeutet werden können, bleibt stark zu bezweifeln. Jedenfalls handelte es sich bei der neuen Reichsburg um einen völligen Neubau, wie die – panegyrische, aber dennoch zweifellos im Wesentlichen richtige – Beschreibung des zeitgenössischen Autoren Rahewin in seiner Biographie Friedrichs deutlich macht: *In Lautern hat er* (Friedrich) *aus roten Steinen ein königliches Haus erbaut und mit nicht geringerer Befestigung versehen. Denn auf der einen Seite hat er es mit einer sehr starken Mauer umgeben, die andere Seite umfließt ein seeähnlicher Fischteich, der alles Erfreuliche an Fischen und Geflügel enthielt, was Blick und Geschmack ergötzt. Auch stößt daran ein Bereich, der eine Menge von Hirschen und Rehen beherbergt. Die königliche Großartigkeit aller dieser Dinge und ihre Anzahl, die größer ist, als dass man sie schildern könnte, erweckt das Staunen der Betrachtenden.* 24 Besuche von Kaisern und Königen bis zum Jahr 1300 belegen die Bedeutung dieses „Königshauses", das nach eindeutigem Ausweis der Schriftquellen als Reichsburg zu bezeichnen ist.

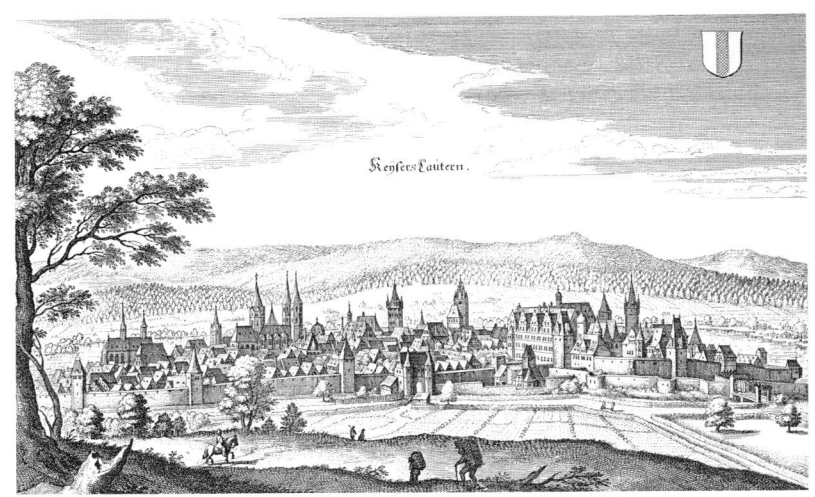

Kupferstich, gezeichnet von N.N., gestochen von Matthäus Merian d.Ä., um 1619

Die heute teilweise irrtümlich verwendete und von der lokalen Tradition beharrlich verteidigte Bezeichnung „Königs-" oder gar „Kaiserpfalz" ist nicht historisch.

Noch in der zweiten Hälfte des 13. Jahrhunderts hatte sich an der Attraktivität der Burg Lautern, in der spätestens 1215 eine Kapelle vorhanden war, als Aufenthaltsort für die römisch-deutschen Könige nichts geändert. 1269 ehelichte König Richard von Cornwall in ihren Mauern Beatrix von Valkenburg (Valkenburg in den heutigen Niederlanden). Im Zusammenhang mit diesem Ereignis beschrieb der englische Chronist Thomas of Wykes vor 1289 in seiner Chronik die Burg als ein Bauwerk, *welches es mit Blick auf die verschiedenen Königreiche unmöglich macht, einen Vergleich gelten zu lassen.*

Die Anlage wurde im 14. Jahrhundert erst an die Raugrafen, dann 1322 an Johann von Böhmen, 1332 an Erzbischof Balduin von Trier und zuletzt und endgültig 1357 an Kurpfalz verpfändet, das kurpfälzische Oberamtleute einsetzte. Eine entscheidende Veränderung trat erst durch den Bau eines stattlichen Renaissanceschlosses ein, das Pfalzgraf Johann Casimir zwischen 1570 und 1580 errichten ließ.

Während des Dreißigjährigen Krieges erlitten Burg und Schloss schwere Beschädigungen, die nur notdürftig behoben wurden, und denen weitere Zerstörungen durch französische Truppen 1688 und

1703 folgten. Das im Gegensatz zur als Ruine belassenen Burg vereinfacht wieder aufgebaute Schloss bewohnte nach erneuten Zerstörungen 1804 lediglich ein Landschreiber. 1813 versteigerte die französische Verwaltung die Ruinen als „Nationalgut", 1820–1823 wurde hier durch die königlich-bayerische Regierung das Zentralgefängnis der Pfalz, 1842 durch Privatleute eine Brauerei errichtet. Obwohl Denkmalschützer bereits Ende des 19. Jahrhunderts auf die historische Bedeutung des Areals hingewiesen hatten, kam es erst 1934–1938 sowie 1959–1964/68 zu Grabungen, deren Ergebnisse jedoch nur unvollständig dokumentiert sind. Im Verlauf dieser Arbeiten wurden die neuzeitlichen Gebäude fast vollständig beseitigt und die Überreste des alten Schlossostflügels in einen Neubau einbezogen. Zudem wurde das gesamte Areal bis in die 60er Jahre des 20. Jahrhunderts überformt, umgestaltet und größtenteils zubetoniert.

Sepiazeichnung von Peter Gayer, vor 1836

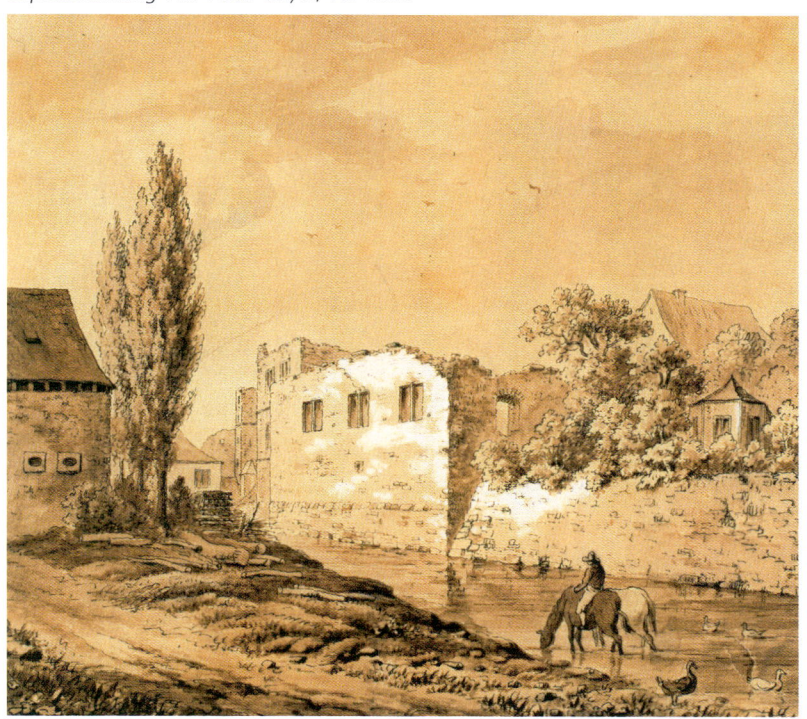

Vom Baubestand der hochmittelalterlichen Burg lassen sich nur noch wenige Reste der 1215 erstmals erwähnten Kapelle erkennen, die sich als schlichter, mutmaßlich um 1200 zusätzlich ummantelter Rechteckbau mit halbrunder Apsis präsentiert. Die Kapellenruine als der noch am besten erhaltene Teil der Anlage mit einem hohen Schrägsockel zeigt qualitätvolle Buckelquader und Ansätze von Fenstergewänden. Der heute vollständig verschwundene stauferzeitliche Palas, Mitte des 18. Jahrhunderts noch bis zum dritten Stockwerk erhalten, besaß im oberen Geschoss einen aufwändig mit einer Fenstergalerie ausgestatteten Saal und an der Südfront einen hohen, altanartigen Erker.

Auch das 1570/80 von Pfalzgraf Johann Casimir errichtete Schloss, das der bekannte Kupferstich in Merians rheinpfälzischer Topographie eindrucksvoll in seinem Zustand etwa um 1619 abbildet, bietet vor Ort

Reste der Kapellenummantelung, 2004

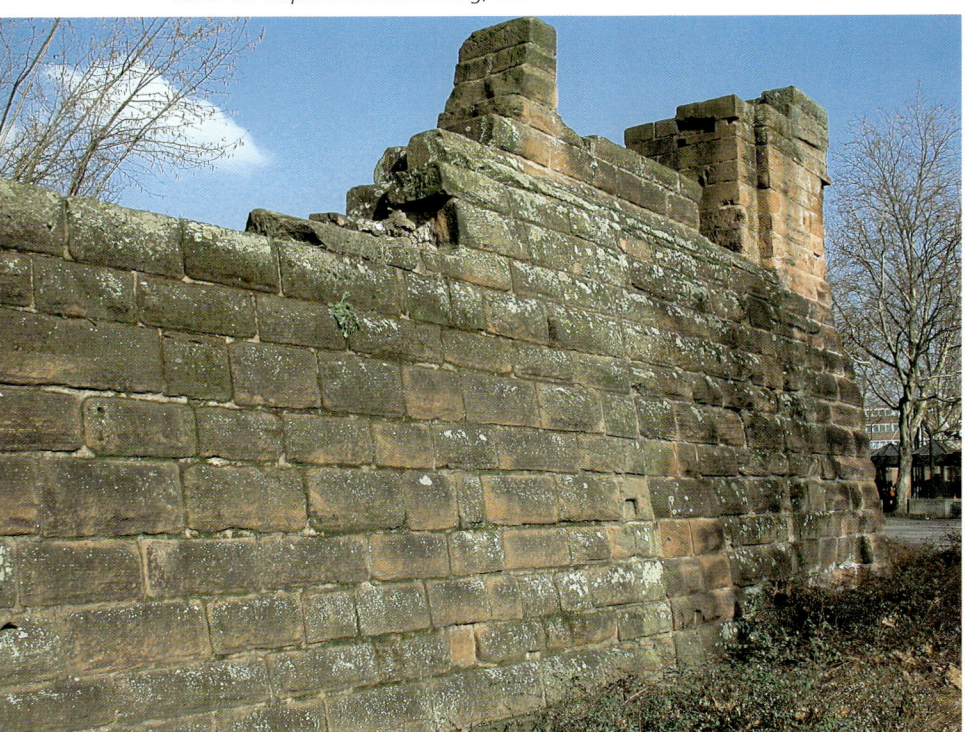

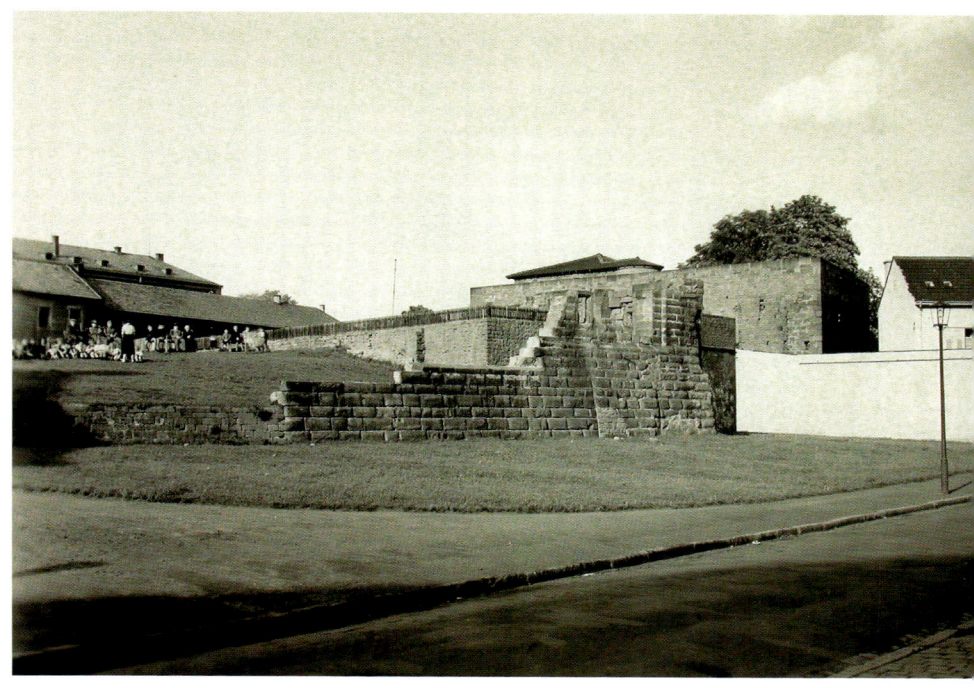

Ansicht von Südosten, o.J. (um 1940)

nur noch den Rest der an die Kapelle stoßenden Südwand. Der heute wesentlich stärker ins Auge fallende viereckige Bau im Ostteil des alten Burg- und Schlossgeländes wurde als völliger Neubau über dem alten Untergeschoss und den Kellergewölben im Zusammenhang mit den Grabungen von 1934–1937 angelegt, wobei Spolien – darunter ein romanisches Rundbogenfenster – willkürlich eingefügt wurden. Das architektonisch wenig ansprechende Gebäude, nach dem Erbauer seines Vorgängers auch „Casimirbau" genannt und heute zu Repräsentationszwecken genutzt, birgt im Innern in der Eingangshalle eine im Burggelände aufgefundene Rundsäule mit Knospenkapitell (um 1200).

Besonderes Interesse verdienen die östlich dieses „Casimirsaals" im Gelände deutlich sichtbaren Wagenspuren. Hier befand sich möglicherweise der alte Zuweg zur mittelalterlichen Reichsburg, der demnach zumindest an dieser Stelle parallel zu einer äußeren Ringmauer verlaufen sein dürfte.

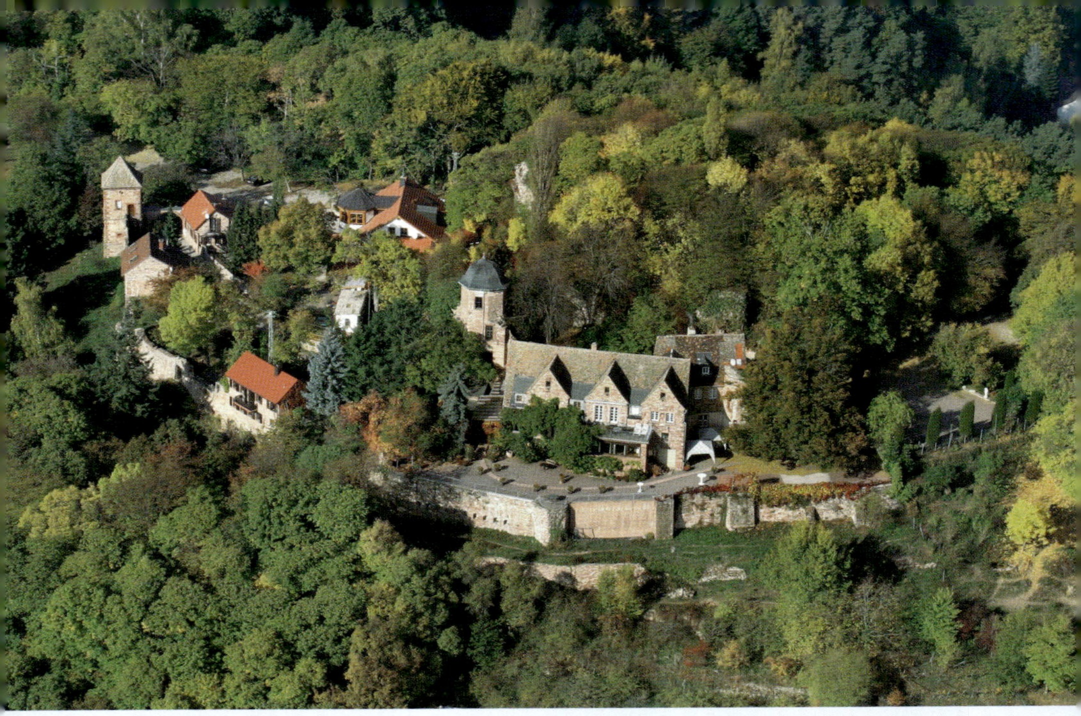

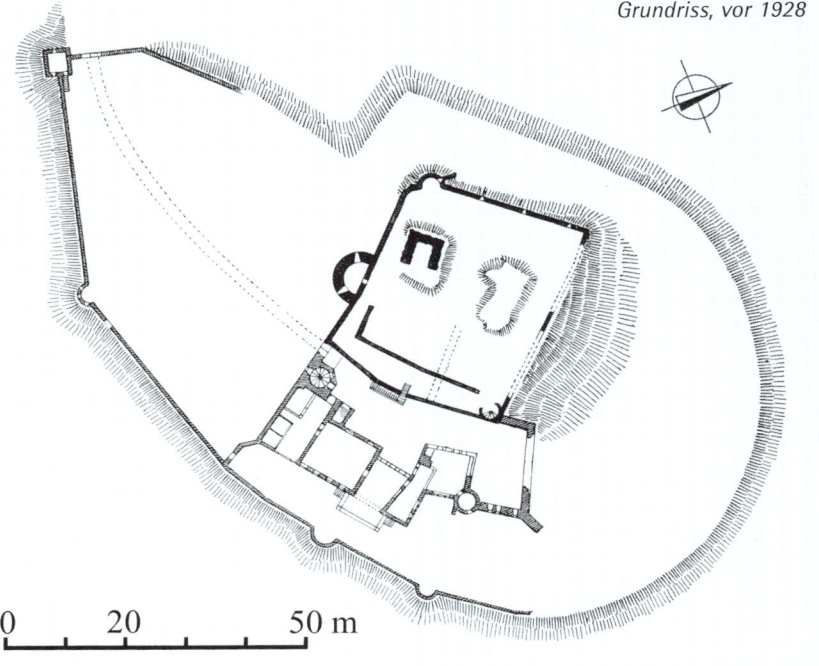

Luftaufnahme von Osten, 2004

Grundriss, vor 1928

Kropsburg

Im Jahr 1203 verlieh Bischof Konrad III. von Speyer das Patronatsrecht an der Kapelle zu St. Martin seinem Truchsess Konrad von *Cropfesberc*, der dieses Hofamt also offensichtlich als Ministeriale der Speyerer Kirche versah. Mag es auch nahe liegen, so lässt sich daraus noch nicht erkennen, ob sich auch die Kropsburg als speyerische Gründung im Besitz der Kropsburger befand.

Nach dem derzeitigen, völlig ungenügenden Forschungsstand sieht es so aus, als hätten die Bischöfe von Speyer aber schon bald eine Hälfte der Burg in ihren Besitz gebracht, die zunächst von bischöflichen Beamten verwaltet, 1294 aber vom Domkapitel an Eberhard Schnittlauch von Kästenburg übertragen wurde. Der andere Burgteil dürfte in der Hand der Familie von Kropsburg und ihrer Verwandten verblieben sein, wobei die näheren Umstände noch ungeklärt sind. Bis zum Jahr 1333 wohl komplett in das Eigentum des Bistums Speyer übergegangen, verblieben nach dem Aussterben der Familien von Kropsburg und Lichtenstein vor der Mitte des 14. Jahrhunderts mit den Herren von Odenbach und den Kämmerern von Worms, genannt von Dalberg, noch zwei Parteien als Erben und Besitzer eines Anteils von je einer Hälfte.

Nach zwischenzeitlichen Beschädigungen der Burg in den Auseinandersetzungen Graf Emichs V. von Leiningen-Hardenburg mit den Städten Mainz, Worms und Speyer 1376 gelang es den Kämmerern von Dalberg 1439, den anderen Teil von Hans von Odenbach käuflich zu erwerben. Nach dem Tod Hans' zwei Jahre später befand sich die gesamte Anlage in dalbergischer Hand, wozu schließlich auch Bischof Reinhard von Speyer als Lehnsherr mit einigen Beschränkungen sein Einverständnis erklärte.

Im Bauernkrieg 1525 eingenommen und besetzt, verblieb die Kropsburg im ungestörten Lehnsbesitz der Kämmerer von Dalberg, die Ende des 16. Jahrhunderts noch größere Baumaßnahmen initiierten, in deren Verlauf von 1575–1580 schlossähnliche Gebäude und ein Zwinger nebst Torturm und Tor errichtet wurden. Nach der Zerstörung im Pfälzischen Erbfolgekrieg im 18. Jahrhundert vorgenommene Teilaufbauarbeiten blieben ohne große Wirkung, so dass die Burg, deren oberer Teil zudem in den 1830er Jahren als Steinbruch ausgebeutet wurde, endgültig zur Ruine verfiel. Heute befinden sich die teilweise und verändert wieder hergestellten Gebäude in Privatbesitz.

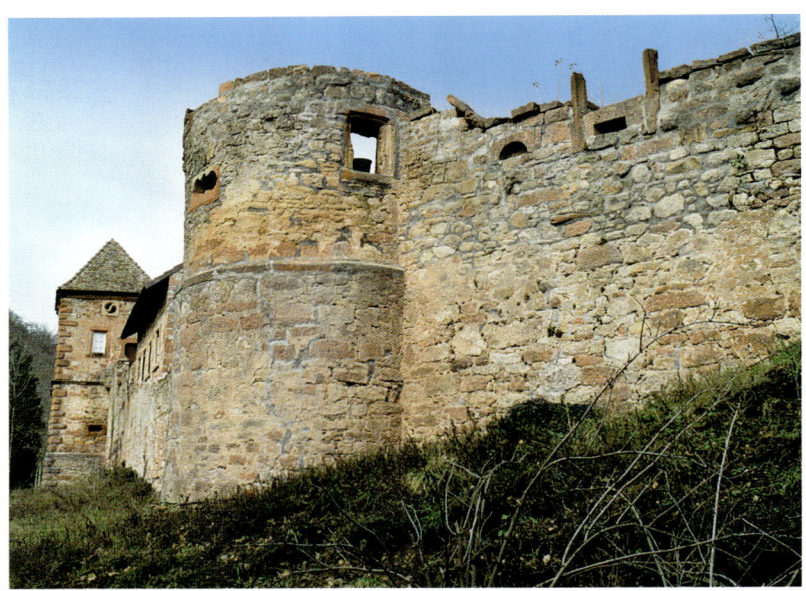
Ringmauer der Vorburg mit vermauerten Bauspolien, 2005

Von der oberen, hochmittelalterlichen Kernburg existieren nur noch geringe Reste. Das durch Abböschung und Umkleidung mit einer Ringmauer entstandene, 32 Meter mal 36 Meter umfassende und noch heute zehn Meter hohe Areal trug eine fast quadratische Burg mit einem rechteckigen Bergfried. Bis zum Anfang des 19. Jahrhunderts war der mit einer Längsseite zur gefährdeten Angriffsseite gerichtete Turm noch mehrere Geschosse hoch, wurde aber 1830 bis auf einen Stumpf von zehn Metern abgetragen. Vom talseits gewandten Wohnbau ist nur noch ein etwa sechs Meter hohes Mauerstück der Felsverkleidung im Eckverband vorhanden, das zum Teil aus glatten, fast fugenlos gesetzten, sorgfältig behauenen Quadern besteht, die offensichtlich zweitverwendet wurden.

Gut, aber sanierungsbedürftig erhalten hat sich mit Resten eines Rundbogenfrieses, Bogenscharten, Konsolen des Wehrgangs und einem vermauerten Tor auf halber Höhe die nordwestliche Futtermauer der Oberburg aus dem 14. Jahrhundert. Im Spätmittelalter wurde diese Mauer mit Brillenscharten verstärkt, um 1500 ein noch fast bis zur Höhe des Wehrgangs erhaltener, hufeisenförmiger Geschützturm mit Maulscharten von außen gegen die Ringmauer gesetzt.

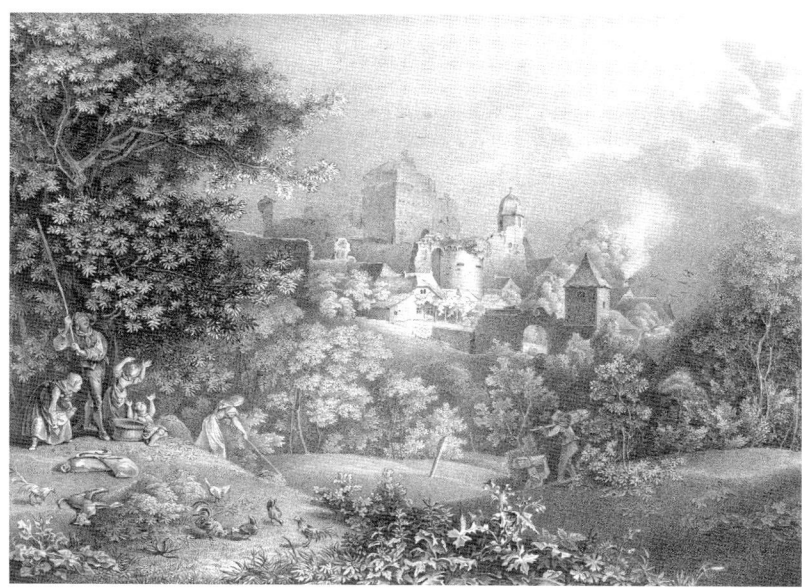

Lithographie, gezeichnet und lithographiert von Heinrich J. Fried, vor 1830

Gedeckt durch den Burghügel, entstand zur Rheinebene hin unterhalb der Ringmauer wahrscheinlich im 14./15. Jahrhundert die Unterburg. Als markantes Bauwerk, mit seiner geschweiften Haube gleichsam das Erkennungszeichen der Burg, flankiert der achteckige „Hexenturm" von 1578 das Burgtor. Das an architektonischen Details reiche Turmportal mit den darüber vermauerten Wappen Dalberg-Altdorf (1484) und Dalberg-Fleckenstein (1560) gehört zu den schönsten Renaissancepforten auf pfälzischen Burgen. Im Burggelände verstreut finden sich weitere Wappensteine und Bauspolien, so eine vermauerte Maulscharte in Fratzenform.

Die weitläufige Vorburg im Südwesten entstand um 1500. Das zweiflügelige Tor mit einem anstoßenden quadratischen Eckturm wurde 1583 erbaut und zeigt Architektur der Übergangszeit. An der Rückseite der Ringmauer lehnten sich bis ins späte 19. Jahrhundert niedrige, einfache Wohnbauten an.

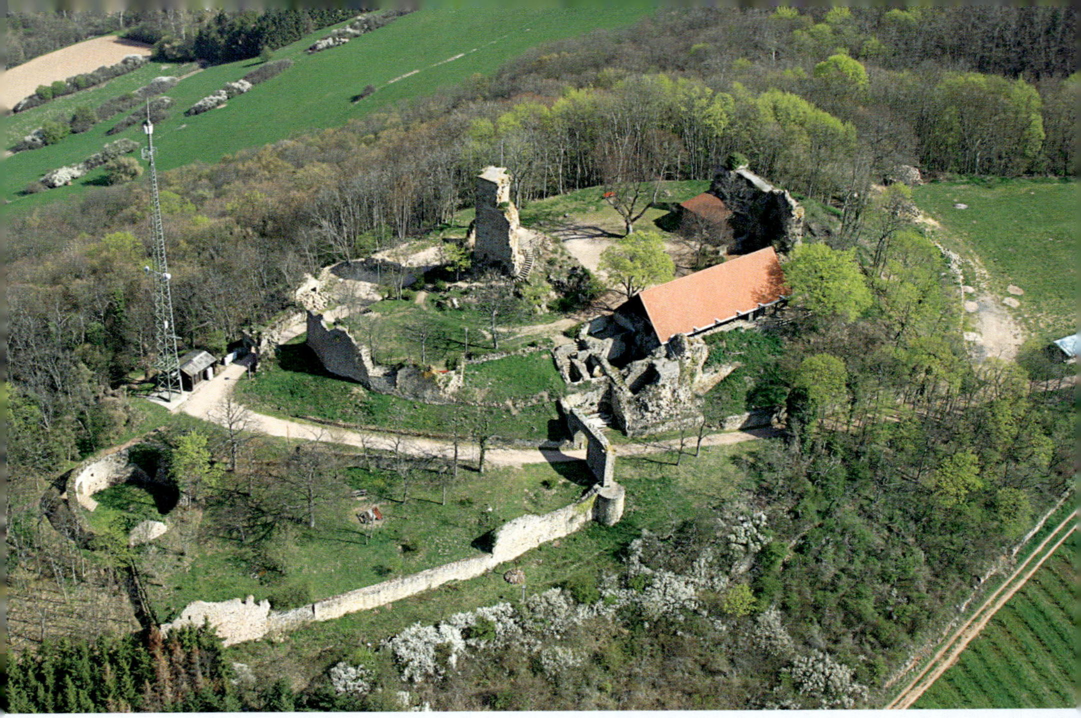

Luftaufnahme von Südwesten, 2004

Grundriss, 1937

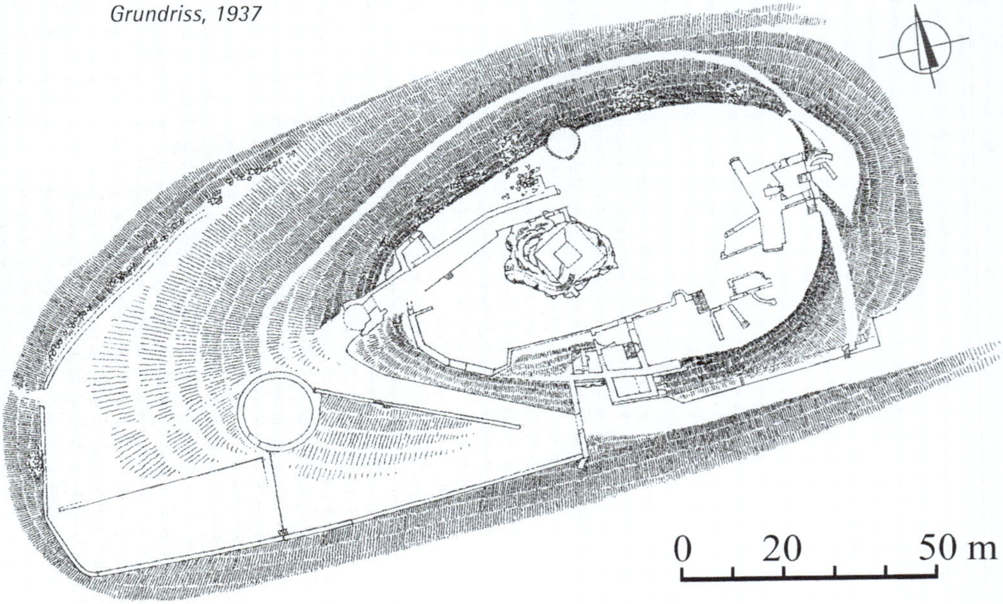

Landsberg (Moschellandsburg)

Für die seit dem Ende des 18. Jahrhunderts aufgekommene Ansicht, dass Burg Landsberg – im Volksmund Moschellandsburg genannt – schon im 12. Jahrhundert durch den Nahegaugrafen Emich I. errichtet und 1130 an seinen zweiten Sohn, Graf Gerlach I. von Veldenz, vererbt worden sein soll, fehlt jeder eindeutige Hinweis. Als ersten sicheren Beleg lässt sich erst das Jahr 1255 festsetzen, als in einer Urkunde Erzbischof Gerhards I. von Mainz mit Helwig und Balduin von Dusemont zwei Burgmannen auf Landsberg *(in Landesberg)* erwähnt werden. 1259 sagte der erwählte Bischof Eberhard von Worms dem Veldenzer Grafen Gerlach V. zu, die vom Bistum Worms lehnsrührige Anlage nebst allen sonstigen Gütern bei Ausbleiben von Söhnen auch den Töchtern Gerlachs zu übertragen. Als Gerlach tatsächlich ohne männliche Nachkommen starb, trat seine Tochter Agnes spätestens 1263 in seine Rechte ein. Das durch ihre Ehe mit Heinrich von Geroldseck begründete jüngere Veldenzer Grafenhaus verblieb in der Folgezeit bis zum 15. Jahrhundert im Lehnsbesitz von Burg und Zubehörden, darunter als wichtigste die 1349 zur Stadt erhobene Ortschaft (Ober-)Moschel. Zum Schutz wurden in großer Zahl – 1387 waren es dreißig – und bei Bedarf gräfliche Burgmannen angenommen, die als Gegenleistung für ihre Dienste Burglehen erhielten.

Nach dem Tod des letzten Veldenzer Grafen Friedrich III. fiel die Burg 1444 an Herzog Stephan von Pfalz-Zweibrücken, der 1410 die Tochter Friedrichs geheiratet hatte. Der danach begonnene Aus- und Umbau verwandelte die Anlage in ein Renaissanceschloss, das zeitweilig zu Residenzwecken diente, durch moderne Fortifikationen aber auch einer Belagerung mit Feuerwaffen standhalten sollte. Unter Stephans Sohn, Herzog Ludwig I., genannt der Schwarze, von Zweibrücken-Veldenz, präsentierte sich die Burg als ein erstaunlich gut organisierter administrativer und wirtschaftlicher Mittelpunkt des gleichnamigen, aus etwa zwanzig Gemeinden bestehenden Amtes. Neben Ackerbau und Viehzucht als Haupterwerbsquelle kamen auch der Einnahme von Quecksilber und, wie die jüngsthin eindrucksvoll ausgewerteten Kellereirechnungen des 15. Jahrhunderts belegen, dem Weinbau Bedeutung zu.

In den bald folgenden Auseinandersetzungen Ludwigs mit Pfalzgraf Friedrich I. bewährten sich die neuen Befestigungen, als 1471 eine Belagerung von Burg und Stadt auf dem Verhandlungsweg beendet wurde. Bis zum Anfang des 17. Jahrhunderts diente Landsberg als

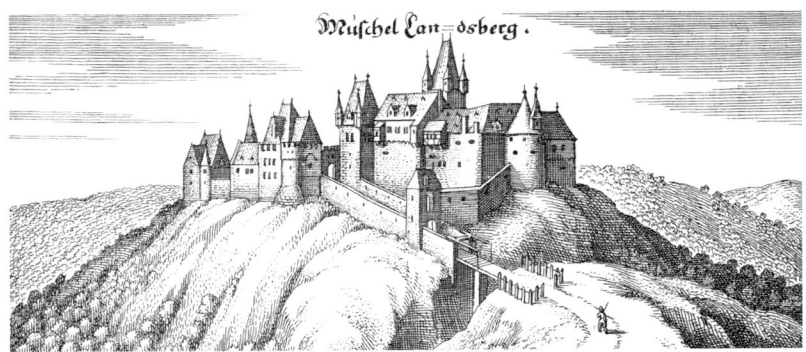

Kupferstich, gezeichnet von N.N., gestochen von Matthäus Merian d. Ä., vor 1645

pfalz-zweibrückischer Witwensitz und 1616–1620 sowie 1645–1681 als Residenz für die Seitenlinie Pfalz-Zweibrücken-Landsberg. Im Dreißigjährigen Krieg fiel die mittlerweile veraltete Renaissancefestung 1620 ohne Gegenwehr in die Hand spanischer Truppen, denen wechselnde Besatzungen folgten. Nach Beseitigung der Schäden 1645–1655 zerstörten französische Truppen 1689 die Anlage.

Die nach der Zerstörung im Vergleich zur Abbildung bei Merian spärlichen Ruinen von Burg Landsberg liegen am Ende eines Bergrückens oberhalb des Städtchens Obermoschel. Die Merkmale einer mit großen, unregelmäßig bearbeiteten Quadern ausgestatteten Mauer an der Hangseite des Burgwegs könnten auf eine Vorgängerburg schließen lassen, von der jedoch kein schriftlicher Beleg existiert. Ob die eigentliche Burg tatsächlich schon in der Mitte des 12. oder doch erst im 13. Jahrhundert errichtet worden ist, bleibt auch im Baubefund unklar. Aufschlüsse über den letzten Bauzustand der Anlage knapp fünfzig Jahre vor ihrer Verwüstung gibt der genannte Kupferstich von vor 1645, der sich als bemerkenswert authentisch erwiesen hat.

Der heutige Zugang orientiert sich am ehemaligen Burgweg. Quer vor dem äußeren Burgtor lag ein in den Konturen noch erkennbarer, heute verschütteter Graben, den ehemals eine Zugbrücke überspannte. Reste eines Torturms sind ebenfalls deutlich zu sehen. Der Burgweg führt, von Mauern umgrenzt und durch mehrere Tore abgesperrt, um die Kernburg herum bis zum vierten und letzten Tor auf der schmalen Westseite. Die entstandenen Zwinger mit teilweise ergänzten Mauerzügen stammen frühestens aus dem 15. Jahrhundert.

Ruine des Bergfrieds von Westen, 2004

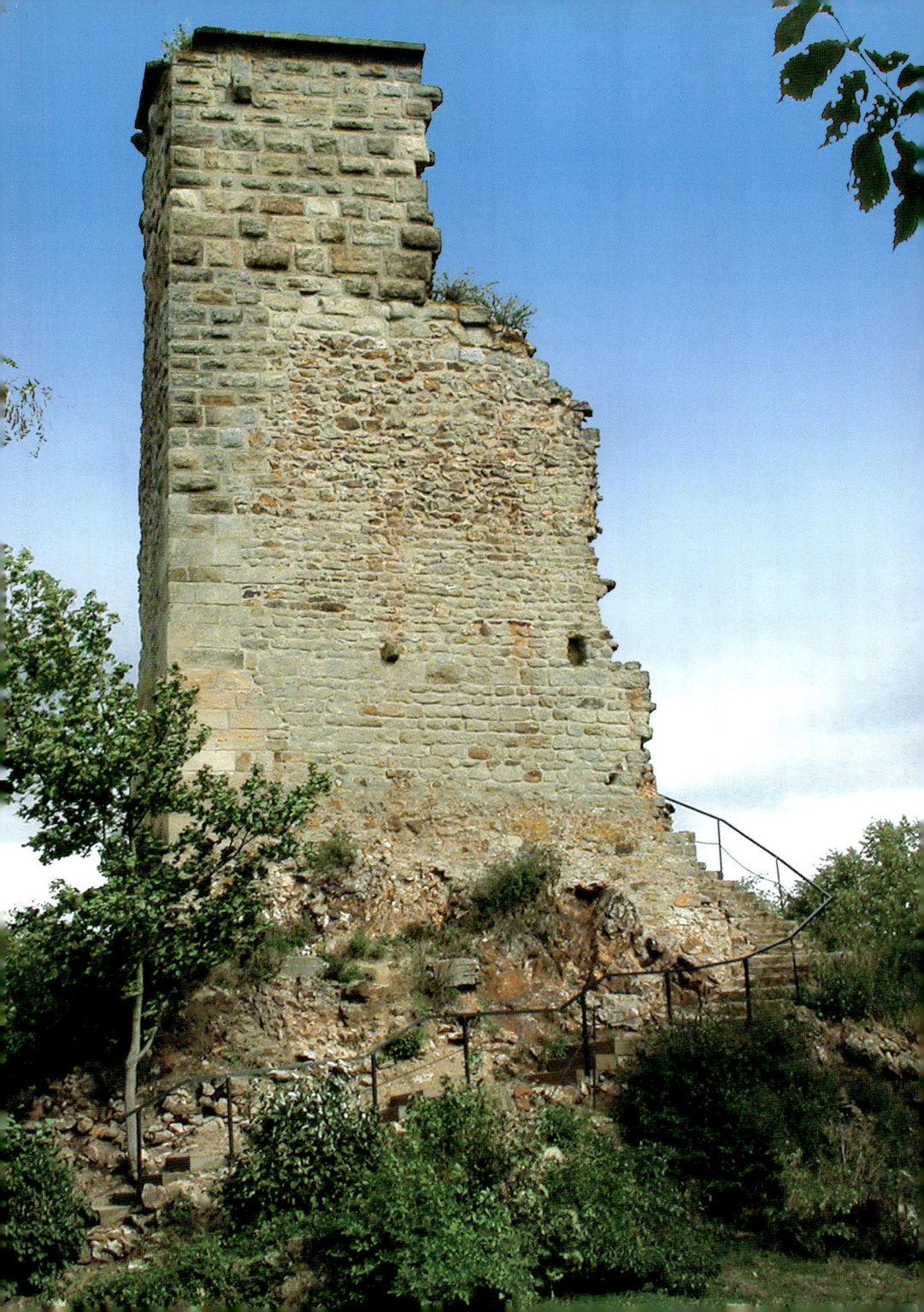

Westlich der Burg liegt die weiträumige, nur noch in niedriger Bausubstanz bestehende Unterburg, die ebenfalls erst im 15. Jahrhundert entstanden sein dürfte und nach Ausweis der Abbildung in Merians Topographie mit unterschiedlich großen Gebäuden ausgestattet war. Sie beginnt im Anschluss an das zweite Tor, das auf der Südseite von einem dreiviertelrunden Turm („Brunnenturm") flankiert wird. Bisher als Geschützbastion angesprochen wird ein kreisrundes, einige Steinlagen hoch aufgemauertes Bauwerk weiter westlich mit einem Durchmesser von zehn Metern und auffallend dünnen Wänden. Nicht nur der unzureichenden Mauerstärke wegen kann dieser wohl erst im 16. Jahrhundert errichtete Bau, der offensichtlich von einem spitzen Dach bekrönt wurde, nicht sonderlich hoch gewesen sein.

Die Kernburg als der älteste Teil befindet sich nahezu im Zentrum der Gesamtanlage an höchster Stelle und auf felsigem Untergrund. Im Umriss polygonal, verbargen sich die Gebäude einst hinter einer hohen, auf der Ostseite aufgeführten Schildmauer. Vom zentral auf einem gesonderten Felssockel, jedoch nicht an der Angriffsseite platzierten Bergfried erhebt sich nur noch die mit Buckelquadern verkleidete Westecke bis zur Höhe des dritten Geschosses. 1851 ist das Mauerwerk im unteren Bereich ausgebessert worden, woraus sich die

Westabschnitt der Kernburgringmauer, 2004

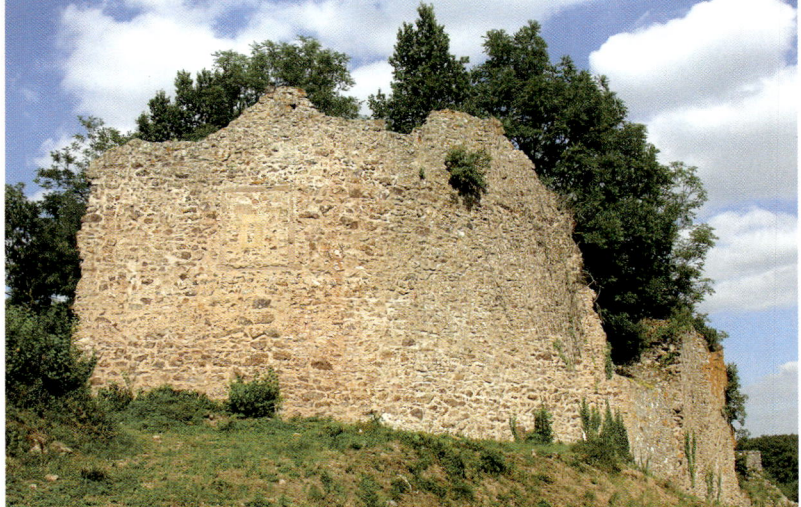

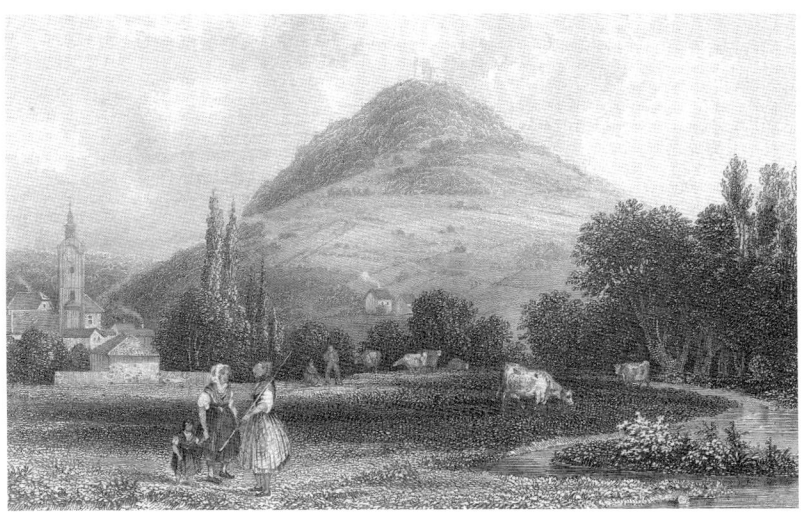

Stahlstich, gezeichnet von Theodor Verhas, gestochen von Carl Frommel und Henry Winkles, vor 1840

unterschiedliche Beschaffenheit der Steine erklärt. Vom im 17. Jahrhundert den Turm abschließenden Satteldach mit Eckt ürmchen sind keine Reste mehr zu sehen.

Der heute relativ leere Burghof war ursprünglich durch Mauern unterteilt und von Gebäuden umstellt, die größtenteils die Ringmauer als Außenmauern nutzten. Noch deutlich im Mauerwerk haben sich die Bauten auf der Südseite, wo auch der Palas vermutet wird, erhalten und dienen, inzwischen saniert und überdacht, derzeit als Lagerräume. Zum südlichen Zwinger hin und in Nähe des zweiten Tores grenzte ein rechteckiger, in den unteren Partien erhaltener Turm an den Palas, der früher ähnlich wie der Bergfried Eckt ürmchen trug. Von der östlich gegen die Bergseite gelegenen, im 19. Jahrhundert ausgeflickten Schildmauer sind alle Verkleidungsquader verschwunden. Im 16. Jahrhundert wurde dieser Mauer ein halbrunder, jetzt bis auf niedrige Mauerzüge abgegangener Geschützturm vorgesetzt. Ein schmaler, zwingerartig angelegter Gang führt von hier aus hinab zum äußeren Tor.

Im 17. Jahrhundert wurde im westlichen Teil der Kernburg ein Ziergarten angelegt, wie aus einer Inschriftplatte von 1655 hervorgeht. Allenthalben sind in den Mauern renaissancezeitliche Spolien eingesetzt worden.

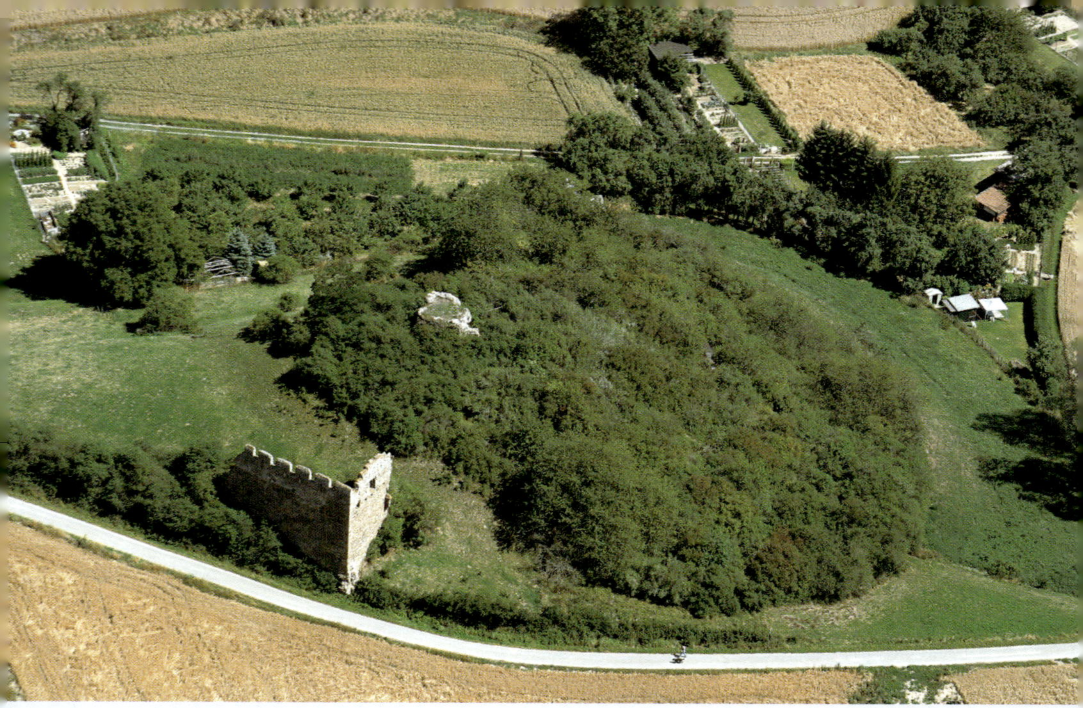

Luftaufnahme von Westen, 2004

Grundriss, 1937

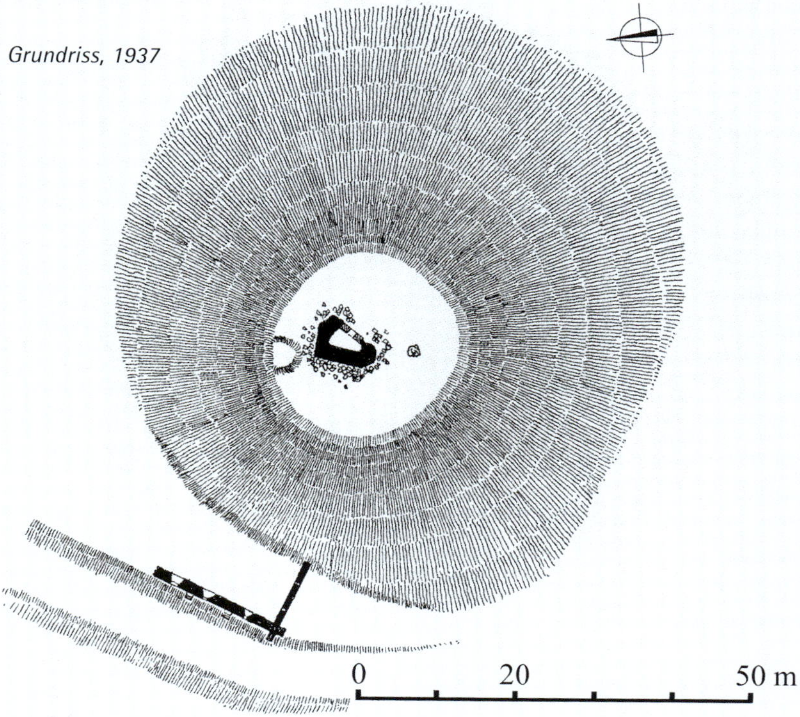

0 20 50 m

Burg Lewenstein (Löwenstein)

Burg Lewenstein (eigentlich Löwenstein) liegt als eine der seltenen Niederungsburgen in der nördlichen Pfalz im Norden der Gemeinde Niedermoschel in flachem Gelände, das ein künstlich angeschütteter Turmhügel überragt. Wiederum ist das genaue Erbauungsdatum unbekannt, so dass zur Eingrenzung auf die Erwähnung von gleichnamigen Personen zurückgegriffen werden muss. Entgegen unbelegten oder fehlinterpretierten Annahmen, die leider Eingang selbst in Standardwerke gefunden haben, kann eine Datierung bereits in das 12. Jahrhundert nicht bewiesen werden. Auch ein Speyerer Domherr Gottfried von Löwenstein, der 1149 urkundlich nachweisbar ist, gehört nicht hierher, sondern zur rechtsrheinischen Grafenfamilie von Löwenstein.

Das erste bekannte Mitglied des völlig unzureichend erforschten Geschlechts von Lewenstein ist tatsächlich *Emercho* (Emmerich) *de Lewenstein*, der 1227 als Zeuge in einer für das Kloster Otterberg ausgestellten Urkunde erwähnt wird. Von der Mitte des 13. Jahrhunderts bis zum Aussterben im Mannesstamm im Jahr 1668 lassen sich Familienmitglieder der Haupt- oder Nebenlinien (wichtig darunter die Linie von Randeck) in zahlreichen Schriftquellen nachweisen.

Trotz der eindeutigen Hinweise auf eine Erbauungszeit zumindest noch in der ersten Hälfte des 13. Jahrhunderts wird die Burg ausdrücklich erst 1275 erwähnt, als Emmerich und Wolfram von Lewenstein ihren Anteil dem Grafen Heinrich von Veldenz zu Lehen auftrugen. Wie es zu dieser Zeit um die andere Hälfte bestellt war, bleibt unklar. Gegenüber der Lehnsbindung der Lewensteiner an den Grafen von Veldenz jedenfalls nahm es sich relativ bedeutungslos aus, dass Siegfried Lymelzun von Lewenstein 1368 seine Anteile dem Pfalzgrafen Ruprecht I. auf Lebenszeit öffnete. Ebenso scheinen die schon für das 13. Jahrhundert nachgewiesenen Bindungen an die Grafen von Sponheim an Bedeutung verloren zu haben. Spätestens im 15. Jahrhundert verfügten die Veldenzer Grafen über die gesamte Anlage, die den Angehörigen der Lewensteiner Familie als Lehen übertragen wurde.

Wie ein Schreiben Bernhards von Lewenstein an Graf Johann von Veldenz von 1596 beweist, war die Burg – zu dieser Zeit noch immer veldenzisches Lehen – 1525 zerstört und danach nicht wieder aufgebaut worden *(ihm Bauren Krieg gar verstörret ... vnnd bishero*

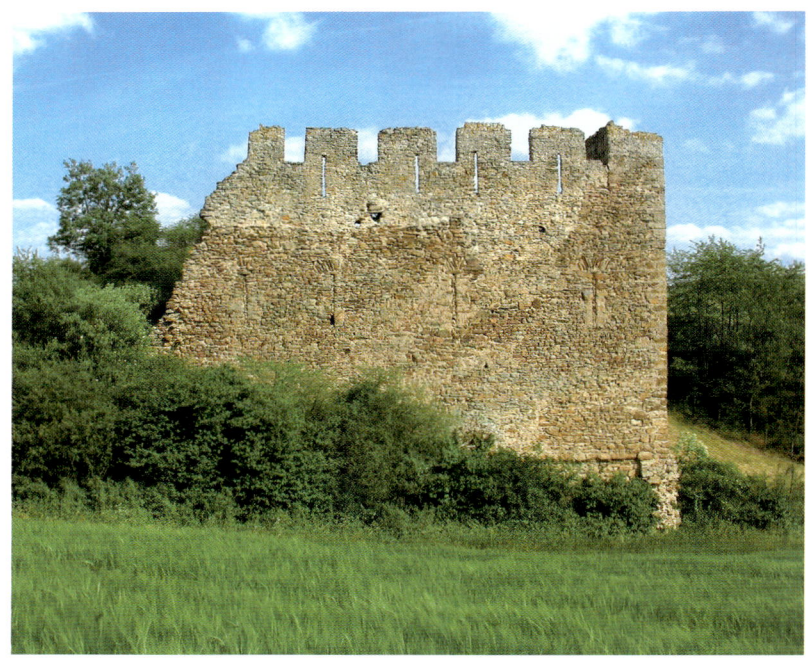
Wohnbauwestseite mit Wehrgang und Schießscharten, 2004

vngebaudt blieben). 1602 waren Turm und Ringmauer noch *gar wol* zu sehen, die Gesamtanlage aber *fast gar verfallen*. Ob die Ruine wieder hergerichtet und nach Beschädigungen im Dreißigjährigen Krieg im Pfälzischen Erbfolgekrieg 1689 zerstört wurde, ist völlig unklar.

Die Reste der Burg befinden sich in einem umzäunten Privatgelände. Auf der Spitze des nach Art einer Motte aufgeschütteten Burghügels stehen die formlosen Futtermauerreste eines polygonalen Turms noch etwa vier Meter hoch, umgeben von nahezu undurchdringlichem Dornendickicht, das sich nur mit Mühe überwinden lässt.

Lohnend ist der Blick auf zwei am Fuß des Hügels gelegene, noch gut erhaltene Wände eines ehemaligen Wohnbaus, der früher im Verbund mit einer Ringmauer gestanden haben dürfte. Von der äußeren Längswand dieses Wohngebäudes steht noch ein etwa 20 Meter langes Stück in voller Höhe, dessen Balkenlöcher im Inneren auf zwei Stockwerke hinweisen. Hohe, heute vermauerte Armbrustscharten – im Erdgeschoss etwas breiter als im ersten Stockwerk – in Nischen der beiden

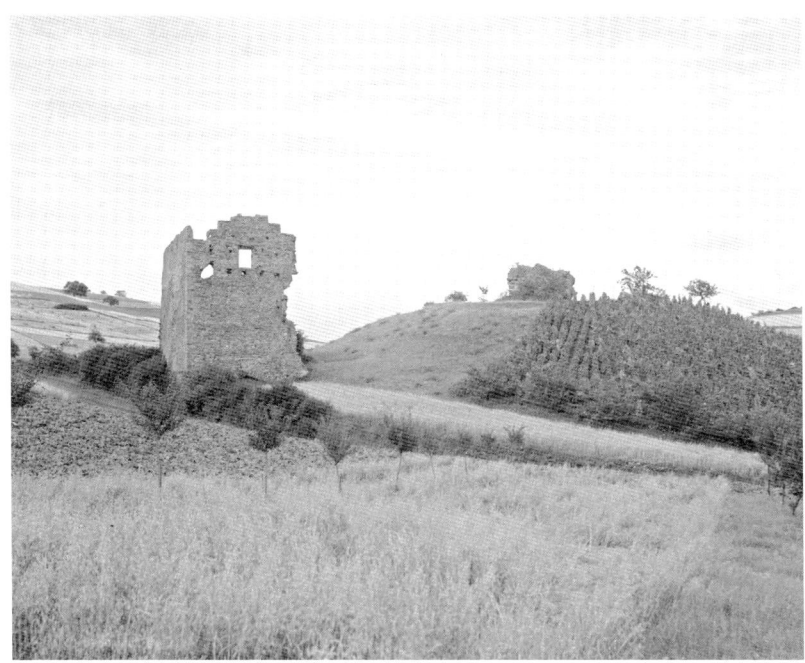

Ansicht von Süden, o.J. (um 1930)

unteren Geschosse betonen den wehrhaften Charakter. In der Höhe endete das Bauwerk in einem mit hohen Zinnen und Schießscharten bestückten Wehrgang, hinter dem das Dach mit der Traufe aufsetzte. Der Verlauf dieses Satteldaches ist auf der Innenseite des Südgiebels anhand eines schrägen Absatzes noch deutlich zu erkennen. Interessant ist der noch aus der Bauzeit stammende hölzerne Sturz über einer Tür auf der Giebelseite, durch die man ursprünglich über das Dachgeschoss auf einen gedeckten Vorbau treten konnte. Der gotische Treppengiebel mit abgeschrägten Stufen scheint erst nachträglich aufgemauert worden zu sein. Im ersten Obergeschoss ragt eine der Schmalseiten eines abgestürzten Aborterkers aus der Wand hervor.

Die Wände des Wohngebäudes bestehen aus unregelmäßigem Bruchsteinmauerwerk, das nur an den Kanten von größeren, hammerrechten Quadern belebt wird und sicherlich ehemals verputzt war. Von der mutmaßlich die gesamte Anlage umlaufenden Ringmauer sind so gut wie keine Spuren mehr vorhanden.

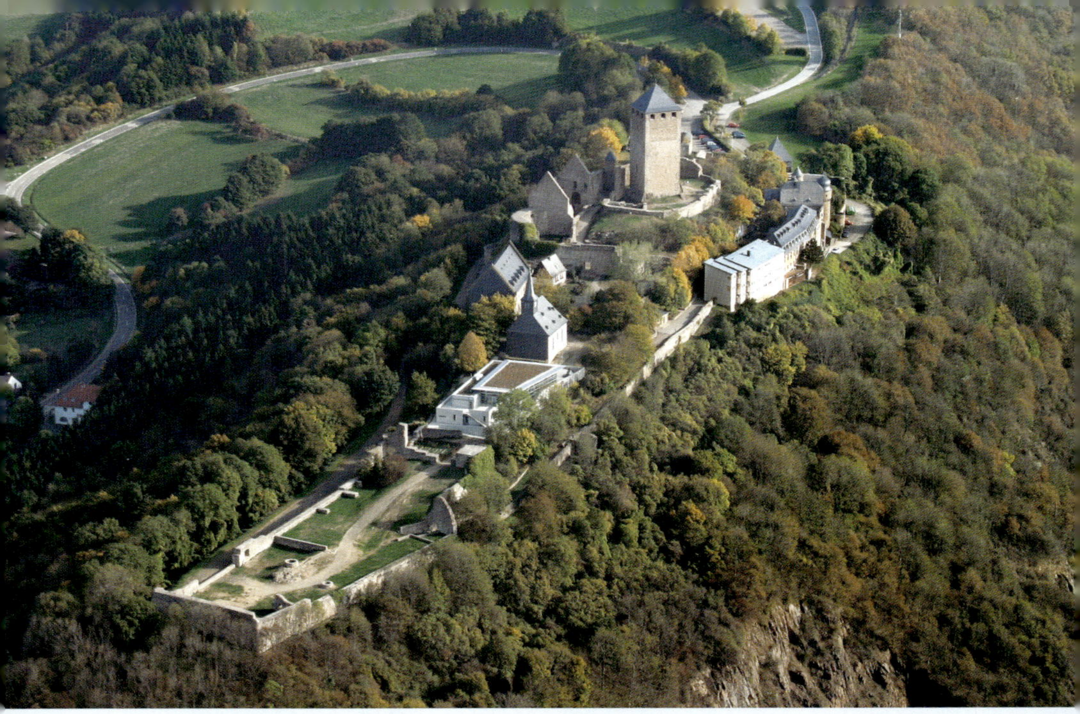

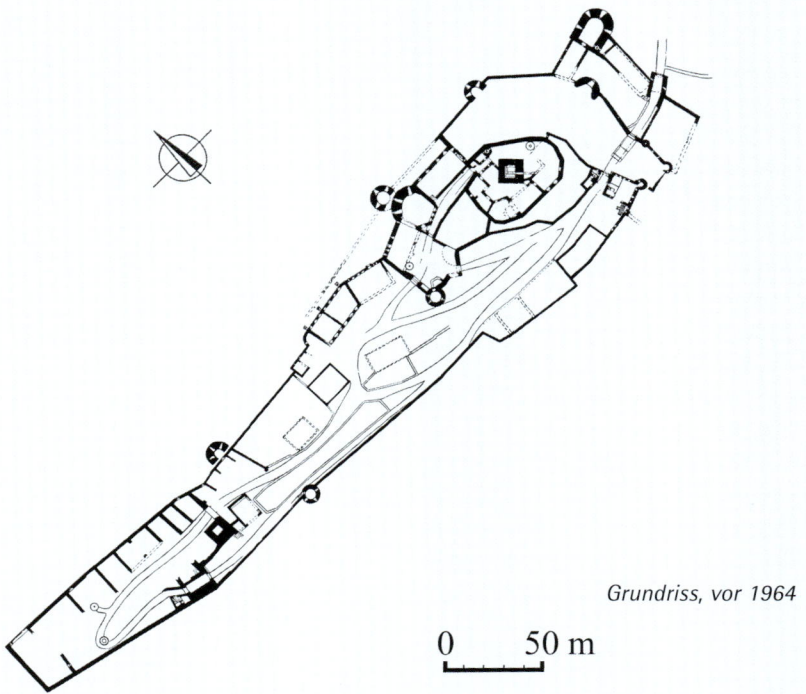

Luftaufnahme von Südwesten, 2004

Grundriss, vor 1964

0   50 m

Burg Lichtenberg

Am 22. November 1214 entschied König Friedrich II. auf einem Hoftag in Basel über einen Streitfall zwischen dem Kloster St. Remigius in Reims (nicht die pfälzische Propstei Remigiusberg, was oft verwechselt wird) und dem Grafen von Veldenz. Gemäß dem aus einem Satz bestehenden Entscheid des königlichen Hofgerichts hatte der Graf das von ihm „gewaltsam und zu Unrecht" auf Boden der Abtei errichtete *castrum Lichtenberg* abzureißen. Dieses Ereignis markiert den Beginn der in ihrer heutigen maximalen Längenausdehnung von 425 Metern höchst imposanten Burg Lichtenberg, deren Errichtung wenig früher anzusetzen ist.

Trotz des Gerichtsurteils unterblieb der Abriss durch die Veldenzer Grafen, die dennoch weiterhin in ihrer Funktion als Schutzvögte der vom Reimser Kloster bei Haschbach 1124 gegründeten Benediktinerpropstei samt zugehöriger Güter amtierten. Welcher Teil der heute lang gestreckten Anlage, die dem Baubefund nach in zwei Teile unterschieden wird, damals errichtet worden war, ist neuerdings umstritten und in letzter Instanz nicht zu klären. Fest steht nur, dass in der zweiten Hälfte des 14. Jahrhunderts explizit eine Nieder- und Oberburg erwähnt werden.

Das Grafengeschlecht von Veldenz, das ursprünglich von Burg Veldenz in einem Seitental der Mosel stammte, blieb für mehr als zwei Jahrhunderte im Besitz der Anlage. Die Zahl der gräflichen Burgmannen, darunter zuerst bekannt Gerhard von Ruschberg 1258, stieg nach Ausweis von Burgfriedensschlüssen bis zum Ende des 14. Jahrhunderts auf 21.

Mit dem Aussterben der Familie von Veldenz im Jahre 1444 fiel die Grafschaft mit Lichtenberg an Herzog Stephan von Pfalz-Zweibrücken, der die veldenzische Erbtochter Anna geheiratet hatte. Während die meisten Burgen der Umgebung verfielen oder zerstört wurden, erlebte Lichtenberg im Rahmen der pfalz-zweibrückischen Hofhaltung eine bescheidene Blüte und wurde noch bis weit in die Neuzeit genutzt, wie ein Inventar aus dem Jahr 1625 eindrucksvoll bestätigt. Der 1544 zum Burggraf bestellte Maler Christoph Ratgeb aus Stuttgart sollte für den baulichen Unterhalt der als Amtssitz verwendeten Anlage sorgen und erhielt dafür jährlich neben zwölf Gulden auch ein Hofkleid.

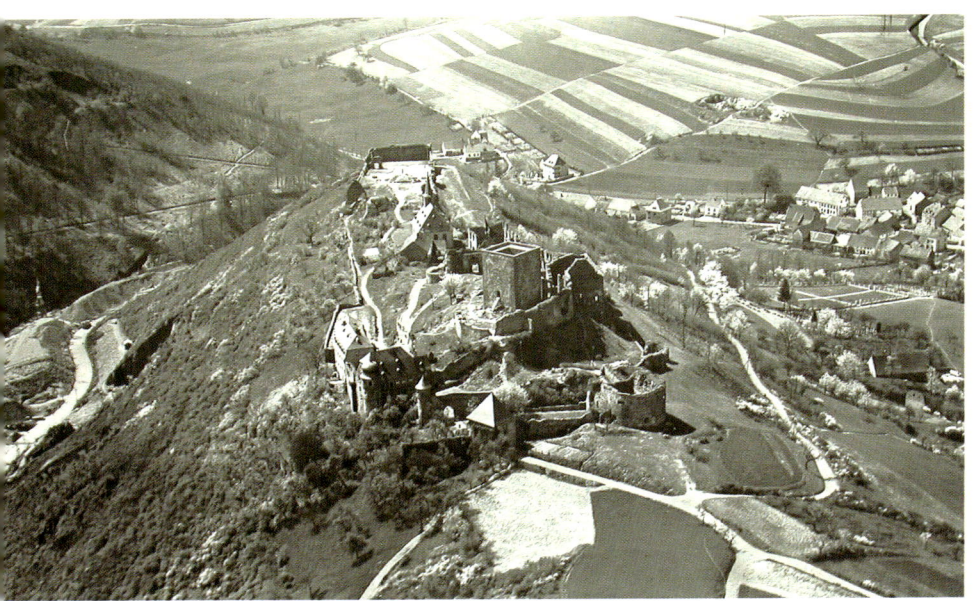

Luftaufnahme von Osten, 1935

Während des Dreißigjährigen Krieges blieb die Burg von Zerstörungen verschont, nachdem sie auf der östlichen Angriffsseite noch mit einem zweigeschossigen Bollwerksturm verstärkt worden war. Erst ein 1799 ausgebrochener Brand und die Versteigerung auf Abbruch sorgten für den Untergang von Lichtenberg. Über das Herzogtum Sachsen-Coburg-Gotha und Privatleute gegen Ende des 19. Jahrhunderts durch Kauf vollständig an die Regierung der preußischen Rheinprovinz gekommen, begannen 1894 sich über mehr als ein Jahrhundert hinziehende, umfangreiche Wiederaufbaumaßnahmen, die das Bild der Burg nicht unwesentlich verändert haben. Während das 1998 eröffnete Urweltmuseum „Geoskop" als eigenwilliger Flachbau immerhin deutlich als Neuschöpfung erkennbar ist, fällt kaum noch auf, dass der die Burg prägende, viereckige Bergfried nach zweifachem Wiederaufbau heute nur noch sehr entfernt an den Ursprungsturm erinnert.

Der Burgweg führt von der alten Angriffsseite (dem heutigen Parkplatz) durch zwei Tore aus der späten Befestigungsphase. Die Mauern der erneuerten, hufeisenförmigen Ostbastion von 1620 sind 4,50 Meter dick, die Schießscharten haben einen Durchmesser

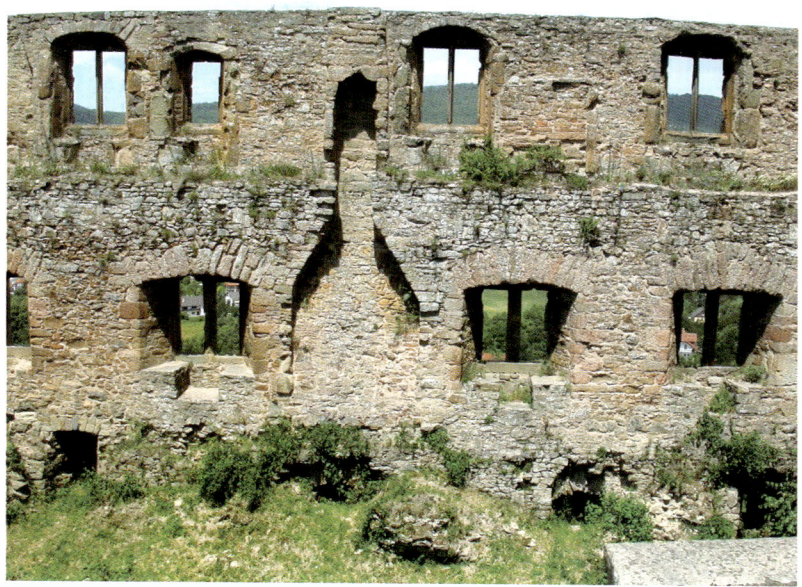

Teilrestaurierte Nordwand des östlichen Wohnbaus, 2004

von bis zu zwei Metern. Zum zweiten Tor, bis ins späte 16. Jahrhundert der eigentliche Burgeingang, führte eine Brücke über den äußeren Halsgraben. Der Torbereich ist als Fahrweg aufgeschüttet worden. Vom Wehrgang und dem so genannten Felsenturm aus hat man einen eindrucksvollen Blick auf die Kernburg, an deren Ringmauer noch Erkerreste und Wehrgangskonsolen zu sehen sind. Den inneren Halsgraben überspannte eine Zugbrücke, erkenntlich an den Kettenlöchern über dem Tor. Der flankierend an die seit 1444 nachgewiesene „Landschreiberei" – ursprünglich eine zusätzliche Befestigung – angesetzte Rundturm zeigt ein über einem spätgotischen Bogenfries aufsitzendes Obergeschoss mit barocker Haube.

Gegenüber Burggaststätte und Jugendherberge erreicht man hinter einem heute verschwundenen Tor die in mehreren Abschnitten errichtete Oberburg. Im Westen wird dieser Burgteil begrenzt durch eine Schildmauer mit Rundturm und Wehrgang, im Norden von zwei mehrstöckigen, einen Geschützturm einschließenden Wohnbauten. Beide Gebäude sind in ihren Außenwänden noch gut erhalten, die eine große Zahl von Rechteckfenstern und Kaminen aufweisen. Das

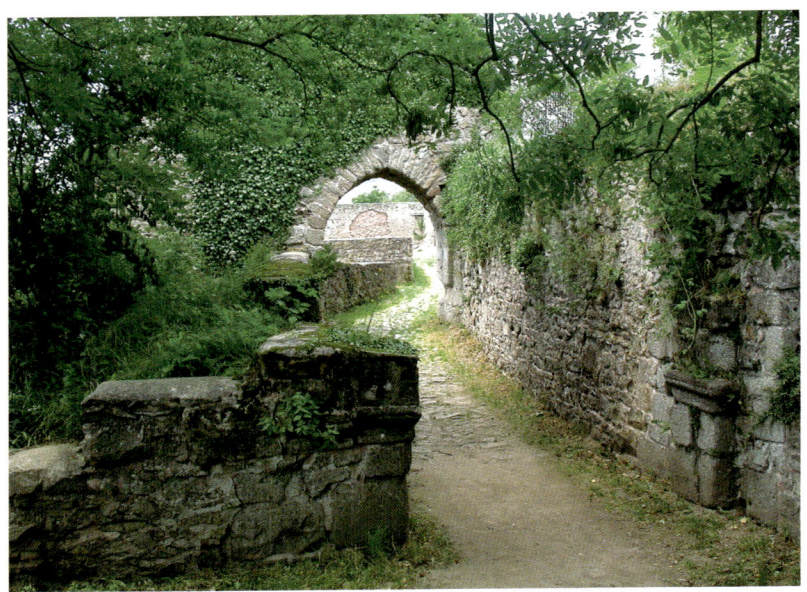
Alter Eingang zur Niederburg, 2004

östliche, ältere Gebäude birgt in seiner Ostwand eine auf Burgen seltene, gut erhaltene Altarnische.

Ein schmaler, gepflasterter Weg führt vorbei an einem restaurierten Treppenturm in den von einer umlaufenden Ringmauer umgebenen früheren Burghof der Kernburg, der auf der Süd- und Ostseite mit Häusern bebaut war. Der übereck gestellte quadratische Bergfried mit einer Seitenlänge von 11,50 und einer Mauerstärke von bis zu vier Metern stand jedoch ehedem wie auch heute frei im Gelände. Der nach durchgreifenden Baumaßnahmen nun 33 Meter hohe Turm weist nur noch an den Kanten und dort auch nur teilweise am originalen Ort erhaltenes Buckelquadermauerwerk auf.

Der Zwischenraum zwischen Ober- und Niederburg wird beherrscht vom mehrstöckigen, 1979–1982 wieder aufgebauten Zehnthaus (heute Musikantenlandmuseum), neben dem sich das Gebäude des Amtmanns befand. Die kleine Burgkirche, errichtet zwischen 1755 und 1758, wird noch immer als Gemeindekirche benutzt. Am Geoskop vorbei gelangt man zur Schildmauer der Niederburg mit dem davor neu angelegten Kräutergarten. Die Niederburg zeigt im Inneren nur

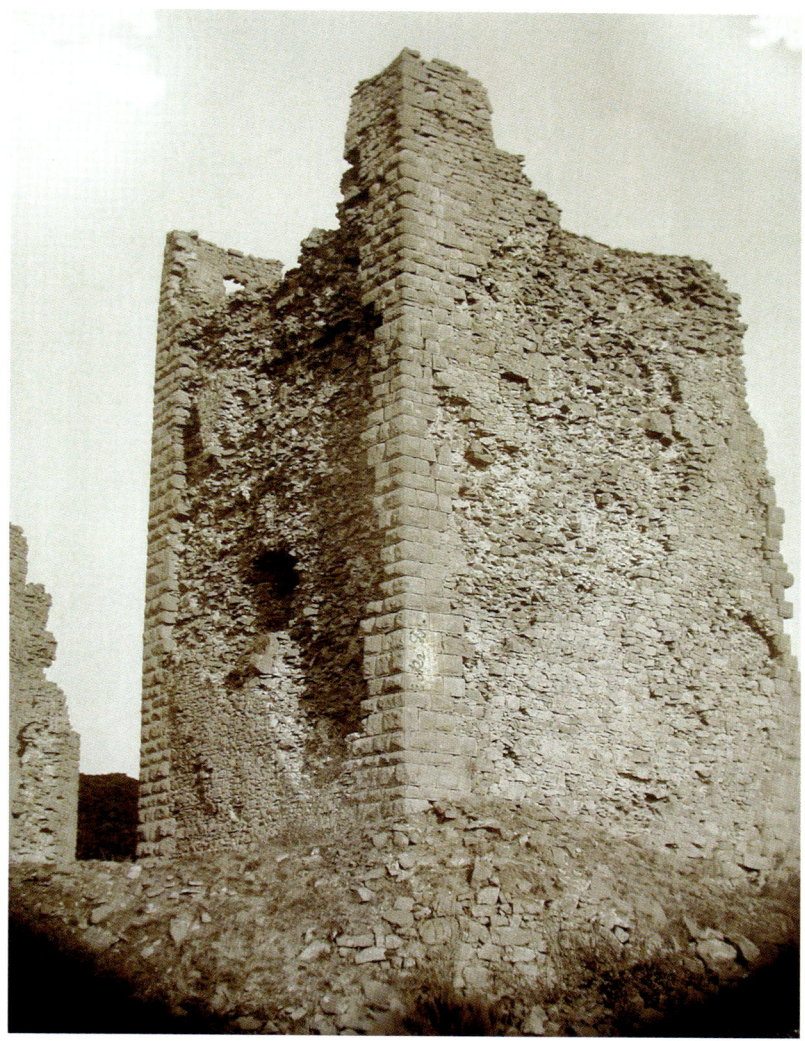

Bergfried der Oberburg von Süden, vor 1896

noch wenige Spuren ihrer ehemaligen Bebauung. Ein an die Schildmauer angelehnter, nur noch als Stumpf erhaltener quadratischer Bergfried deckte den Zugang zum zurückgesetzten Burgtor, das als Turm mit Kapelle konzipiert war. 1907 wurde der 65 Meter tiefe Brunnen im Burghof freigelegt.

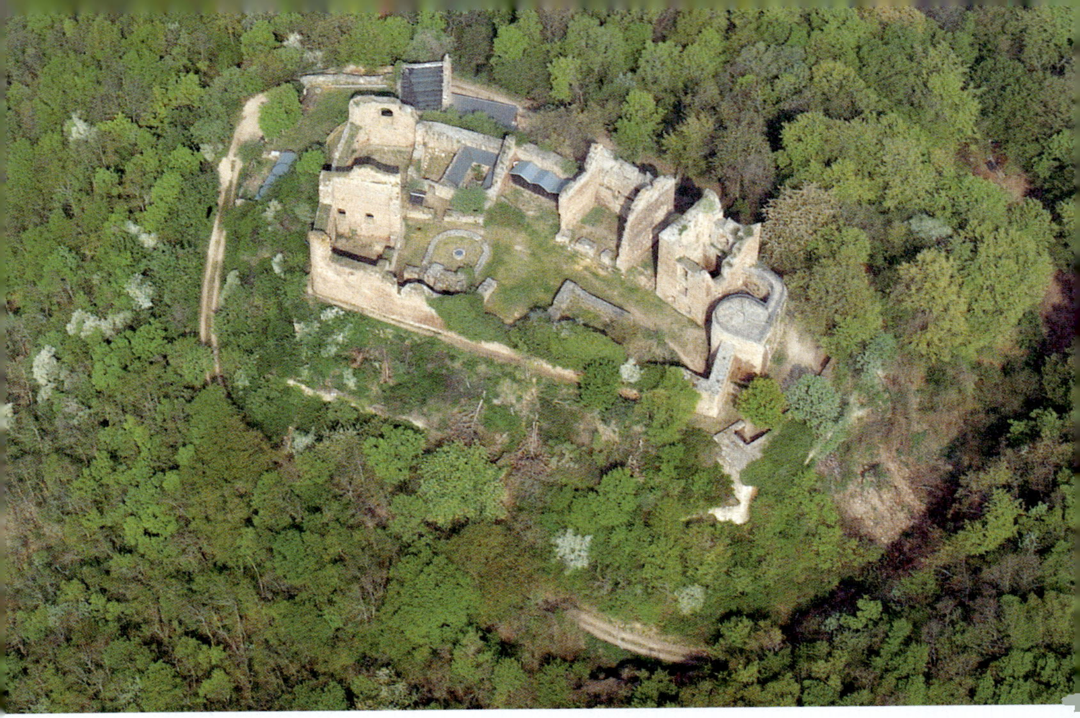

Luftaufnahme von Südwesten, 2004

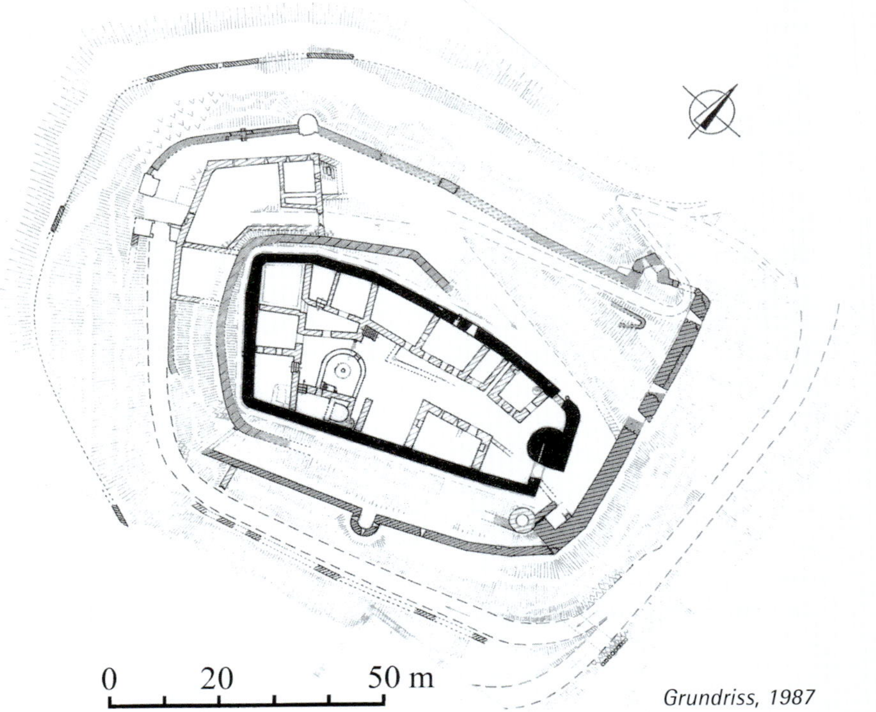

Grundriss, 1987

Burg Montfort

Über die Frühgeschichte der lange Zeit völlig zu Unrecht kaum wahrgenommenen Burg Montfort liegen nur wenige Nachrichten vor. Allein auf Grund baustilistischer Merkmale wird angenommen, sie sei bereits am Ende des 12. Jahrhunderts errichtet worden. Der früheste eindeutige Schriftquellenbeleg stammt dagegen erst aus dem Jahr 1226. Montfort war jedenfalls in der ersten Hälfte des 13. Jahrhunderts Eigentum der Grafen von Veldenz, welche die Burg als Lehen an Lehnsnehmer ausgaben. 1238 übertrug Graf Gerlach IV. von Veldenz die Anlage nebst anderen Besitzungen von Ritter Bertolf gen. Muckelin auf dessen Sohn Hermann. In der Folgezeit lassen sich auch Verbindungen zum Reichsministerialengeschlecht von Lautern nachweisen. Der Sohn Eberhards von Lautern, der nach gängiger, aber nicht zweifelsfreier Meinung als erster Besitzer und Gründer von Montfort angesehen wird, Arnold II. von Lautern-Montfort, ist die erste Person, die sich seit 1247 ausdrücklich nach der Anlage benannte.

Die Anzahl der Burgbesitzer vergrößerte sich im Laufe der Zeit, besonders im 14. Jahrhundert, durch Erbteilung, Einheirat und Kauf laufend. Bereits 1352 saßen 15 Gemeiner auf der Burg, in der immer mehr Wohngebäude errichtet wurden. Seit der zweiten Hälfte des 14. Jahrhunderts nachweisbare Konflikte der Anteilseigner mit den umliegenden Territorialherren führten 1440 dazu, dass der Erzbischof von Mainz und der rheinische Pfalzgraf den Vorwurf des Landfriedensbruchs erhoben und den angeblichen Raubrittern auf Montfort mit militärischen Maßnahmen drohten. Die Auseinandersetzungen setzten sich fort, bis schließlich am 15. Oktober 1456 Truppen des Mainzer Erzbischofs Dietrich und Pfalzgraf Friedrichs I. die Burg einschlossen und die 60 Verteidiger nach fünf Tagen zur Übergabe zwangen. Da die Gemeiner nicht in der Lage waren, innerhalb von drei Monaten die geforderte Kriegsentschädigung aufzubringen, wurde Montfort geschleift. Dennoch übertrug Herzog Ludwig, gen. der Schwarze von Zweibrücken-Veldenz, am 9. Dezember 1480 dem Simon Boos von Waldeck, dessen Vorfahren schon Burggemeiner gewesen waren, die Ruine als Erblehen. Gemäß der damit verbundenen Erlaubnis, dass er „daselbst wieder eine Wohnung und ein Gebäude aufstellen möge", errichtete der Waldecker unmittelbar darauf in den Ruinen einen neuen Wohnturm, was die gängige These von einer sofortigen gänzlichen Aufgabe der Burg zugunsten des am

Fuße des Berges gelegenen Montforter Hofs widerlegt. Ein vollständiger Wiederaufbau unterblieb jedoch.

Trotz dieser Zerstörung hat sich das Erscheinungsbild der Burg aus dem 15. Jahrhundert bis heute erhalten. Ersten, wenig professionellen Räumungsarbeiten in den Jahren 1937–1939 folgten nach Gründung einer Bürgerinitiative 1975 umfangreiche Ausgrabungen und behutsame Sicherungsmaßnahmen seit 1978.

Montfort bietet mit ihrer für eine Gemeinerburg typischen Häufung von zehn bis zwölf dicht gedrängt stehenden Wohngebäuden noch immer einen höchst imposanten Eindruck. Zunächst waren vermutlich nur zwei feste Häuser vorhanden, die sich im damals etwa vier Meter hohen Mauerbering an der dem Tor entferntesten Westseite der Burg befanden. Schon bald folgten die übrigen Bauten, die in ihrem Unterbau an die Mauer angelehnt und bis zu vier Geschosse hoch aufgeführt wurden, weshalb die anfangs mit Zinnen bekrönte Ringmauer sukzessive auf 8,40 Meter erhöht werden musste. Um 1400 verblieben

Westteil des Hofes der Kernburg, 2004

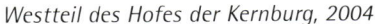

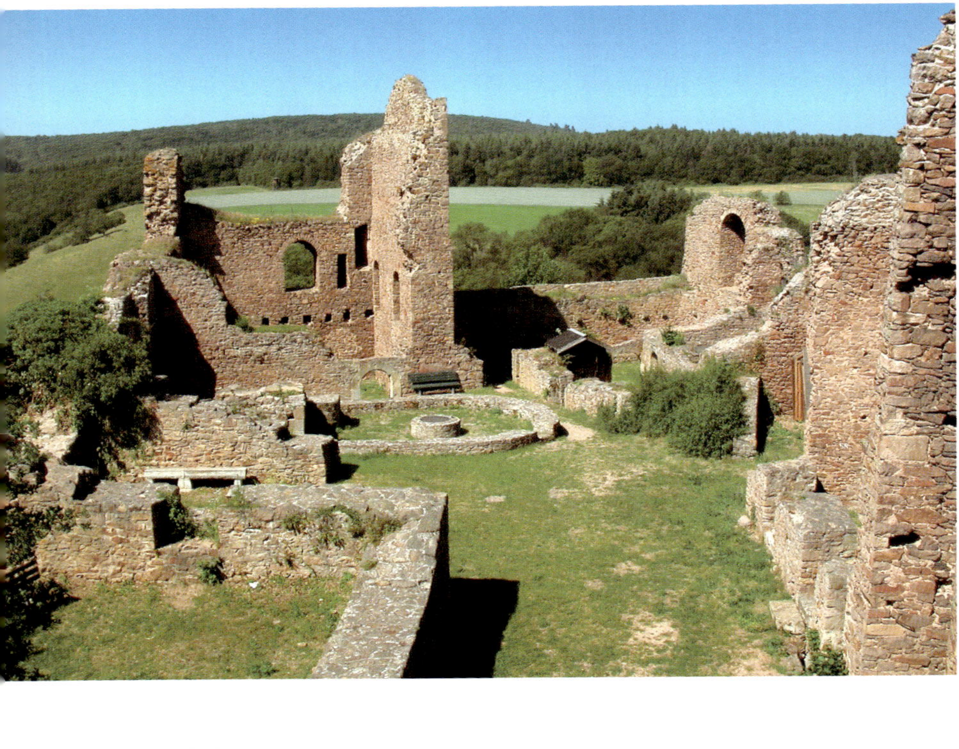

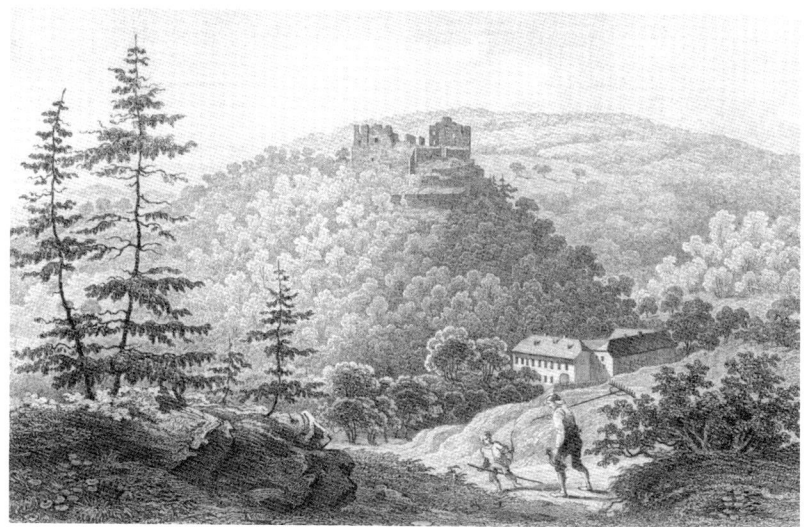
Stahlstich, gezeichnet von C[ ]Gapp, gestochen von N.N., um 1850

im mit Häusern und Wohntürmen zugestellten Kernburgbereich lediglich ein schmaler Burghof, das Tor mit dem dahinter liegenden Platz und die Zisterne als gemeinsam genutzte Bereiche. Als zusätzliche Sicherung neben der überbauten und dadurch geschwächten Ringmauer entstand ein dreifaches, durch Tore in verschieden große Abschnitte unterteiltes System von Zwingern.
Schon recht früh, eventuell noch am Ende des 13. Jahrhunderts, wurde die Schildmauer im Osten gebaut, die später eine 26 Meter lange Verlängerung nach Norden erfuhr, um der nördlich der Kernburg entstandenen Vorburg Deckung zu geben. Die schwach polygonal verlaufende, zehn Meter hohe und oben drei Meter dicke Schildmauer ist 35 Meter lang und zeigt an den Knickstellen aus einer späteren Verkleidung stammende schmale Buckelquader mit breitem Randschlag. Zusätzlich sollte ein davor aus dem Fels gearbeiteter, breiter Halsgraben, über den eine Zugbrücke führte – Reste eines Brückenpfeilers waren noch vor 20 Jahren sichtbar –, als erstes Hindernis dienen.
Der heutige Burgweg führt den Besucher zunächst in diesen Halsgraben, verläuft dann durch den südlichen Zwinger und führt vorbei an einer abgegangenen Toranlage auf die Nordseite der Burg. Dort mündet er in die nördliche Vorburg, wo sich die Ruine eines teils

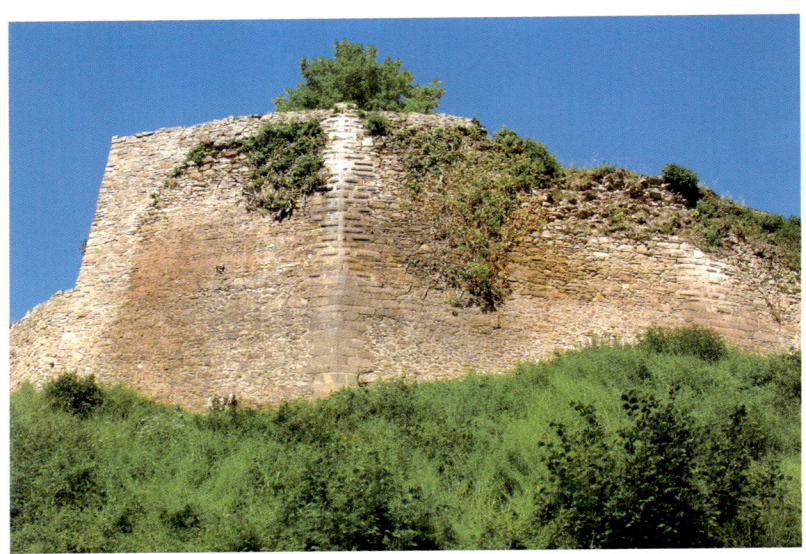
Schildmauer der Vorburg, 2004

modern aufgemauerten und im Untergeschoss als Burgmuseum genutzten Wohngebäudes befinden. Im weiteren Verlauf des Burgweges passiert man die beeindruckende Nordfront der Kernburg mit ihren noch bis zu 18 Metern Höhe aufragenden Außenwänden der Wohnhäuser, bevor sich auf der Ostseite an der schmalsten Stelle der Ringmauer das innere, durch einen halbrund vorspringenden Turm flankierte Tor öffnet.

Von den Wohnbauten im Inneren der Kernburg haben sich höchst bemerkenswerte Reste erhalten: Das in seiner Außenwand noch bis zum zweiten Stockwerk erhaltene Haus links hinter dem Tor mit einem romanischen Fenster dürfte noch dem 13. Jahrhundert entstammen. Auf der rechten Seite zeigen sich sechs jeweils mehrstöckige und mit Kaminen oder Öfen beheizbare Gebäude, die allerdings insbesondere im Bereich der Mauerkronen mehr oder weniger stark saniert worden sind. Zentral gelegen und offensichtlich Gemeingut war die hufeisenförmig überbaute Filterzisterne mit einem geschätzten Fassungsvermögen von 40 m^3 und damit eine der größten auf pfälzischen Burgen. Im Nordwestteil des Burghofs befindet sich ein Lapidarium mit aufschlussreichen Fundstücken.

Sepiazeichnung von Peter Gayer, vor 1836

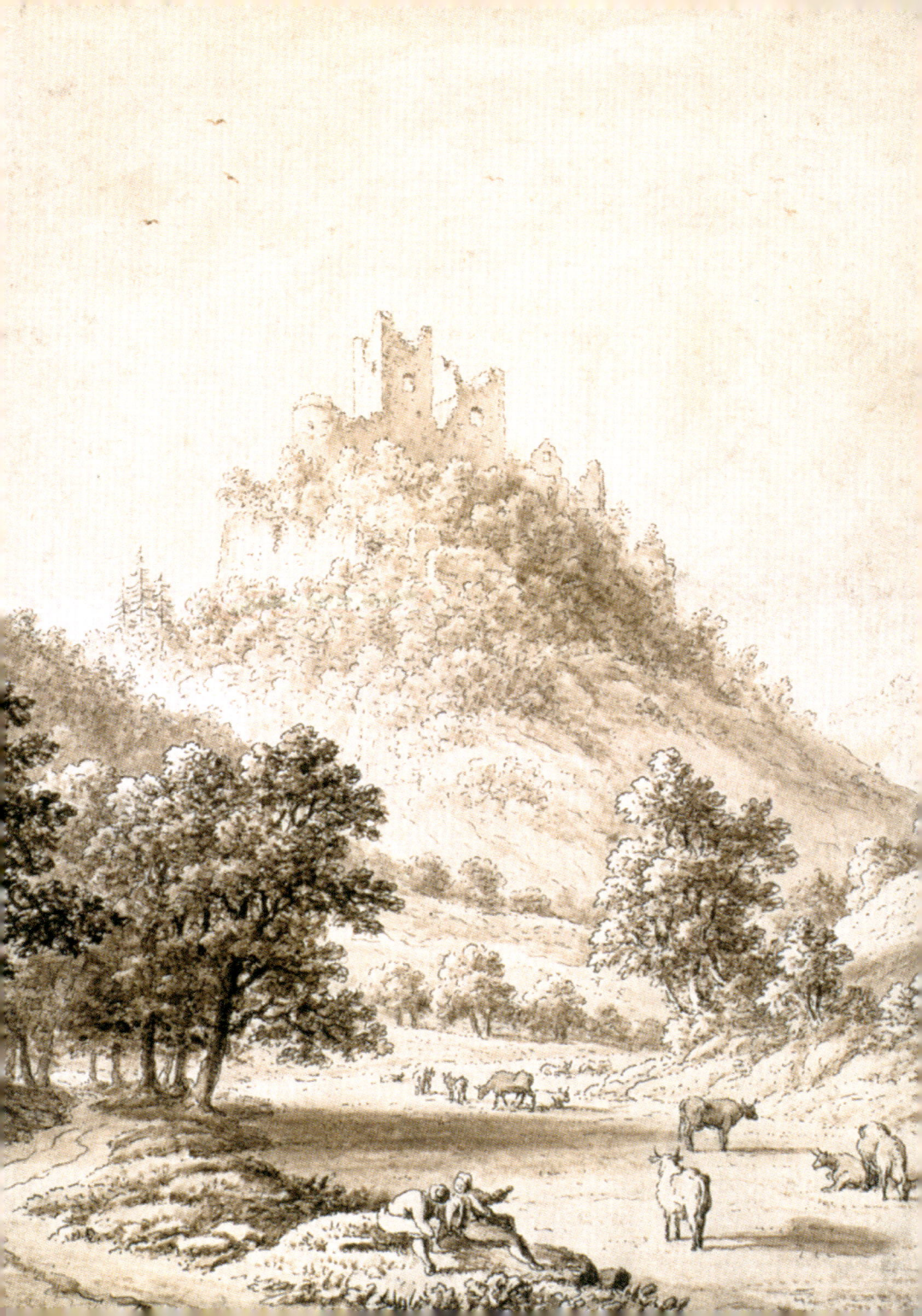

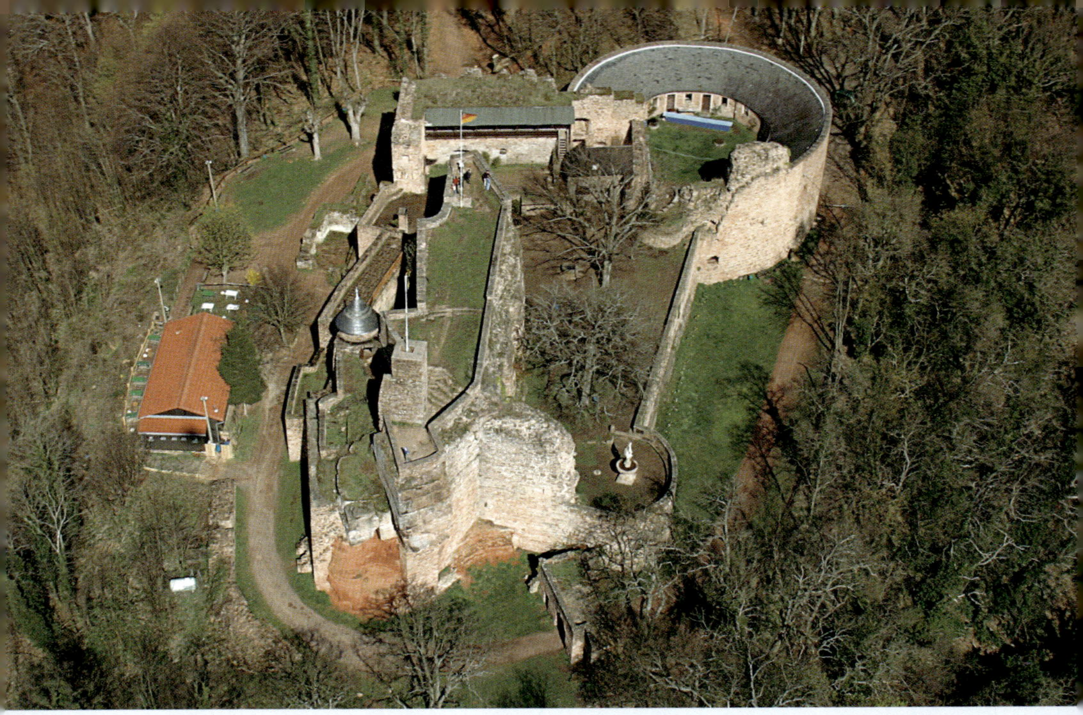

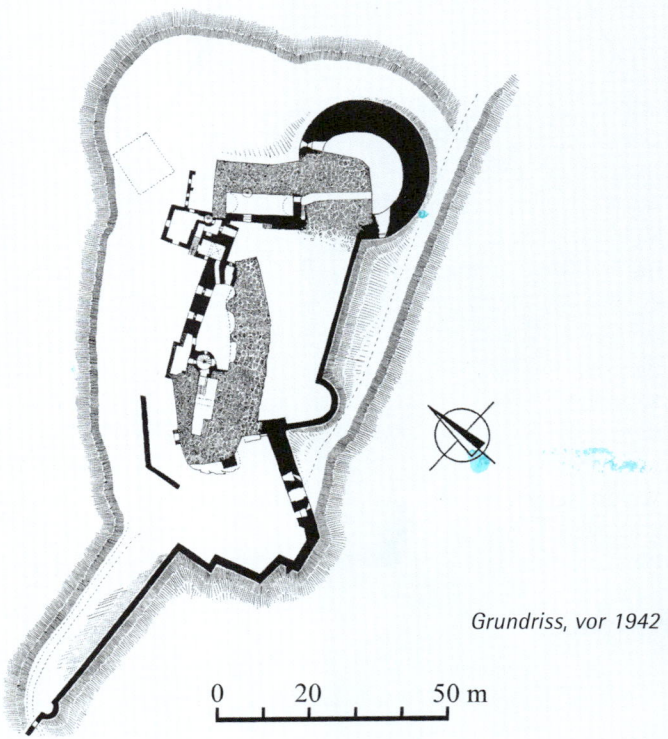

Luftaufnahme von Südwesten, 2004

Grundriss, vor 1942

Burg und Schloss Nanstein

Die heute nur unscheinbar über dem Städtchen Landstuhl gelegene, leider schlecht erforschte Ruine Nanstein war ursprünglich eine nicht unbedeutende Reichsburg, die an der alten Königs- oder Kaiserstraße nach (Kaisers-)Lautern lag. Entgegen der lokalen Tradition lässt sich bei der Ermittlung ihrer Erbauungszeit feststellen, dass erst im berühmten Lehnsbuch des Reichsministerialen Werners II. von Bolanden von 1189/93 mit Albert von Nanstein *(Albertus de Nannenstein)* ein direkter Nachweis für eine Burg Nanstein zu finden ist.

Im 13. Jahrhundert befand sich die Anlage im Besitz der Herren von Daun zu Oberstein, nach deren Aussterben sie als erledigtes Reichslehen im Jahre 1322 an die Grafen von Zweibrücken kam. Bedingt durch die Lehnsbindung Graf Walrams II. von Zweibrücken für sich und seine Erben von 1340 kam der Nanstein in den Besitz der Pfalzgrafen bei Rhein und wurde dementsprechend an Walrams Erben als pfälzisches (After-)Lehen ausgegeben.

Im 14. und 15. Jahrhundert beherbergte die Anlage mehrere Burggemeiner, darunter neben den Grafen von Zweibrücken bzw. Zweibrücken-Bitsch aufgrund von Verkaufs- und Verpfändungsvorgängen auch die Grafen von Sponheim, Veldenz, Leiningen und Nassau-Saarbrücken. Weitere Besitzwechsel zu Anfang und am Ende des 15. Jahrhunderts eliminierten den Charakter einer Reichsburg endgültig.

Der durch Graf Johann von Sponheim 1421 an Markgraf Bernhard von Baden und 1434 an Pfalzgraf Stephan verpfändete sponheimische Anteil gelangte 1482 vermutlich auf dem Erbweg an die Herren von Sickingen. Franz von Sickingen, der 1504 das Erbe seines im Landshuter Krieg gefallenen Vaters Schweikard VIII. angetreten hatte, erwarb ab 1518 nach und nach die gesamte Burg und begann mit umfangreichen Um- und Neubauten, die vorwiegend dem Zweck dienten, den Nanstein feuerwaffentauglich zu machen. Von besonderer Bedeutung war die Errichtung des „Großen Rondells", das zu den stärksten Geschütztürmen seiner Zeit zählte. Im so genannten Reichsritterkrieg zwischen Franz von Sickingen und Kurfürst Ludwig V. von der Pfalz, Erzbischof Richard von Trier und Landgraf Philipp I. von Hessen wurde die Burg 1523 belagert und von der Artillerie der Fürsten stark beschädigt. Franz von Sickingen erlitt in den Trümmern des großen Rondells eine so schwere Verletzung, dass er bald darauf verstarb.

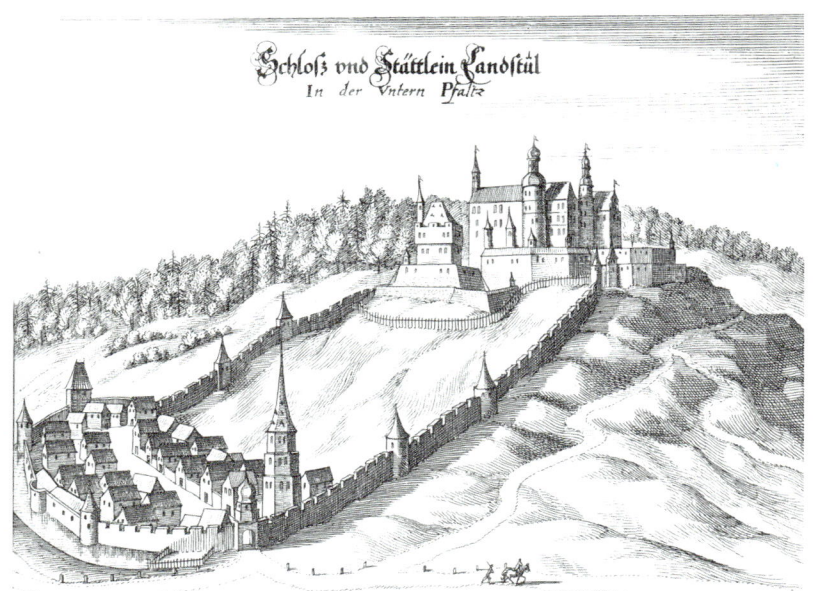

Kupferstich, gezeichnet von N.N., gestochen von N.N. (Caspar Merian?), vor 1654

Im Auftrag der Pfalzgrafen verwalteten kurpfälzische Amtleute den eroberten Nanstein, der erst zwei Jahrzehnte später den Söhnen Franz' als Lehen in Verbindung mit einem ewigen Öffnungsrecht für Pfalz und Trier restituiert wurde. Den vielleicht schon zu ihrer Zeit begonnenen Wiederaufbau zu einem schlossartigen Bau vollendete 1595 ein Enkel des Reichsritters, Reinhard von Sickingen.

Im Verlauf des Dreißigjährigen Krieges übergaben kaiserliche Truppen, die acht Jahre zuvor Schloss und Stadt eingenommen hatten, das sickingische Territorium 1643 lothringischen Einheiten, die auch nach dem Westfälischen Frieden 1648 ihre Position behaupteten. Erst Kurfürst Karl Ludwig gelang es 1668, die Lothringer mit Waffengewalt vom Nanstein zu vertreiben; im Anschluss daran ließ er die Befestigungen schleifen. Endgültig zerstörten französische Truppen 1689 die Burg.

Von Anfang an trennte ein tiefer, 1860 zugeschütteter Halsgraben die ursprünglich sehr kompakte, nur auf dem lang gestreckten Burgfelsen errichtete Anlage vom ansteigenden Ausläufer des Kahlenberges ab. So war eine typische Spornlagenburg entstanden, die nur von der Bergseite aus angegriffen werden konnte. Dort sperrte eine hohe

Schildmauer quer zur Burg den gesamten Schussbereich ab, von der sich noch eine abgeknickte Steinmasse als einziges bedeutsames Überbleibsel erhalten hat. Zumindest in ihren unteren Teilen wohl vom Ende des 12. Jahrhunderts stammend, zeigt sie glatte Quader mit Zangenlöchern, jedoch keine Buckelquader. Die Erneuerungen nach 1518 durch Franz von Sickingen und seine Nachfahren haben die stauferzeitlichen Bauten überformt oder ganz beseitigt.

Auf der Süd-, West- und Nordseite des Felsens entstand im 16. Jahrhundert eine Unterburg, in deren umfangreichstem Nordteil sich nach 1543 neben einem stattlichen Renaissancebau mit Treppentürmen ein beherrschender bastionierter Rechteckturm, Stallungen, Dienstwohnungen, Torbauten und ein Zwinger befanden. Der größte Teil dieser Gebäude ist heute verschwunden; im eingeebneten Gelände befindet sich die wenig ansprechende Burggaststätte. Als wichtigste Baumaßnahme des 16. Jahrhunderts darf zweifellos die Anlage des im Durchmesser 26 Meter messenden, sechsstöckigen Batterieturms mit einer Mauerstärke von vier bis fünf Metern und integrierten Geschütz- und Pulverkammern gelten. Auf seinen Resten entstand 1875 als fast völliger Neubau das so genannte Große Rondell.

Der Burgweg führt vom Großen Rondell aus an der südlichen, nach 1863 erneuerten Ringmauer entlang und am „Kleinen Rondell" von

Rekonstruiertes Tor mit Maulscharten, 2004

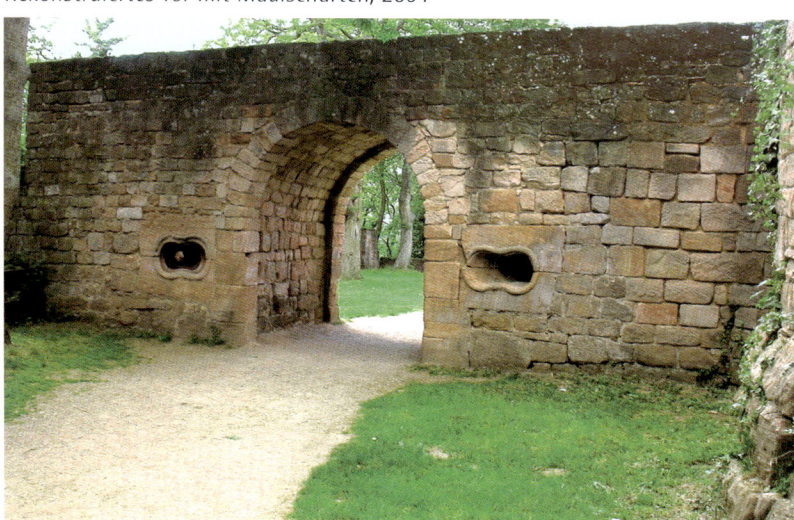

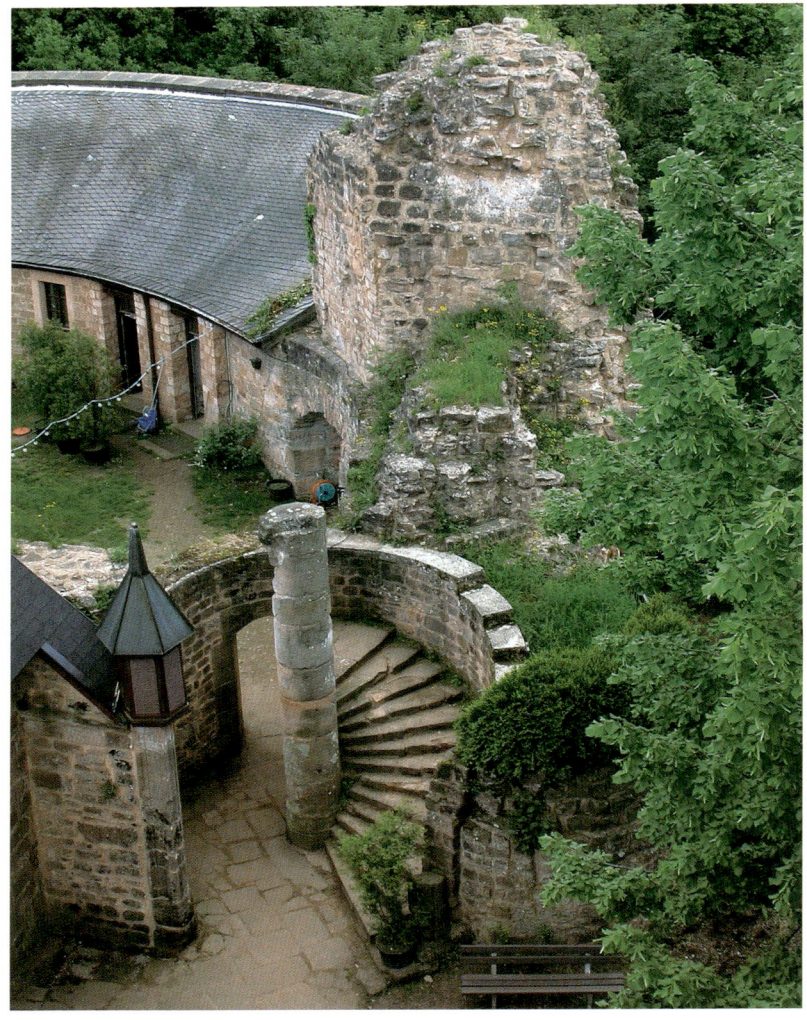

Treppenspindel des Treppenturms, dahinter Rest des Großen Rondells, 2004

1518 vorbei zum 1960 ab dem Torbogenansatz wieder errichteten Haupttor. An beiden Torseiten münden zwei schräg geführte Seitennischen in gut erhaltene Maulscharten. Vorüber an der sternförmig angelegten Bastion aus dem Ende des 16. Jahrhunderts, an welche die mittelalterliche Stadtmauer stößt, gelangt man in die Unterburg und von dort hinter den Resten des Wachthauses von 1595 über eine

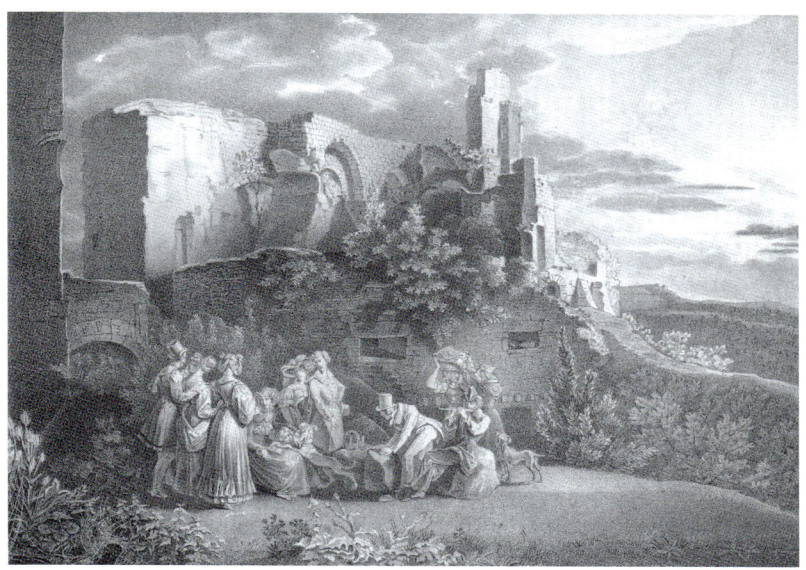

Lithographie, gezeichnet von Heinrich J. Fried, lithographiert von [ ] Spieß und Heinrich J. Fried, vor 1830

moderne Freitreppe in die eigentliche Burg. Links davon haben sich Reste der gotischen Kapelle erhalten. Der Nordostteil der Unterburg wird heute großteils von einer Freilichtbühne eingenommen, deren Bühnenraum sich über den sehenswerten Kellergewölben des so genannten Speisesaals und der ehemaligen Küche erhebt. Auf dem Kleinen Rondell weiter südlich ist eine Renaissance-Brunnenschale mit den Ahnenwappen Franz von Sickingens aufgestellt worden. Die nachträglich aufgesetzte Figur Sickingens stammt von 1880.
Die auf dem eigentlichen Burgfelsen gelegene, völlig zerstörte Hauptburg wird in ihrem Gesamtbild stark beeinträchtigt von modernen Aufmauerungen und dem Ruinencharakter zuwiderlaufenden Begradigungen. Mehrere Ebenen sind durch Treppen, Gänge und Kammern miteinander verbunden. Noch original ist die Pforte eines in der Höhe ergänzten Treppenturms, die einen seltenen Vorhangbogen und im Schlussstein das Sickingenwappen mit der Jahreszahl 1518 zeigt. Dieser Durchgang führt in die angebliche Sterbekammer Franz von Sickingens. Hingegen sind die Gebäude auf der Oberfläche der Felsplattform mit Ausnahme des übersanierten Turmrestes und der modernen Brüstungsmauer völlig abgegangen.

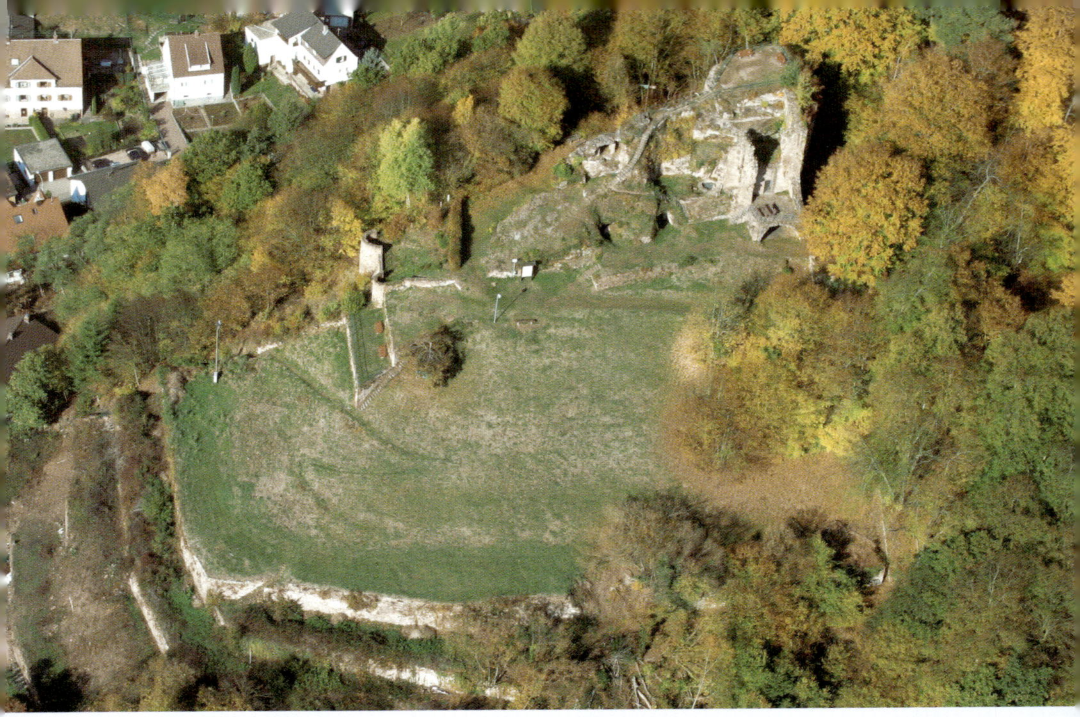

Luftaufnahme von Südosten, 2004

Grundriss, vor 1926

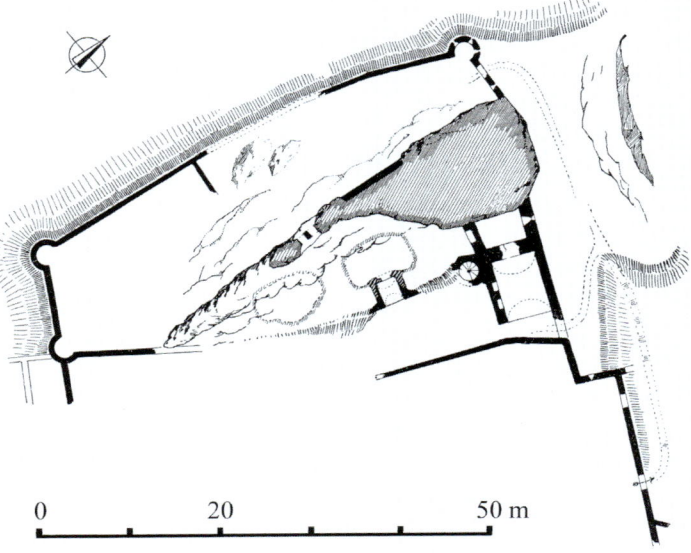

Burg Neidenfels

Burg Neidenfels liegt etwa 80 Meter über dem gleichnamigen Ort auf einem mächtigen Felsklotz am südlichen Ausläufer des Schlossberges. Zum Tal hin abfallende Terrassierungen, die 1749/50 vom kurpfälzischen Forstmeister Georg Franz Glöckle für einen geplanten, aber erfolglosen Weinbau angelegt worden waren, verunklären die ehemalige Situation von Burg und Burgberg.

1338 übergab Pfalzgraf Rudolf II. seine „neu erbaute" Burg Neidenfels an Gerhard und Johannes von Odenbach. Mit Blick auf den pfalzgräflichen Teilungsvertrag von Pavia 1329, wo Neidenfels nicht erwähnt wird, dürfte die Burg tatsächlich nur kurze Zeit vor 1338 errichtet worden sein. Nach dem Tod Rudolfs II. 1355 belehnte Pfalzgraf Ruprecht I. Johann von Wachenheim auf Lebenszeit mit der Anlage nebst Zubehörden außer den Waldungen, behielt sich aber ausdrücklich das Öffnungsrecht vor. Der Belehnung folgte nur ein Jahr später die Verpfändung für 500 Gulden, die Johann für Bauarbeiten an der Burg verwenden sollte.

An dieser Besitzkonstellation änderte sich in der Folgezeit nichts Wesentliches: Die Pfalzgrafen als Eigentümer übergaben ihr Eigengut als Lehen an verschiedene Lehnsnehmer, so 1409 an Dieter Landschaden von Steinach und dessen Gattin Irmgard, die 400 Gulden verbauen sollten. Bis in das 17. Jahrhundert hinein an Burgmannen verliehen und noch um 1500 zumindest teilweise baulich erneuert, wurde die Burg vom pfälzischen Kurfürsten zu Beginn des Dreißigjährigen Krieges eingezogen und nicht mehr als Lehen ausgegeben. Von Beschädigungen im Bauernkrieg 1525 oder im Dreißigjährigen Krieg ist nichts bekannt; erst im Verlauf des Pfälzischen Erbfolgekrieges wurde die Anlage 1689 von französischen Truppen zerstört.

Die ältesten Teile der Burg aus der Erbauungszeit vor 1338 dürften, wie Bearbeitungsspuren am Gestein nahe legen, nur den heute leer geräumten Felsen und die etwas tiefer gelegene schmale Plattform auf der Ostseite eingenommen haben. Zur Ursprungsanlage gehörte ebenfalls der tiefe Halsgraben. Die Westseite des lang gezogenen, in Nord-Süd-Richtung orientierten Felsens zeigt eine schildmauerartige Verkleidung aus großen, glatten Quadern mit Zangenlöchern, während die moderne, abgeschrägte Stützmauer stilwidrig buckelquaderförmige Steine aufweist. Immerhin wurde diese unpassende und irritierende Mauer hinter den Resten der alten Ringmauer aufgeführt, die

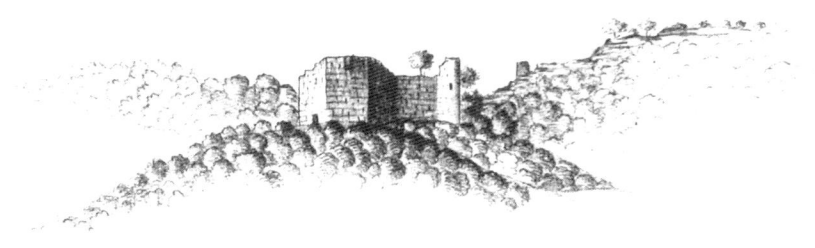

Niedenfels.

Lithographie, gezeichnet von Martin von Neumann, lithographiert von Georg Dubois, vor 1838

auf der Westseite der Felsbarriere auf einen nahezu halbrunden, innen offenen Flankierungsturm zulief. Der dort entstandene zwingerartige Hof konnte durch ein separates Tor betreten werden. Wohl im Rahmen von Baumaßnahmen nach 1355 entstanden, reichte er bis zu den beiden gleichfalls halbrunden Flankierungstürmen im Südteil der Burg.

Aus derselben Bauepoche stammen die Reste des mehrstöckigen Wohnbaus auf der Ostseite des Felsens. Das Gebäude lehnte sich gegen den Fels und reichte mit den einbindenden Obergeschossen bis zu dessen Plattform hinauf. Die einzelnen Stockwerke ließen sich über einen polygonalen Treppenturm erreichen, von dem sich ein Stück des in sauberer Steinsetzung gefertigten, kreisrunden Innenraums mit Teilen der Wendeltreppe und dem kunstvoll gestalteten Fuß der Treppenspindel erhalten hat.

Außer einer Quermauer mit einer spätmittelalterlichen Pforte und dem Vorraum zum Brunnen sind von den Gebäuden, die längs des Felsens standen, allein zwei Keller erhalten geblieben, wovon der eine ein Tonnengewölbe besaß.

Wo sich das ursprüngliche Burgtor befand, lässt sich nicht mehr feststellen. Der gegenwärtige, später angelegte Zugang in die Burg führt durch eine Toranlage, die – erkennbar an einer abgetreppten Schießscharte – in einer der letzten Ausbauphasen im 16. Jahrhundert entstanden ist und mit Feuerwaffen bestrichen werden konnte.

Ruine des spätmittelalterlichen Treppenturms, 2004

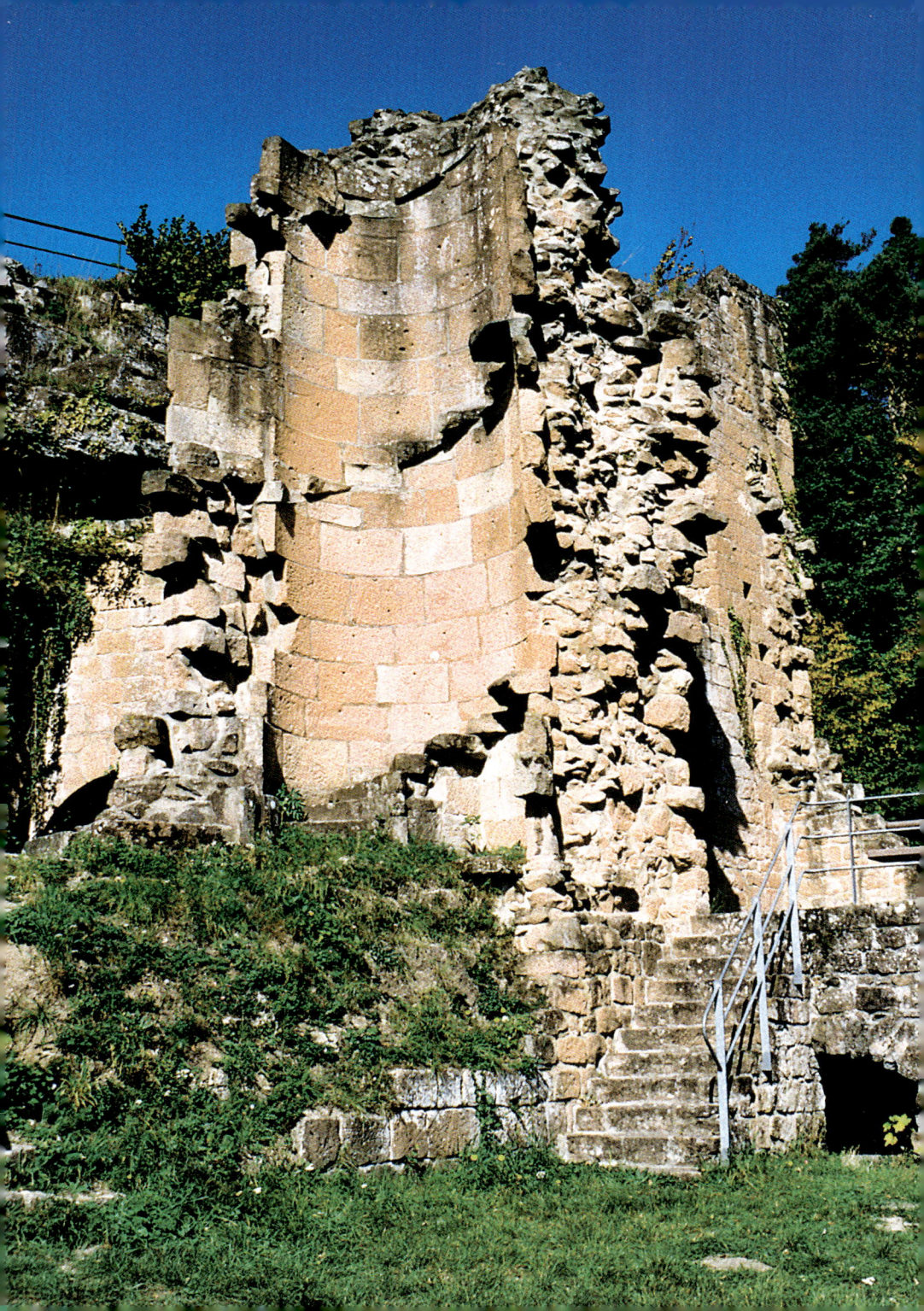

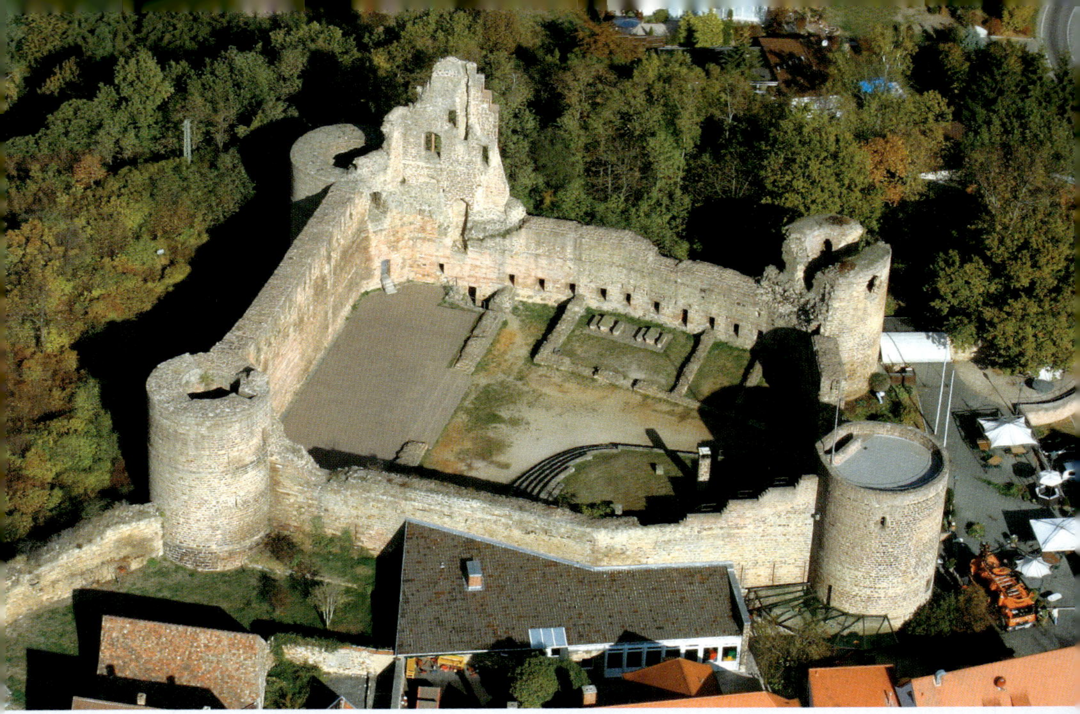

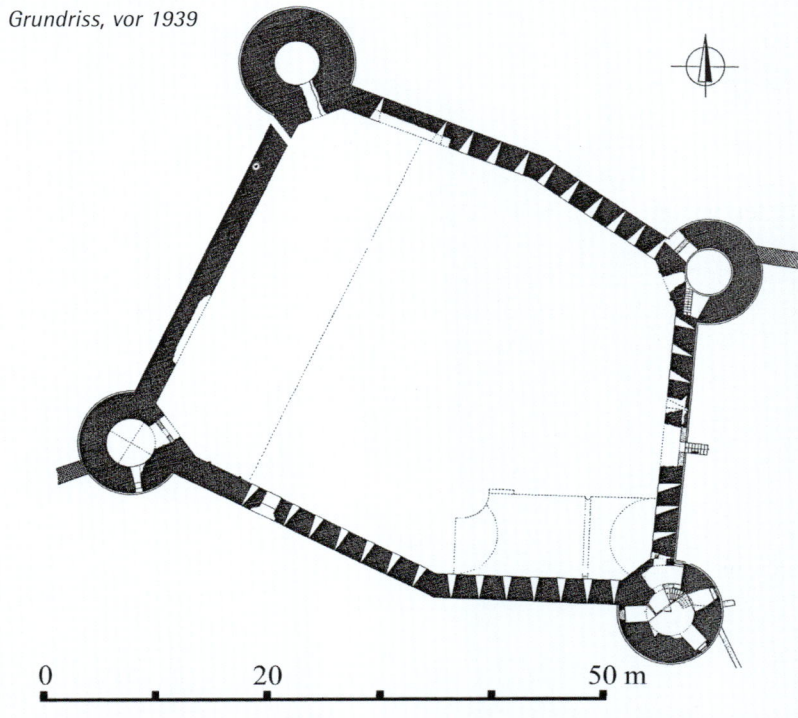

Luftaufnahme von Süden, 2004

Grundriss, vor 1939

Burg Neuleiningen

Burg Neuleiningen nimmt wegen ihrer aus dem üblichen Rahmen fallenden Bauweise unter den pfälzischen Befestigungsanlagen eine ausgesprochene Sonderstellung ein. Da erstmals 1242 die ältere Stammburg Leiningen als Altleiningen tituliert wird, muss Neuleiningen spätestens zu dieser Zeit errichtet worden sein. Die Ansiedlung Neuleiningen entstand hingegen erst in der Folgezeit.

Die Burg war zunächst unumstrittenes Eigengut der Grafen von Leiningen. Erst gegen Ende des 14. Jahrhunderts pochten die Bischöfe von Worms auf ein älteres Lehnsverhältnis, was zu mehreren Konflikten mit den Leiningern führte. Zur selben Zeit wurde kurzfristig ein Viertel der Anlage an die Seitenlinie Leiningen-Hardenburg verpfändet. In der ersten Hälfte des 15. Jahrhunderts baute Landgraf Hesso von Leiningen-Dagsburg Neuleiningen zu einer geschlossen befestigten Burgsiedlung aus.

Nach dem Tod Hessos und dem Aussterben dieses Familienzweiges sicherte sich Emich VII. von Leiningen 1467 den leiningen-dagsburgischen Anteil, was umgehend juristische Konsequenzen und handfeste kriegerische Auseinandersetzungen zur Folge hatte, da der Wormser Bischof Reinhard Neuleiningen als heimgefallenes Lehen ansah und es dementsprechend einziehen wollte. Als Emich die Preisgabe verweigerte, zog Pfalzgraf Friedrich I. auf Bitten des Bischofs 1468 vor Neuleiningen und eroberte Burg und Siedlung mit Gewalt, wofür er als Gegenleistung die Hälfte aller Zubehörden erhielt. An die Stelle der Auseinandersetzungen zwischen Worms und Leiningen traten von da an für mehrere Jahrzehnte ständige Konflikte zwischen den Leininger Grafen und den Pfalzgrafen.

Erst 1505 konnten die noch immer schwelenden Streitigkeiten mittels eines Vergleichs, in dem die pfälzisch-wormsische Hälfte als Lehen an die Grafen von Leiningen-Westerburg ausgegeben wurde, beigelegt werden. Spätestens seit diesem Zeitpunkt finden sich leiningische und Wormser Amtleute auf der Burg, die den jeweiligen Burgteil ihres Lehnsherrn beaufsichtigten: Gemäß der im Vertrag aufgeschlüsselten Eigentumsverhältnisse verwalteten die Wormser den Wohnbau an der Südseite der Ringmauer, die Leininger hingegen den westlich gelegenen Palas. An dieser Situation der gemeinsamen Herrschaft änderte sich bis zur Mitte des 18. Jahrhunderts nichts mehr.

Im Dreißigjährigen Krieg mehrfach besetzt, aber nicht zerstört, brachte

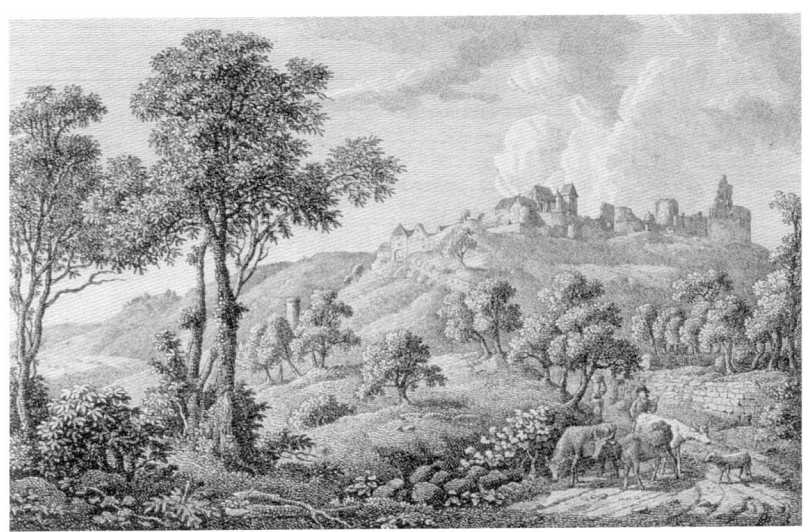

Kupferstich, gezeichnet und gestochen von Jakob W. Ch. Roux, vor 1824

der Pfälzische Erbfolgekrieg 1690 Neuleiningen die endgültige Zerstörung. Die Ruinen der Burg mit der zur Pfarrkirche ausgebauten ehemaligen Burgkapelle und die Siedlung wurden von den Leiningern noch 1742 an Worms verpfändet und 1767 vollständig verkauft.

Das heutige Erscheinungsbild von Burg und Siedlung beeindruckt noch immer durch seine spätmittelalterlich anmutende Geschlossenheit. Sanierungen und der Einbau einer Freilichtbühne im Burggelände erfolgten erst in den letzten Jahrzehnten des 20. Jahrhunderts.

Die heutige Burgruine, einbezogen in den noch weitgehend erhaltenen spätmittelalterlichen Ortsmauerring und auf der höchsten, felsigen Erhebung des Berges errichtet, fällt durch eine für die rheinische Pfalz ungewöhnliche Bauweise auf. Offensichtlich standen beim Bau französische Vorbilder Modell, denn die Anlage ähnelt mit ihren Rundtürmen an den vier Ecken ganz dem Kastelltyp der westeuropäischen Burgen des 13. Jahrhunderts. Ein ausgesprochener Bergfried, wie er für die Burgen der Stauferzeit im deutschen Sprachraum nahezu typisch ist, fehlt, wenn sich auch der nordwestliche Turm durch eine größere Mauerstärke auszeichnet. Schildmauerartig und

Nordgiebel des westlichen Wohnbaus, 2004

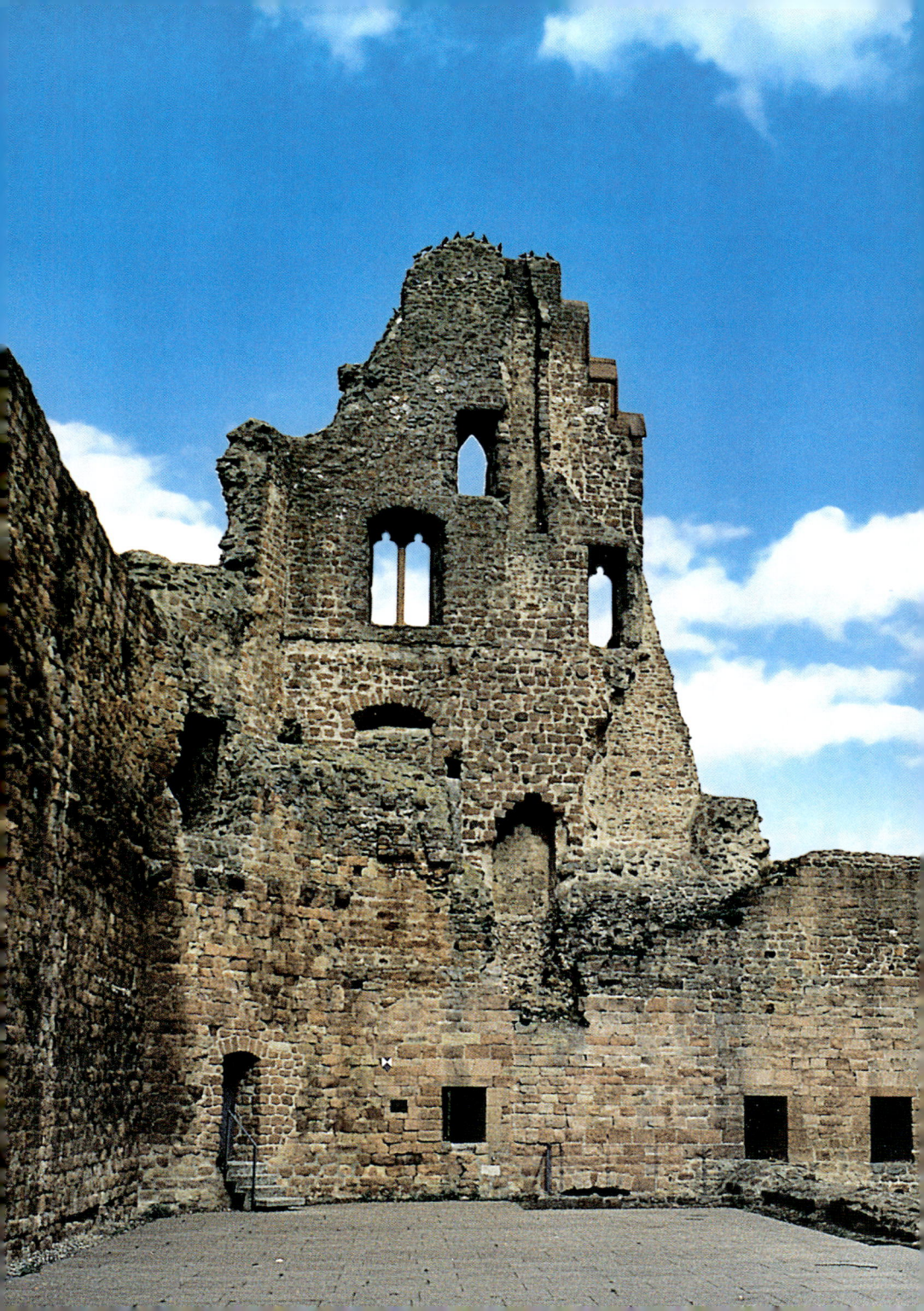

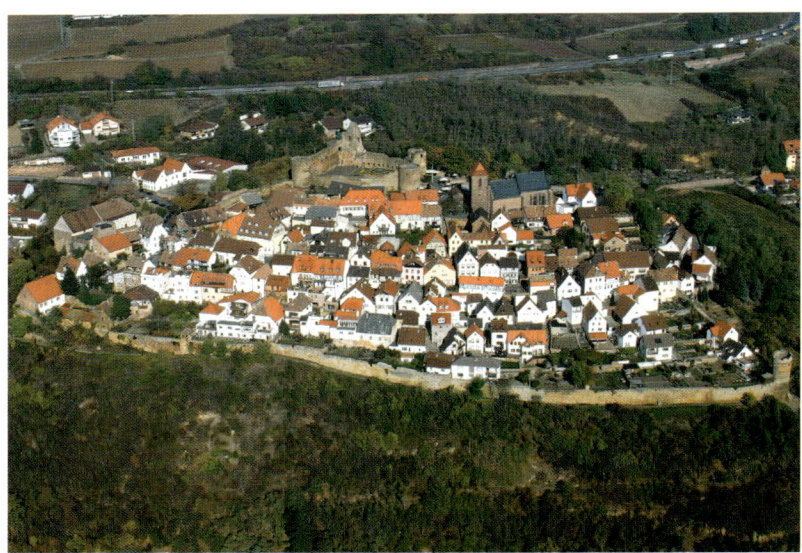
Luftaufnahme von Burg und Dorf von Südwesten, 2004

ohne eine Öffnung zeigt sich hingegen die der Angriffsseite zugewandte Verbindungsmauer zwischen Nordwest- und Südwestturm. Der deutliche Vorteil dieser für jene Zeit modernen und bewusst nach Plan errichteten Burgenbauform war die damit geschaffene Möglichkeit, längere, eher gerade Mauerabschnitte und insbesondere den Mauerfuß von den seitlich vorspringenden Flankierungstürmen überwachen und notfalls bestreichen zu können.

Der Grundriss der Kernburg umschreibt ein unregelmäßiges Trapez von etwa 48 auf 45 Metern, dessen Langseiten deutlich nach außen geknickt sind und deshalb von den beiden zugehörigen Türmen aus nicht gleichzeitig eingesehen werden konnten. Auf die bei stauferzeitlichen Burgen oft anzutreffende Buckelquaderverkleidung ist getreu der französischen Bautradition verzichtet worden.

Der heute weitgehend leere Innenbereich der Burg zeigt um einen zentralen Hof angeordnet noch die Grundmauern einer früheren Bebauung. An die Ringmauern waren mehrstöckige Gebäude angelehnt. Vom westlichen, dem großen Wohnbau, steht noch der etwa vier Geschosse hohe und mit einfachen und gedoppelten gotischen Fenstern versehene Nordgiebel. Ein weiteres mehrstöckiges Wohnhaus befand sich an der Nordseite, wie sich an Resten von Kaminen und

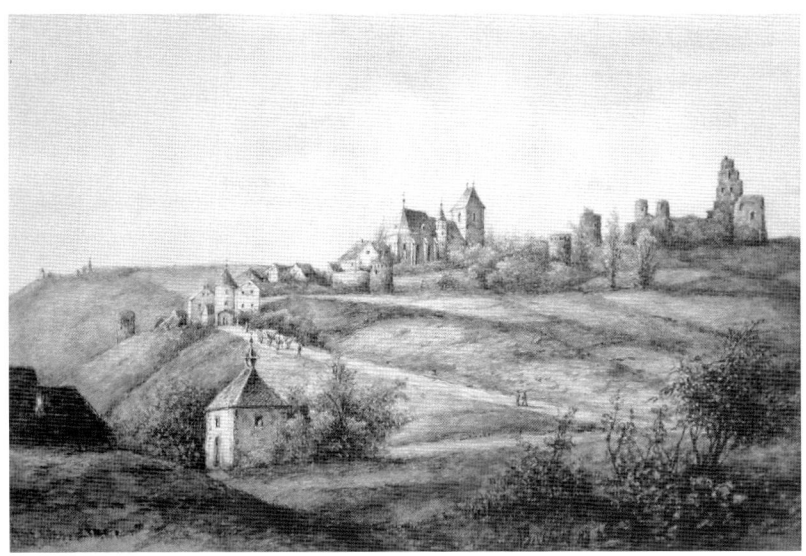
Aquarell von Nicolaus Berkhout, 1887

Konsolsteinen für die Deckenbalken erkennen lässt. Der terrassenartig veränderte, ansteigende Südteil des Hofs, der heute einem Freilichttheater als Zuschauerempore dient, wurde ursprünglich ebenfalls von einem großen Wohnbau eingenommen. Der Keller dieses Gebäudes hat sich erhalten und gehört heute zur Burggaststätte. Von den vier hofseitig in ihrer Rundform jeweils abgeflachten und mit Eingängen im ersten Obergeschoss ausgestatteten Ecktürmen ist gegenwärtig nur die Plattform des südöstlichen zugänglich.

Vor- und Kernburg trennte ein heute verfüllter Graben, über den eine Brücke zum Burgtor führte. Zusätzlich zu einem Fallgatter, dessen Führungsrillen an den in Resten noch vorhandenen Torgewänden sichtbar sind, sicherten hohe Bogen- oder Armbrustscharten das Tor. Die kompakte Kernanlage wurde im Osten durch eine ausgedehnte Vorburg ergänzt, deren Fläche – heute eingeebnet – als Parkplatz genutzt wird. Erhalten hat sich davon die nördliche Ringmauer auf der gesamten Länge mit zwei Türmen. Im Bering befand sich darüber hinaus die Burgkapelle St. Nikolaus, aus der die heutige Kirche selbigen Namens hervorging.

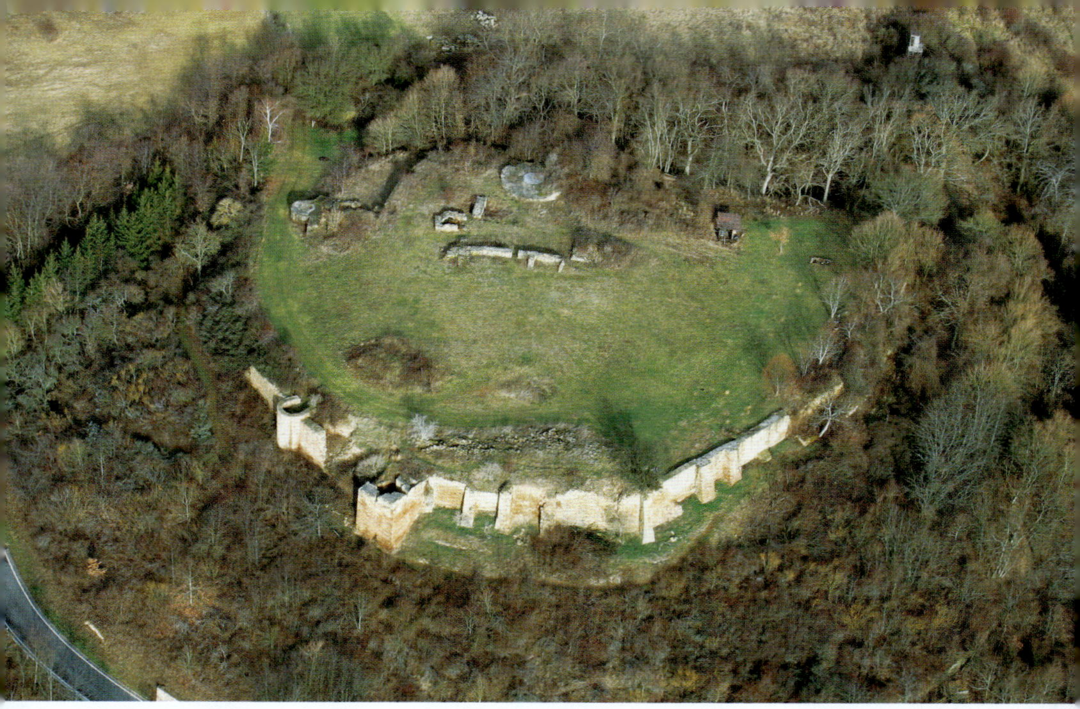

Luftaufnahme von Süden, 2004

Grundriss, 1987

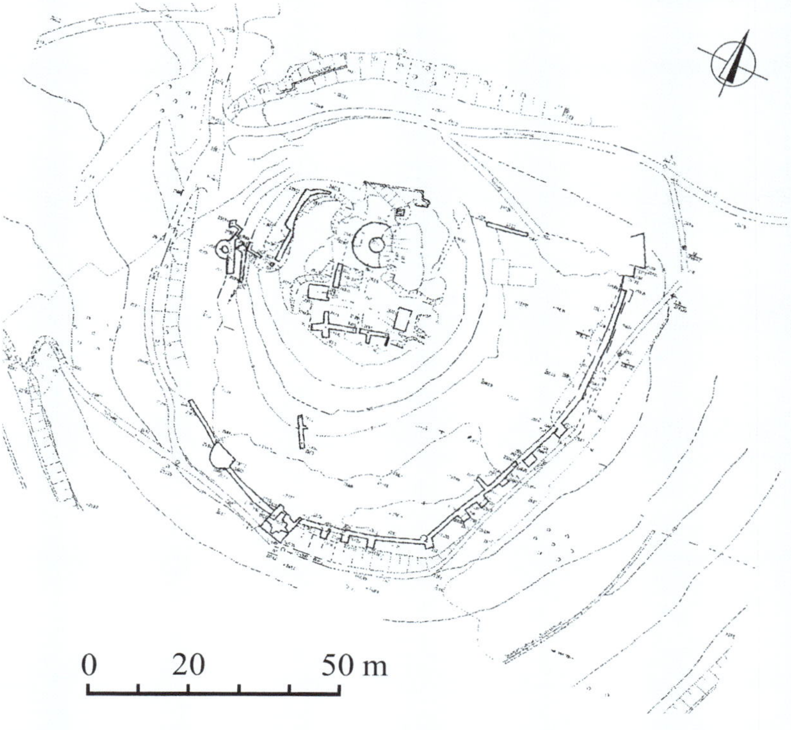

0 20 50 m

Burg Randeck

Ob die völlig unzureichend erforschte Burg Randeck über dem Alsenztal bereits als Reichsburg gegründet worden ist, bleibt derzeit noch unklar, mag aber angesichts der Tatsache, dass Heinrich als der erste Vertreter eines gleichnamigen Geschlechts 1202 eindeutig den Reichsministerialen zugerechnet werden kann, durchaus wahrscheinlich sein. Eng verwandt ist diese Familie, deren Mitglieder später in zahlreichen Lehnsverhältnissen zu weltlichen und geistlichen Würdenträgern standen und die 1521 ausstarb, mit den benachbarten Geschlechtern von Wartenberg und von Beilstein, die im 13. Jahrhundert ebenfalls im Reichsdienst zu finden waren.

Fest steht immerhin, dass ein erstmals 1250 erwähntes *Randecken* spätestens 1364 anlässlich der Öffnung durch die Burggemeiner für Erzbischof Gerlach von Mainz als Reichslehen bezeichnet wurde. Schon vor dieser Zeit beherbergte die Anlage eine umfangreiche Burggemeinschaft, die aus Familienmitgliedern und nahen Verwandten bestand, und war damit zu einer Ganerbenburg geworden. Die Vergabe des Öffnungsrechts nicht nur an die Erzbischöfe von Mainz, sondern auch an die Stadt Worms (1326), die rheinischen Pfalzgrafen (1370) und weitere Personen änderte nichts an den Eigentumsverhältnissen, wie neuerliche Belehnungen durch König Ruprecht I. (1401), König Friedrich IV. (1442) und Kaiser Maximilian (1494) bestätigen.

Im so genannten Landshuter Krieg 1504 von den Gemeinern an Herzog Alexander von Pfalz-Zweibrücken-Veldenz übergeben, überstand Randeck die Wirren des Bauernkrieges 1525 und des Dreißigjährigen Krieges 1618–1648 offenbar unbeschadet. Erst französische Truppen schleiften 1690 die Gebäude und sprengten den bis dahin wohl erhaltenen, 50 Fuß hohen Bergfried.

Die noch teilweise nutzbaren Gebäude fielen nach 1817 einer bis in das 20. Jahrhundert hinein anhaltenden Ausschlachtung als Steinbruch zum Opfer. Durch seit 1978 in unregelmäßigen Abständen vorgenommene Sicherungs- und Freilegungsmaßnahmen kamen Fundamente von Wohnbauten und des runden Bergfrieds zu Tage, während die spätestens 1348 erwähnte Burgkapelle bisher leider nicht lokalisiert werden konnte.

Im Geländeverlauf lässt sich die Burg als eine hufeisenförmige, im Durchmesser etwa 100 Meter große Anlage mit nahezu geradlinigem

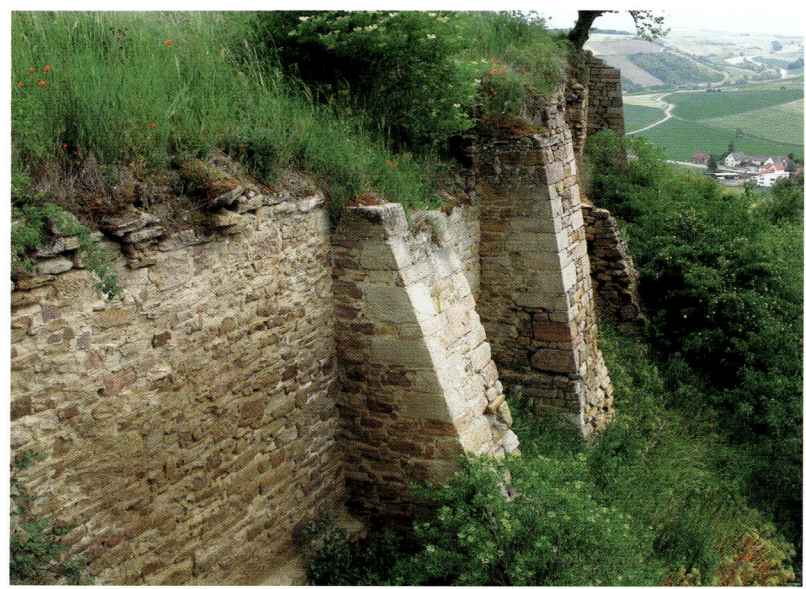
Stützpfeiler am Südteil der Ringmauer, 2004

Abschluss entlang des ehemaligen Halsgrabens erkennen, die sich in einen kleineren oberen Teil und eine wesentlich größere Unterburg aufteilt.

Ob über den heute verfüllten Graben eine Brücke im Nordosten in diesen unteren Burgteil führte, lässt sich nicht mehr eindeutig feststellen. Die Zugangssituation mit einem zurückgezogenen Tor oder Torhaus am Ende eines dadurch geschaffenen Torzwingers weist gewisse Ähnlichkeiten mit Burg Meistersel bei Ramberg auf. Von Zerstörungen und Abtragungen weitgehend verschont geblieben ist ein beträchtliches Stück der polygonalen Ringmauer im Süden und Osten der Unterburg, das als Stützmauer zur Hangsicherung Verwendung fand. Diese Mauer mit bemerkenswerten Resten eines halbrunden und eines quadratischen Flankierungsturms sowie mit Stützpfeilern belegt trotz unübersehbarer Sanierungen, dass die Burg einst ein imposantes Gesamtbild geboten haben muss.

Die Bauten der Oberburg gruppierten sich um den ehemals dominierenden Bergfried, der auf der Spitze des Hügels die Gesamtanlage auf der Angriffsseite schützen sollte. Während von dem fast vollständig zerstörten kreisrunden Hauptturm 1982 immerhin einige

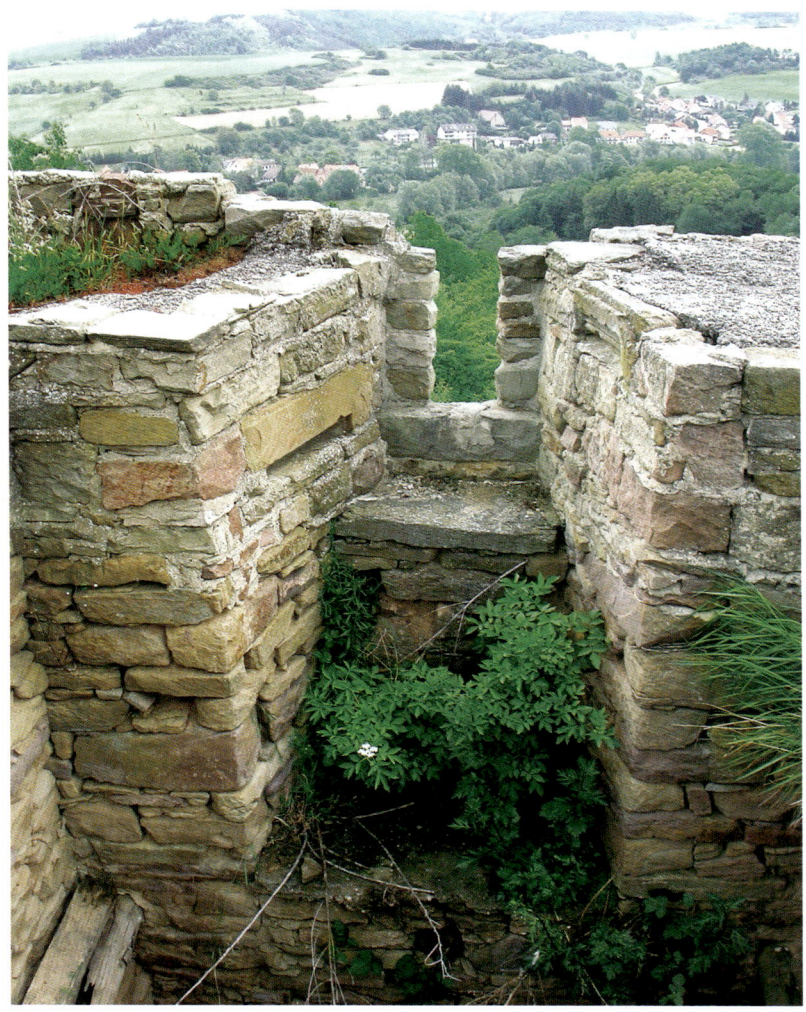
Teilrestaurierte Schießscharte im Ringmauerturm, 2004

Steinlagen ausgegraben werden konnten, haben sich von den übrigen Gebäuden des oberen Burgteils außer niedrigen Mauerzügen eines nicht näher zu bestimmenden Gebäudes im Süden und Resten eines tonnengewölbten Kellers sowie eines Rundbogenportals kaum noch Mauerspuren erhalten. Nicht mehr festgestellt werden kann, ob die Burg eine Schildmauer besessen hat, was aber anzunehmen ist.

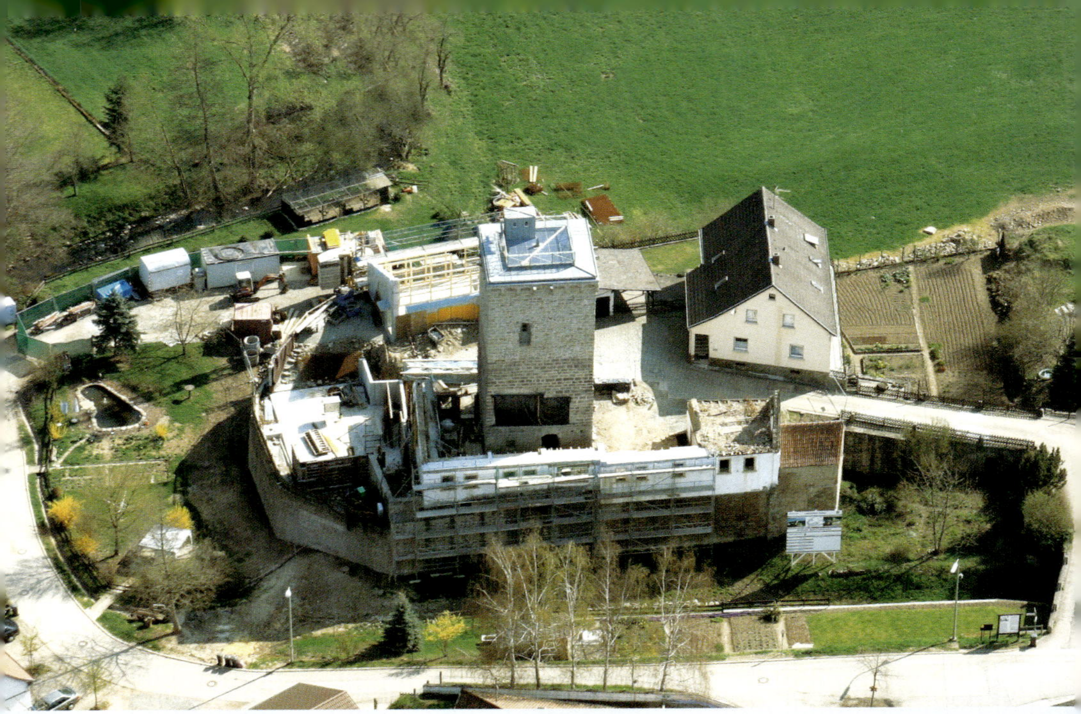

Luftaufnahme von Nordwesten, 2004

Grundriss, 1884

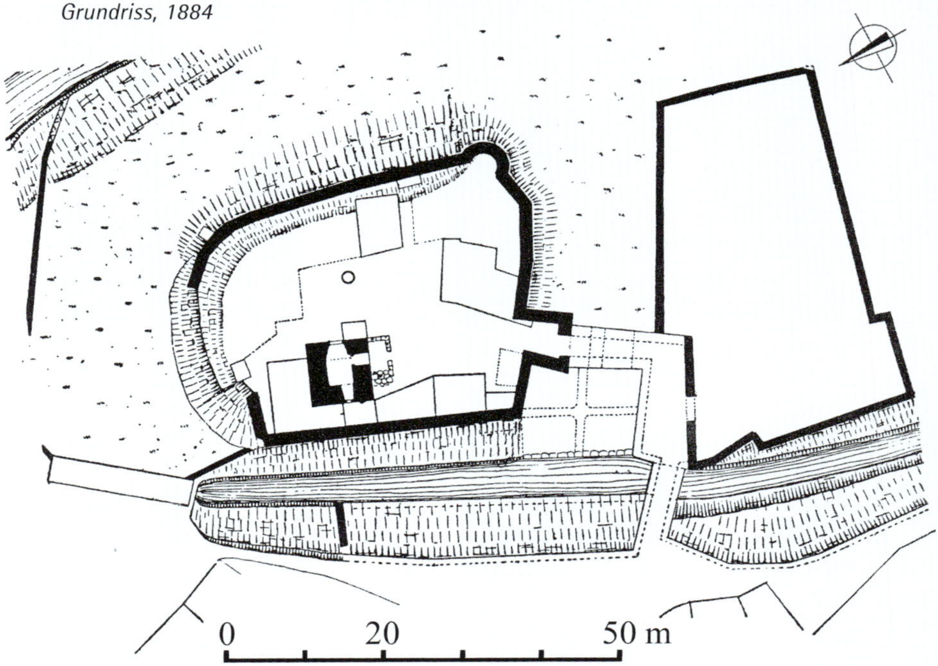

Burg Reipoltskirchen

Die von der älteren Forschung anhand eines Wappensteins vertretene Annahme, Burg Reipoltskirchen sei bereits 1181 errichtet worden, lässt sich nicht mehr verifizieren. Da sich die nach Reipoltskirchen benennenden Meffried (1189/93), Simon (1219) und Eckbert (1259) auch nach dem Ort bezeichnet haben könnten, verbleibt als Erstbeleg das Jahr 1276, als im Rahmen eines innerfamiliären Teilungsvertrages das *castrum Ripoltskirchen* an Dietrich von Hohenfels fiel. Unter Heinrich von Hohenfels wurde die Anlage spätestens am Ende des 13. Jahrhunderts Sitz einer hohenfelsischen Nebenlinie, nach Zerstörung ihrer Stammburg am Donnersberg durch Truppen der Städte Worms und Speyer sowie der Grafen von Veldenz und von Sponheim im Jahr 1351 und dem Aussterben der älteren Hohenfelser Linie 1415 Hauptsitz der Familie.

Direkte, auf die Burg bezogene Nachrichten sind in der Folgezeit kaum aufzufinden. Noch zu Beginn des 16. Jahrhunderts wurde Reipoltskirchen durch Johann II. feuerwaffentauglich ausgebaut, bevor das Geschlecht Hohenfels zu Reipoltskirchen im Mannesstamm mit Johann III. im Jahr 1602 ausstarb. Über Amalia, Gräfin zu Leiningen und Frau zu Reipoltskirchen, und deren Nachkommen 1628 auf dem Erbweg an die schwedischen Grafen von Löwenhaupt gekommen, folgten zahlreiche Aufteilungen und Verkäufe. 1777 teilten sich Graf Wilhelm Ernst Gottfried von Hillesheim und Fürstin Karoline von Isenburg den Besitz der zu dieser Zeit aus fünfzehn Dörfern bestehenden Herrschaft.

Ohne jemals zerstört worden zu sein, wurde die Anlage unter französischer Herrschaft 1799 zum Nationalgut erklärt und 1808 meistbietend versteigert. Die erhaltenen Ausschreibungen nennen unter den damals vorhandenen Gebäuden von Burg und Vorburg insbesondere den Turm, das zweigeschossige isenburg-hillesheimische Amtshaus, ein Amtsbotenhaus sowie Wirtschaftsgebäude. Vor 1836 befanden sich die Bauten bereits in einem deutlich ruinösen Zustand. Gegenwärtig kann die Burg nur eingeschränkt besichtigt werden, da seitens des Landkreises Sanierungs- und bedauerlicherweise auch überdimensionierte Wiederaufbaumaßnahmen vorgenommen werden. Es steht zu hoffen, dass nach deren Abschluss wenigstens der zuvor teilweise bewässerte Graben wieder und dann vollständig geflutet wird.

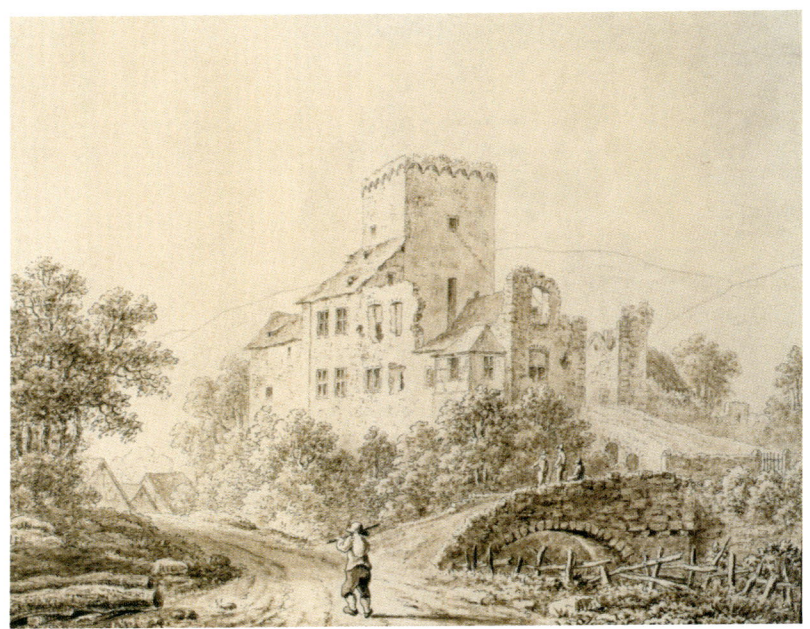

Sepiazeichnung von Peter Gayer, vor 1836

Reipoltskirchen ist eine der wenigen erhaltenen Niederungsburgen in der Pfalz, die von einem Wassergraben umzogen waren. Als ältester Teil der Burg dominiert der Bergfried auch heute noch die ein ungefähres Rechteck von 50 mal 40 Metern umfassende Anlage, die auf einem Felssporn über dem vorbeifließenden Odenbach errichtet worden ist. Der überkommene Baubestand setzt sich überwiegend aus Gebäuden des 14. und 15. Jahrhunderts und aus neuzeitlichen Wohnhäusern zusammen.

Der heutige Burgweg führt über eine an ihren Steinbögen zugesetzte und deshalb einer Rampe ähnelnde Brücke in die Anlage. Ob es sich bei dem heute verschwundenen Burgtor – die Zeichnung von Peter Gayer lässt an dieser Stelle hoch anstehendes Mauerwerk erkennen – um ein möglicherweise in einen Torturm integriertes Kammertor gehandelt hat, bleibt unklar.

Der leicht aus dem Zentrum des Burghofs gegen den Westteil der Ringmauer als Angriffsseite vorgezogene quadratische Bergfried mit drei tonnengewölbten Geschossen stand ursprünglich frei im Hof. Noch 17 Meter hoch und acht Meter breit, besteht er bis zur halben

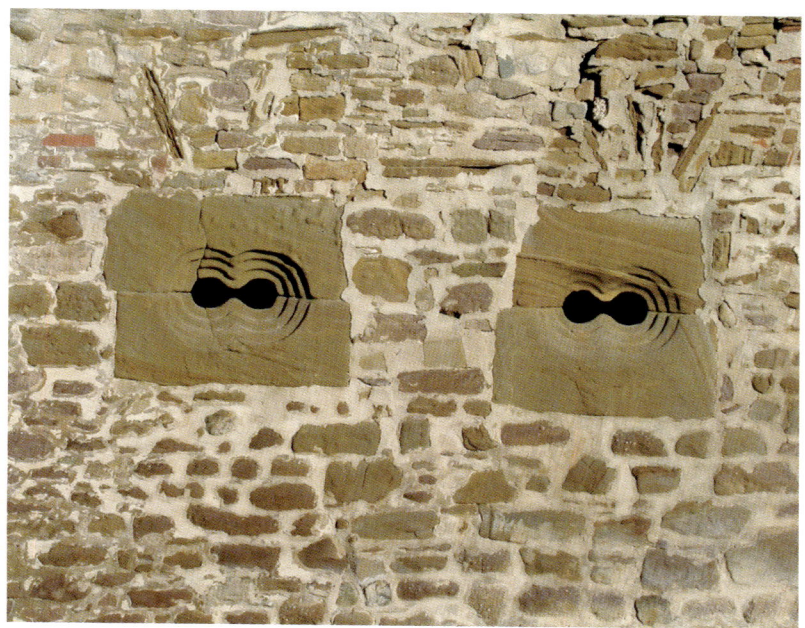

Brillenscharten an der westlichen Ringmauer, 2004

Höhe aus Buckelquadermauerwerk des frühen 13. Jahrhunderts. Offenbar am Ende des 15. Jahrhunderts um zwei Stockwerke erhöht oder verändert, war der eindrucksvolle Turm mit seiner zuletzt 1755 ausgebesserten Plattform später bis zu den oberen Fenstern auf drei Seiten von angebauten, mehrstöckigen Häusern (darunter das so genannte Amtshaus) umgeben. Ein nicht mehr vorhandener Wehrgang ruhte auf einem kunstvollen Rundbogenfries mit Dreipass-Maßwerk.

Der Burghof, in dem der aufgemauerte Brunnen zu sehen ist, wird von modernen Gebäuden begrenzt, die zum Teil auf mittelalterlichen Grundmauern ruhen. Vom ehemaligen Amtshaus konnte der Kellereingang, ein Portal der Frührenaissance, freigelegt werden. Die umlaufende Ringmauer aus Bruchsteinmauerwerk mit großen Eckquadern hat sich in sehenswerten Resten auf der Westseite erhalten und zeigt hier als Besonderheit zwei Brillenscharten aus dem frühen 16. Jahrhundert.

Von der etwa gleich großen Vorburg, die sich im Süden jenseits der Brücke befand, sind nur wenige Mauerspuren vorhanden.

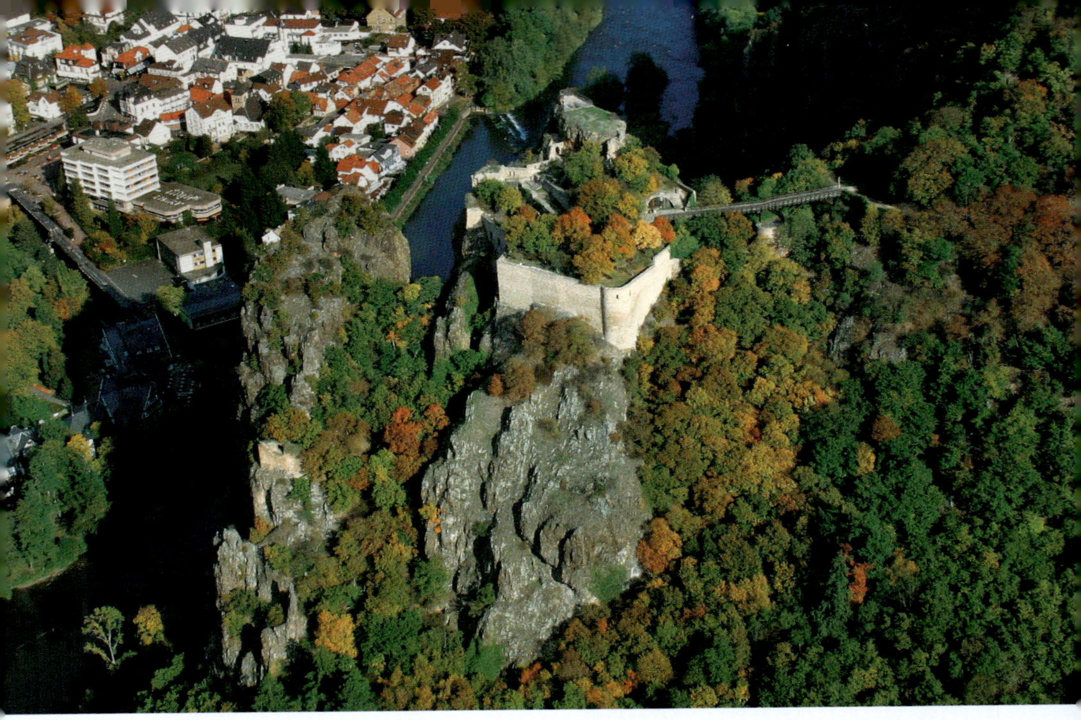

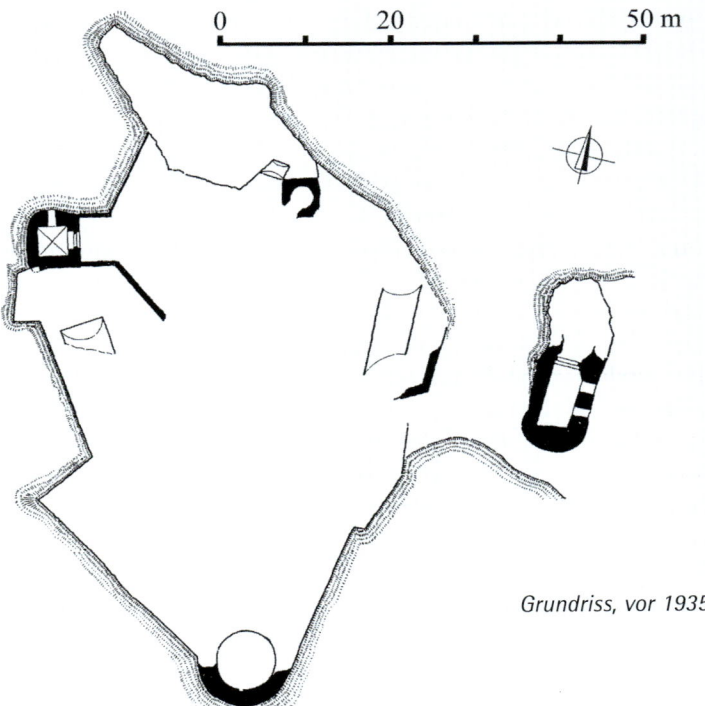

Luftaufnahme von Süden, 2004

Grundriss, vor 1935

Burg Rheingrafenstein

Über die Ursprünge von Burg Rheingrafenstein sind keine sicheren Aussagen zu machen. Zu große Unsicherheit herrscht noch immer über die angeblichen, aber kaum eindeutig belegbaren Zusammenhänge zwischen den Herren von Stein und den Zeizolfen, Gaugrafen im Worms- und Speyergau. Hinzu treten Schwierigkeiten bei der Unterscheidung der erst später namentlich getrennten Burgen Oberstein, Steinkallenfels und Rheingrafenstein, die zunächst alle schlicht „Stein" genannt wurden. Abgesehen davon stellt sich die Frage, weshalb die Herren von Stein, die gemeinhin als Freie gelten, zumindest in der zweiten Hälfte des 12. Jahrhunderts in Herrscherurkunden den Reichsministerialen zugeordnet werden.

Erst gegen 1130/40 oder besser gegen Ende des 12. Jahrhunderts klären sich die Verhältnisse einigermaßen: Durch die Heirat Siegfrieds vom Stein mit der Erbin der Grafschaft im Rheingau, Lukardis, wurde beider Sohn Wolfram der erste tatsächliche „Rheingraf" und seine Burg zu „des Rheingrafen Stein". Versuche der Rheingrafen, sich der Lehnsbindung an das Erzbistum Mainz zu entledigen, scheiterten 1279 in der Schlacht von Sprendlingen. Gemäß der darauf folgenden Verhandlungen sollten Rheingraf Siegfried und sein Sohn Werner ihre Burg öffnen, wussten dies aber zu verhindern. Auseinandersetzungen mit der Stadt Oppenheim sollten 1292 zwar geschlichtet werden, schwelten aber jahrzehntelang weiter, weshalb sich 1327 die Städte Mainz, Worms, Speyer und Oppenheim sowie Graf Johann II. von Sponheim-Kreuznach zu einer Landfriedensaktion zusammenschlossen. Aus der Tatsache, dass 1328 Rheingraf Johann und die übrigen Burggemeiner den Landfriedensmitgliedern ihre Anlage öffneten, darf man folgern, dass dieses Bündnis erfolgreich war.

Dennoch ist in der Folgezeit keine Abschwächung der Konflikte mit den umliegenden Territorien zu beobachten. Zwar öffnete Wild- und Rheingraf Johann 1356 den Rheingrafenstein für Pfalzgraf Ruprecht I. und wurde dessen Lehnsmann, doch schon ein Jahr später gebot Kaiser Karl IV. seinem Verweser, Graf Walram von Zweibrücken, dem Sponheimer Grafen Walram gegen die Brüder Rheingraf Johanns II., Konrad und Hartrard, Beistand zu leisten. Nach 1359 scheinen sich die Verhältnisse beruhigt zu haben, wofür die kontinuierlichen Erneuerungen der bestehenden Verträge durch die Rheingrafen für Kurpfalz und schließlich auch die Verständigung mit den Grafen von Sponheim 1376 sprechen.

Der Rheingrafenstein wurde trotz seiner zahlreichen Burggemeinschaft Mittelpunkt eines wild- und rheingräflichen Amtes bis zum Ende der ungeteilten Wild- und Rheingrafschaft 1499 bzw. bis zum Einfall spanischer Truppen unter Spinola, die im Herbst 1620 die Burg eroberten. 1688 sprengten französische Einheiten die Anlage, welcher der Salinenbau im 18. Jahrhundert weitere schwere Schäden zufügte. Die wenigen Überreste wurden von 1978–1982 gesichert und saniert.

Die ältesten Teile der Burg sind auf einem vom Berg abgetrennten, nahezu senkrecht über der Nahe aufsteigenden Felsklotz errichtet worden. Im Schutze der Felswand ist auf schmalen Terrassen abschnittsweise die Unterburg entstanden. Von beiden Burgteilen haben die Sprengung der Burg 1688 und die daran angeschlossene

Tonnengewölbter Keller des großen Wohnbaus, 2004

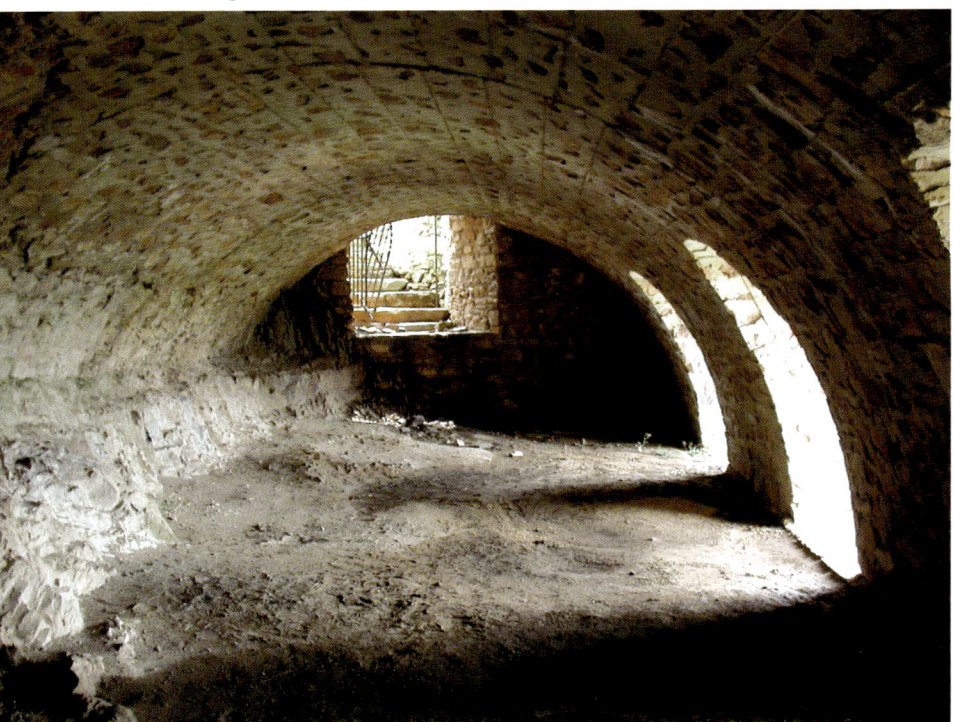

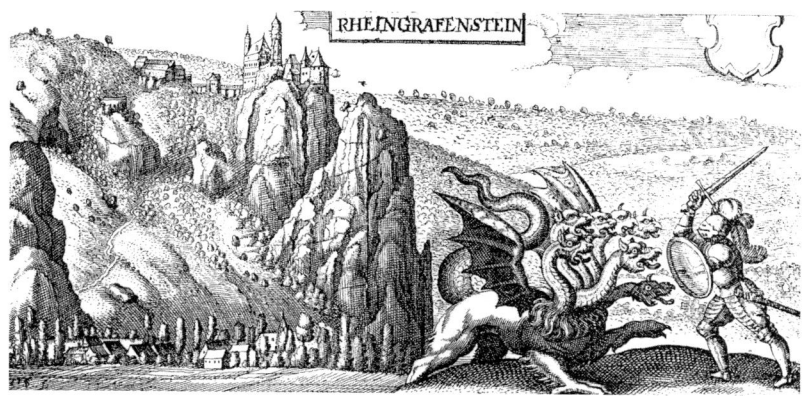

Kupferstich, gezeichnet von N.N., gestochen von Sebastian Furck, vor 1629

Abtragung am Anfang des 18. Jahrhunderts nur noch geringes Mauerwerk im Originalbestand übrig gelassen. Zu sehen sind überwiegend moderne Aufmauerungen in Bruchsteinverband, die nur sehr eingeschränkt Vorstellungen über das frühere Aussehen der ehemals überaus eindrucksvollen Anlage zulassen.

Der mächtige, zerklüftete Aufsatzfelsen war mit Sicherheit zumindest auf der bergabgewandten Seite von einer Futtermauer umkleidet. Seine völlig leer geräumte Plattform trug ein wohnturmartiges Gebäude, das sich in späterer Zeit über einen angelehnten Treppenturm erreichen ließ. Der heutige Aufgang durchstößt die Felsmasse. Ob es sich dabei um einen älteren Zugang handelt, lässt sich mangels originaler Mauerspuren nicht mehr erkennen.

Man betritt die Burg über die auf noch erhaltenen Pfeilerresten ruhende, neu aufgeführte Brücke. Möglicherweise schützte den Brückenkopf eine Barbakane in Form einer Schildmauer. Das Haupttor ist verschwunden. Eine Mantelmauer stand hart an der Felskante und deckte das dahinter liegende Gebäude, von dem sich der erneuerte tonnengewölbte Keller erhalten hat. Der Weg zum Hauptfelsen führt an einem stark zerfallenen, durch Mauerergänzungen gestützten Treppenturm vorüber.

In einem quadratischen Turm, der einem vorspringenden Felsstück aufsitzt, wird in dem noch erhalten gebliebenen, wieder eingewölbten heutigen Obergeschoss die Kapelle vermutet, erkenntlich an den Ansätzen eines Kreuzrippengewölbes. Interessant sind die in den Boden eingelassenen Steinrinnen zur Speisung einer kleinen Zisterne.

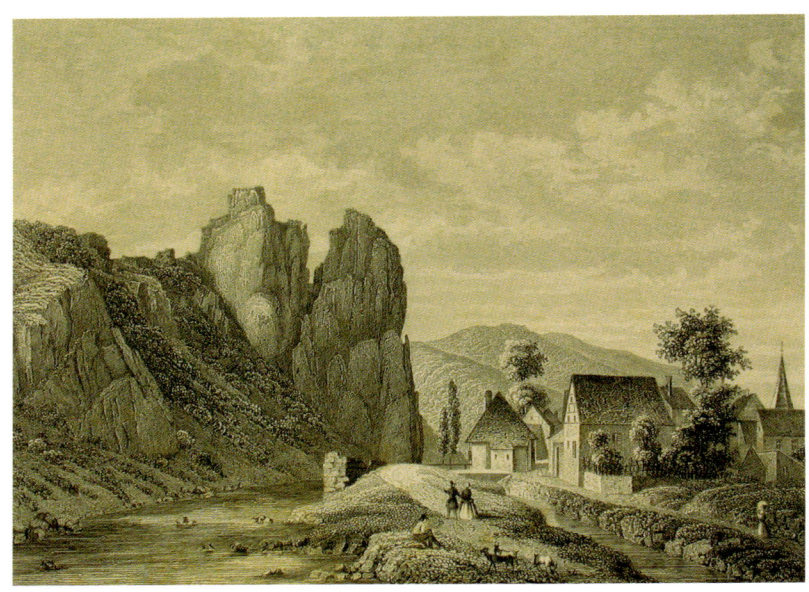

Stahlstich, gezeichnet von Carl Schlickum, gestochen von Henry Winkles, vor 1845

Weiter hangabwärts gelegen, öffnet sich das Kellergewölbe eines größeren Wohnbaus. Eine der Stützwände in der Unterburg wird von einer darin eingemauerten Pforte mit gefastem Rundbogen eingenommen. Sie sitzt möglicherweise nicht an ihrem ursprünglichen Ort. Großartig ist der Blick über die senkrecht abstürzenden Wände des Porphyrfelsens hinab auf die in ihr enges Bett eingegrabene Nahe und nach Bad Münster und zur Ebernburg.

Die nicht mehr zugänglichen Ruinen eines Mauerzugs, der, wie ein Schwalbennest angeklebt, den schmalen Absatz des vorderen Felsens einnimmt, werden allgemein für die Trümmer einer „Vorburg" Affenstein gehalten. Ob dieses wenige Bruchsteinmauerwerk, in dem sich mit Mühe noch eine Fensteröffnung ausmachen lässt, tatsächlich mit einem in den Schriftquellen für das Jahr 1426 belegten „Afterstein" identisch ist, kann allerdings keinesfalls konkret bewiesen werden.

Ruine des an den Hauptfelsen angelehnten Treppenturms, 2004

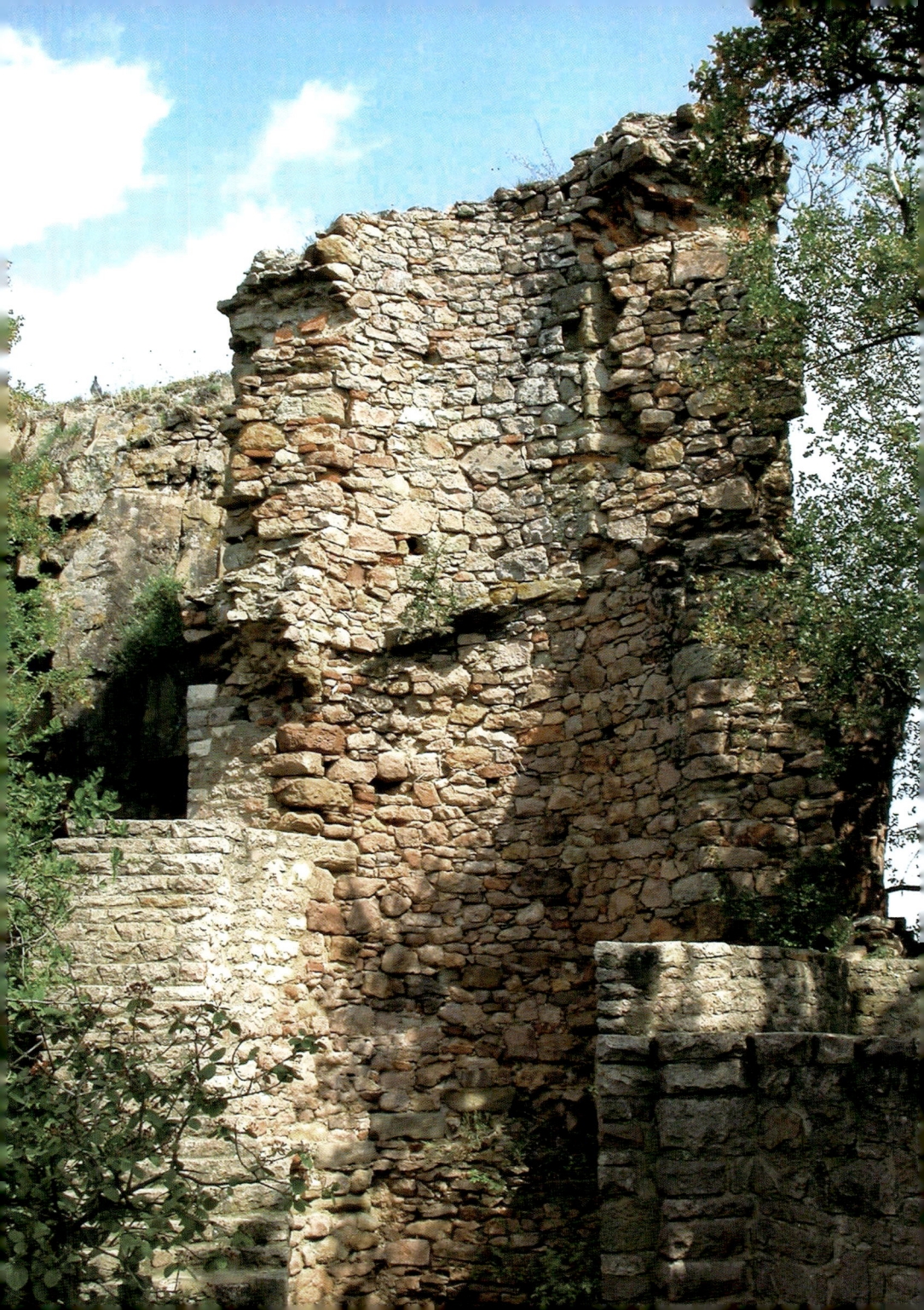

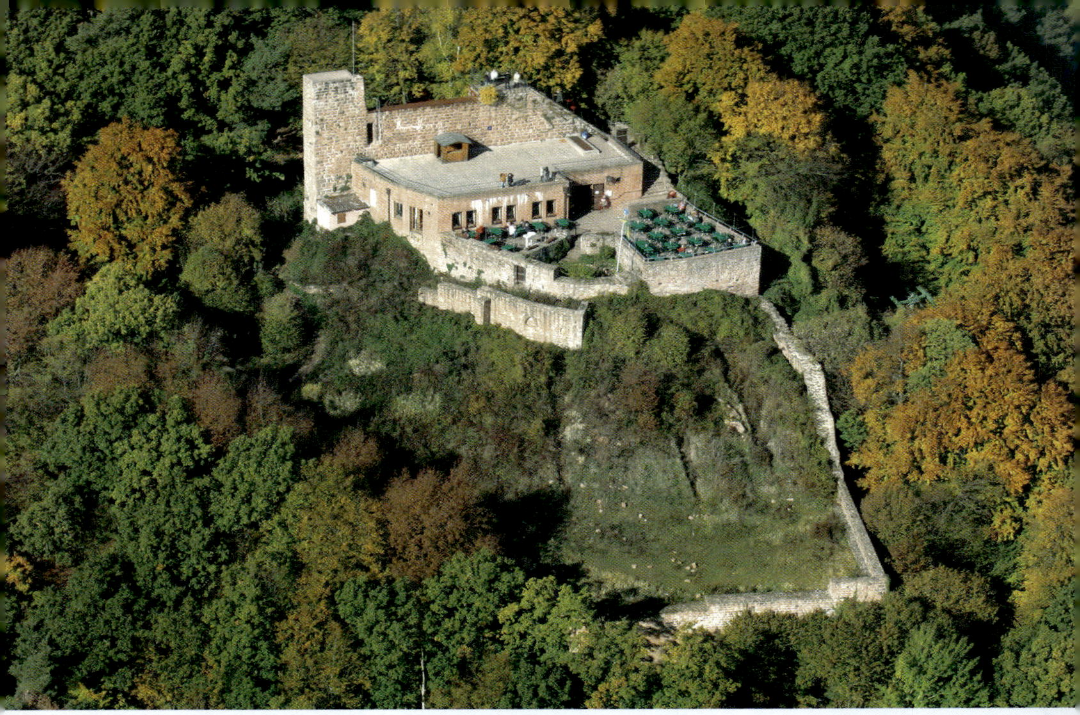

Luftaufnahme von Südosten, 2004

Grundriss, vor 1928

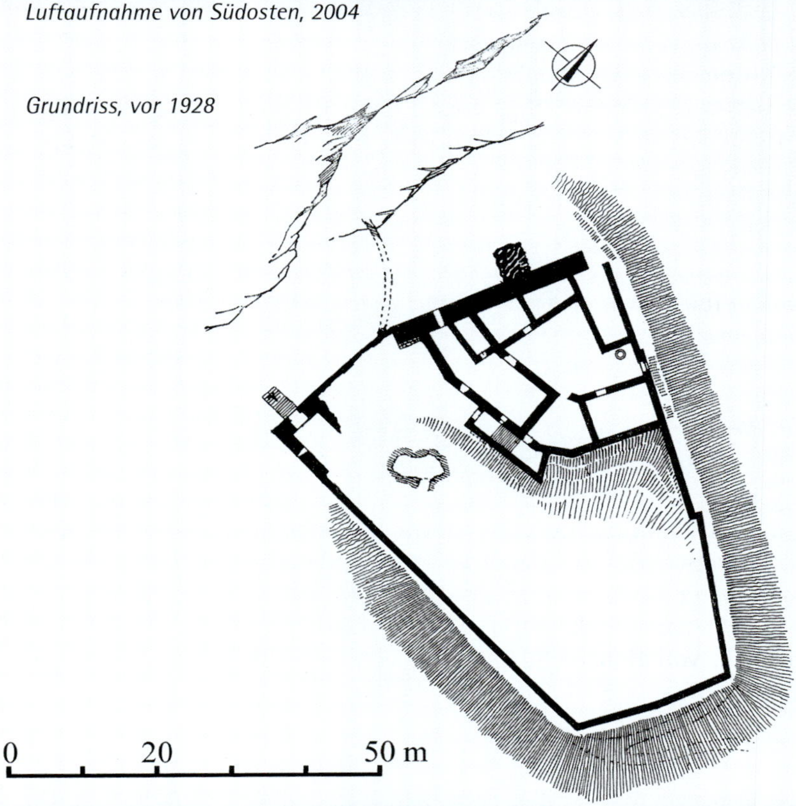

0 20 50 m

Rietburg

Die Entstehungsgeschichte der Rietburg ist von der Forschung bisher völlig unzureichend aufgearbeitet worden. So ist unklar, ob ein bisher übersehener, in einer Urkunde von 1109 genannter „Maßlin von Rietburg" hierher gehört, was die Rietburg zu einer der ältesten Burgen in der Pfalz erheben würde. Fest steht jedenfalls, dass seit 1149 ein edelfreies Geschlecht existierte, das als „von Riet", nicht aber „von Rietburg" vorkommt. Erst Konrad aus der mutmaßlich dritten Generation dieser Familie benannte sich erstmals 1204 im Gegensatz zu seinem Vater Eberhard und seinen fünf Brüdern „von Rietberg", was allgemein als ein Hinweis darauf gedeutet wird, dass er sich zuvor eine Burg errichtet hatte. Diese Annahme dürfte tatsächlich der Wahrheit entsprechen, zumal Hermann von Rietburg 1235 in einer anlässlich einer Güterübertragung an das Kloster Eußerthal ausgestellten Privaturkunde explizit sein *castrum Rietberc* erwähnt.

Es wird jener Hermann gewesen sein, der sich während des Interregnums – möglicherweise aus alter Anhänglichkeit an das kurz zuvor ausgestorbene staufische Herrscherhaus – zu einem Handstreich hinreißen ließ, der ihm und seiner Burg üble Folgen einbringen sollte. Im November 1255 überfiel er in der Nähe von Edesheim Elisabeth, die Gattin des römisch-deutschen Königs Wilhelm von Holland, und den königlichen Hofrichter Graf Adolf von Waldeck und verschleppte sie als Gefangene auf die Rietburg, wie die zeitgenössische Wormser Bischofschronik berichtet: *Ebenso war König Wilhelm, nachdem er ein Bündnis mit der Stadt Worms eingegangen war und dort Friede herrschte, oftmals mit seiner Ehefrau in Worms; und als einstmals die Königin* [Elisabeth] *sich von Worms aufmachte, gen Trifels zu reisen, nahm sie ein gewisser Hermann von Rietberg in der Nähe von Edesheim gefangen und mit ihr den Grafen* [Adolf] *von Waldeck. Und nachdem er sie jeglicher Kleinodien beraubt hatte, führte er sie als Gefangene auf die Rietburg im Dezember* (versehentlich statt November) *des Jahres 1255. Immerhin hat er sie später in Freiheit entlassen.* Anderen Quellen lässt sich entnehmen, dass diese Freilassung durch eine förmliche Landfriedensaktion erzwungen werden musste. Nachdem die Wormser Bürger Hermann als Landfriedensbrecher gemeldet hatten, zogen sie in Richtung Rietburg und vereinigten sich bei Mutterstadt mit Pfalzgraf Ludwig, Graf Friedrich IV. von Leiningen, Philipp I. von Hohenfels, Philipp I. von Falkenstein, Werner IV. von

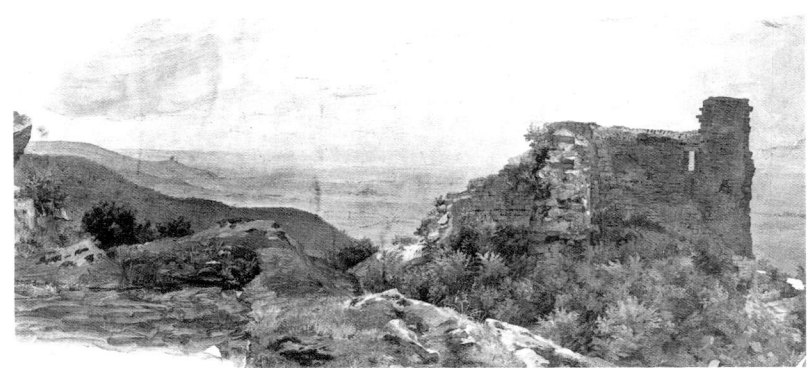

Ölskizze von Ludwig Lindenschmit, vor 1893

Bolanden und wahrscheinlich auch den Raugrafen. Vor der Burg trafen sie auf Aufgebote aus Mainz und Oppenheim, die wohl Belagerungsgerät mit sich führten. Schließlich ergab sich Hermann von Rietburg und wurde in Worms bis zu einer völligen Wiedergutmachung einbehalten. Weitgehend enteignet, scheint er die Pfalz bald darauf verlassen zu haben. Die Rietburg fiel nun unter das Reichsgut und wurde von König Rudolf von Habsburg als Reichslehen an die Herren von Ochsenstein ausgegeben.

Über die Grafen von Leiningen augenscheinlich schon 1305 an die Bischöfe von Speyer gekommen, wurde die Anlage im 14. Jahrhundert mehrfach verpfändet. Wie ein speyerisches Inventar von 1391/94 belegt, war die Ausstattung zu dieser Zeit schon sehr bescheiden. Während der Auseinandersetzungen zwischen Pfalzgraf Friedrich I. und Herzog Ludwig dem Schwarzen von Zweibrücken-Veldenz 1460 von leiningischen Truppen besetzt und ausgeplündert, nennt ein weiteres, vier Jahre später aufgestelltes Inventar für die Rietburg nur noch eine Handbüchse und zwei Bettstätten.

Wann die vom Bauernkrieg verschonte Anlage endgültig zerstört wurde, bleibt unklar. 1681 bereits als Ruine bezeichnet, wurde für die nächsten zwei Jahrhunderte kein Wiederaufbau mehr versucht. Seit dem Ende des 19. Jahrhunderts vorgenommene Instandsetzungsarbeiten und der Umbau zu einer Höhengaststätte 1954 haben auf den überlieferten Baubestand keine Rücksicht genommen.

Auf einem Vorsprung des Blätterbergs, mit einer Höhe von 550 Metern

Blick von Südwesten auf die Schildmauer, 2005

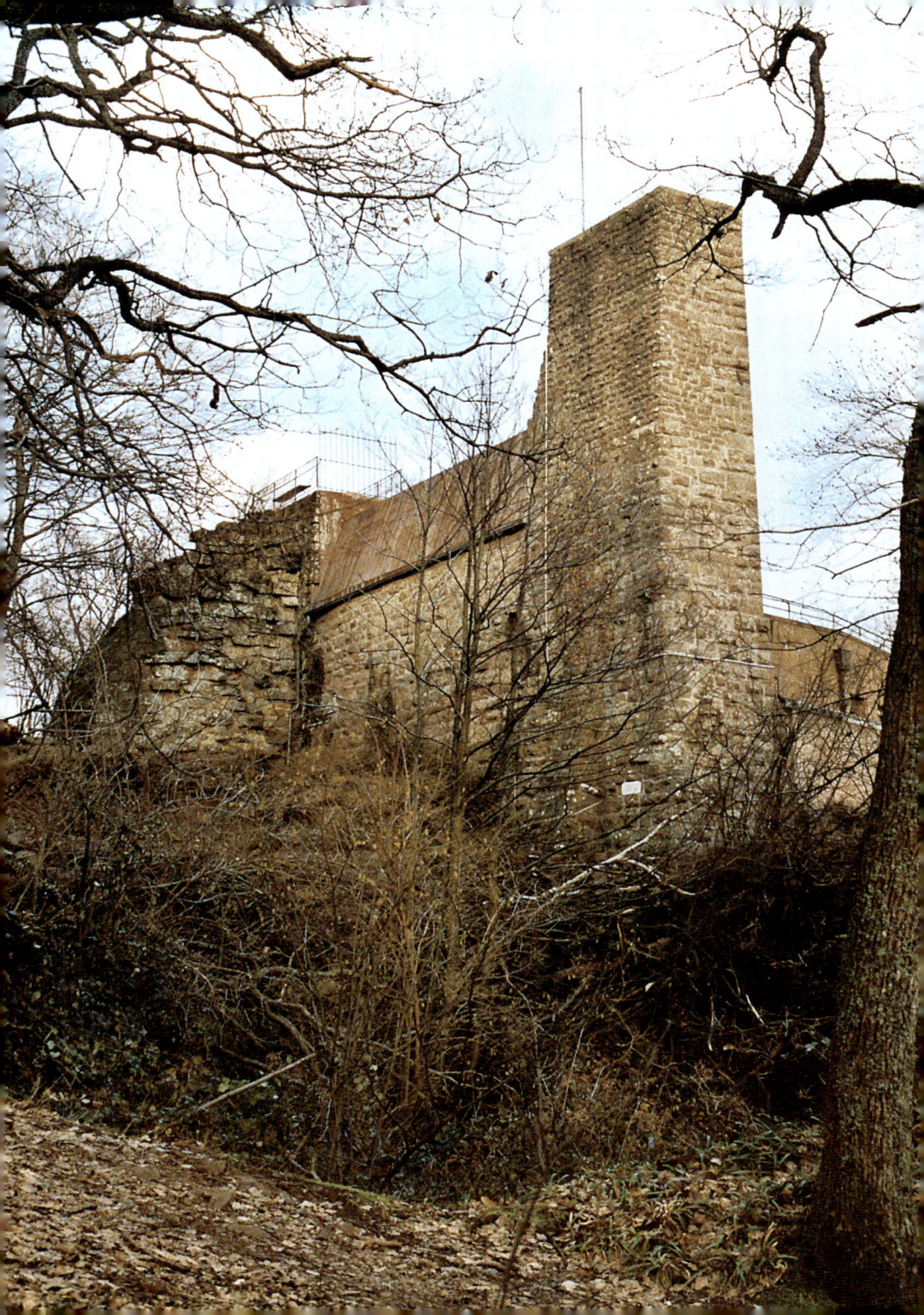

ungewöhnlich hoch gelegen, bietet die Burg an drei steil abfallenden Seiten einen freien, sehr lohnenswerten Blick in die Rheinebene. Ein in zwei Zonen in den Fels geschlagener Halsgraben trennt heute wie ehedem das Burggelände vom ansteigenden Berg. Mit der heute noch 14 Meter hohen Schildmauer, hinter der sich einst die gesamte Kernanlage verbarg, entspricht der Plan der Rietburg ganz dem Bauprinzip einer stauferzeitlichen Burg des frühen 13. Jahrhunderts. Große Teile

Eingangssituation von Südwesten, 1928

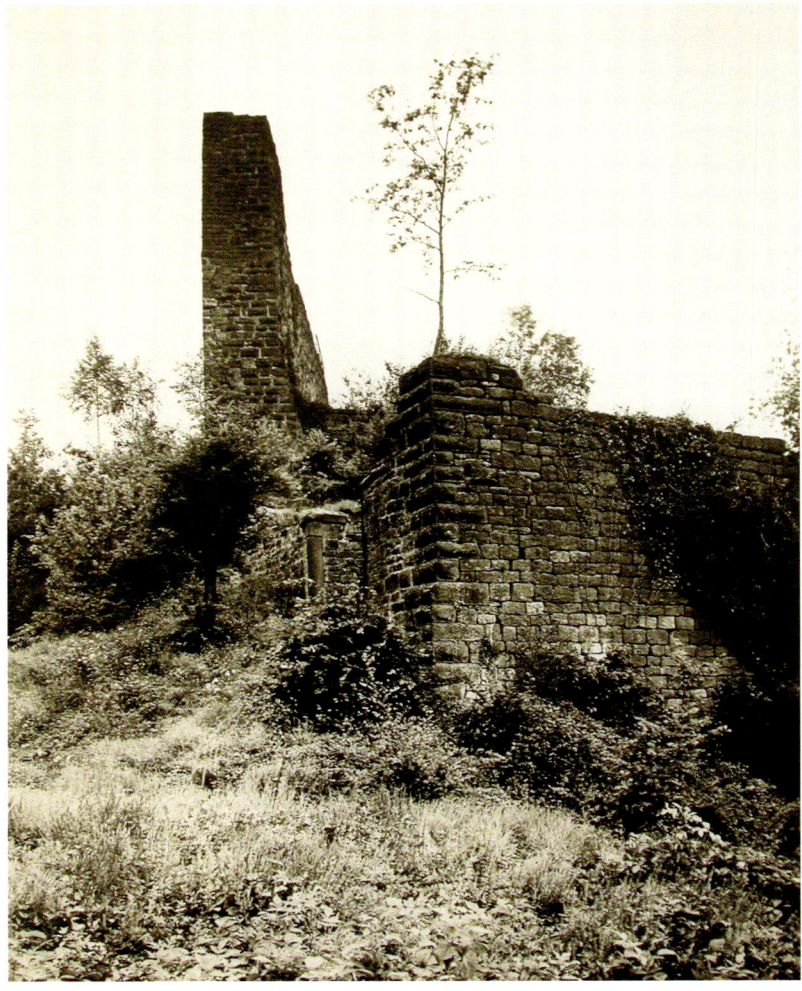

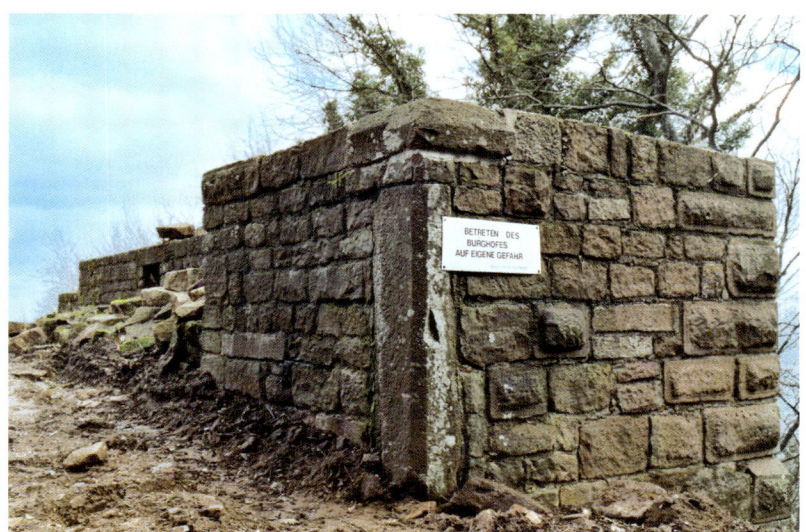
Torpfosten der Unterburg in restauriertem Steinverband, 2005

der Oberburg sind jedoch unter dem neuen Gaststättengebäude und der Freiterrasse verschwunden, darunter auch eine Zisterne. Lediglich der ursprüngliche Eingangsbereich in die Oberburg – der heutige Zugang erfolgt von der Bergstation der Sesselbahn aus – lässt mit einer Rampe zum inneren Tor und dem dahinter gelegenen kleinen Hof Vermutungen über die frühere Einteilung der Oberburg zu.

Am besten erhalten hat sich die mit sorgfältig ausgeführten Buckelquadern verkleidete Schildmauer. Sie lässt sich auf einer die historischen Vorgaben missachtenden modernen Treppe an der nachträglich abgeschrägten Nordkante ersteigen und wird zudem durch eine von der Plattform tief herabhängende Blechverkleidung verunstaltet.

Unterhalb ihres Südendes befinden sich die Überreste des ersten Burgtores, zu dem über den südlichen Abschnitt des Halsgrabens ursprünglich eine Zugbrücke führte. Von diesem Tor haben sich noch die beiden Torpfosten (davon der eine noch am Platz) erhalten, vom eigentlichen Torgebäude auf der einen Seite Mauerwerk mit sorgfältig gesetzten, glatten Quadern, auf der anderen Seite Buckelquader. Die weitläufige, leer geräumte Unterburg zeigt ausschließlich die Überbleibsel der umlaufenden Ringmauer, die in den 70er und späten 80er Jahren des 20. Jahrhunderts ergänzt und überformt worden sind.

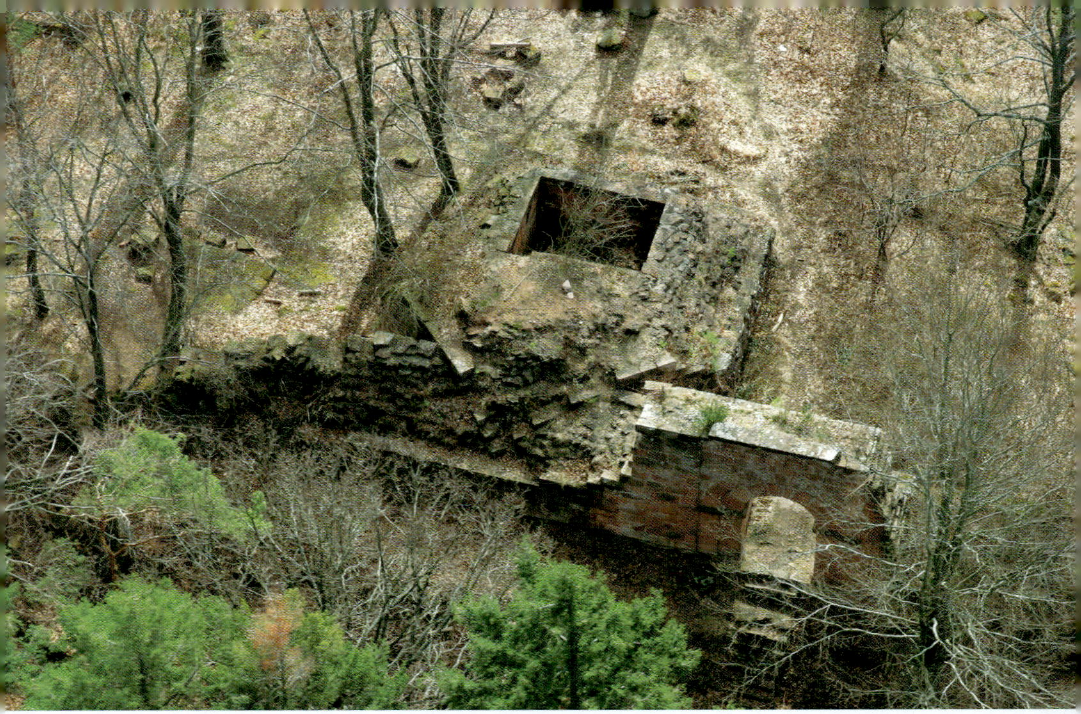

Luftaufnahme von Nordwesten, 2004

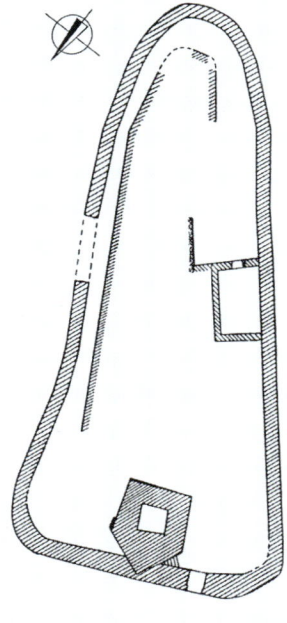

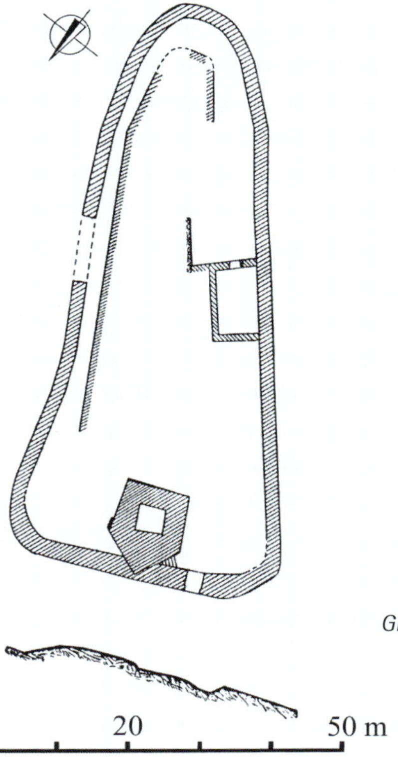

Grundriss, vor 1938

Burg „Schlosseck"

Die auf einem steil abfallenden Vorsprung des Rahnfelsens gelegene, wenig besuchte Burgruine mit dem im 19. Jahrhundert erfundenen Namen „Schlosseck" scheint ähnlich wie das „Schlössel" bei Klingenmünster in eine ältere Ringwallanlage aus ottonischer Zeit, möglicherweise aus dem 10. Jahrhundert, hineingebaut worden zu sein. Ebenso unbekannt wie der ursprüngliche Burgname sind Gründung und Geschichte der relativ kleinen Wohn- und Wehranlage, über die in der Tat vor dem 19. Jahrhundert nicht eine einzige relevante Schriftquelle beizubringen ist. Alle bisher dahingehend angestellten Vermutungen sind deswegen reine Spekulation. Der Baubestand könnte vermuten lassen, dass „Schlosseck" schon früh zerstört oder aufgegeben wurde und später als Steinbruch diente. Erst 1879 entdeckte Christian Mehlis die bis dahin unbekannte Burgruine und unternahm archäologische Untersuchungen, in deren Verlauf 1880–1884 umfangreiche Ausgrabungen vorgenommen wurden. Ein gutes Jahrhundert später, 1987/88, folgten erneute Sanierungsarbeiten an den Umfassungsmauern, worauf eine auf 1988 datierte Inschrift am Bergfried hinweist.

Die zuerst vorhandene Fliehburg umfasste die Bergnase in einem lang gezogenen Oval und wurde mit Ausnahme der dem Berg zugewandten Seite von der nachfolgenden Burg übernommen. Dem damals noch vorhandenen, aus einer Trockenmauer bestehenden Schutzwall setzte man die neue Ringmauer als Böschungsmauer vor. Die Burg selbst ist mit großer Wahrscheinlichkeit in einem Zug erbaut worden, wofür ihr einheitliches Erscheinungsbild spricht, auch wenn die Ringmauer Steinlagen unterschiedlicher Bearbeitung erkennen lässt. Die gedrungene, häufig dem Quadrat angenäherte Form der Buckelquader weist in die zweite Hälfte des 12. Jahrhunderts. Die Mauern zeichnet sorgfältige Steinsetzung in durchlaufendem, schmalen Fugenschnitt aus.

Der an die Angriffsseite gestellte Bergfried und die hinter einem tiefen Halsgraben aufgeführte Schildmauer zeigen, dass mit „Schlosseck" schon recht früh ein Baukonzept verwirklicht worden ist, welches wenig später häufig bei den Burgen der rheinischen Pfalz vorzufinden ist. Als bahnbrechend kann der fünfeckige Turm von „Schlosseck" bezeichnet werden, dessen Form bis dahin kaum aufgetreten war und lediglich im Bergfried von Hohenecken eine Entsprechung findet, wobei nicht klar ist, ob beide Türme zeitgleich erbaut worden sind.

Zu Beginn der Ausgrabungen durch Christian Mehlis war der Burgplatz von Trümmerschutt bedeckt und der Halsgraben mit Steinblöcken verfüllt, wobei eine beträchtliche Anzahl der Quader zum Bau einer Papiermühle ins Tal gebracht worden sein soll. Vom Eingangsbereich standen allein noch die Torgewände in einer Höhe von 1,20 Meter. Nachdem Kämpfer, Rundbögen und Gesimsquader im Schutt des wieder ausgehobenen Grabens entdeckt werden konnten, ließ Mehlis das Tor 1882 wieder aufbauen.

Ähnlich wie bei der Wachtenburg und der Rietburg ist und war es in die Schildmauer mit einbezogen und sitzt seitlich versetzt im durch-

Zeichnung von Julius Naeher, 1887

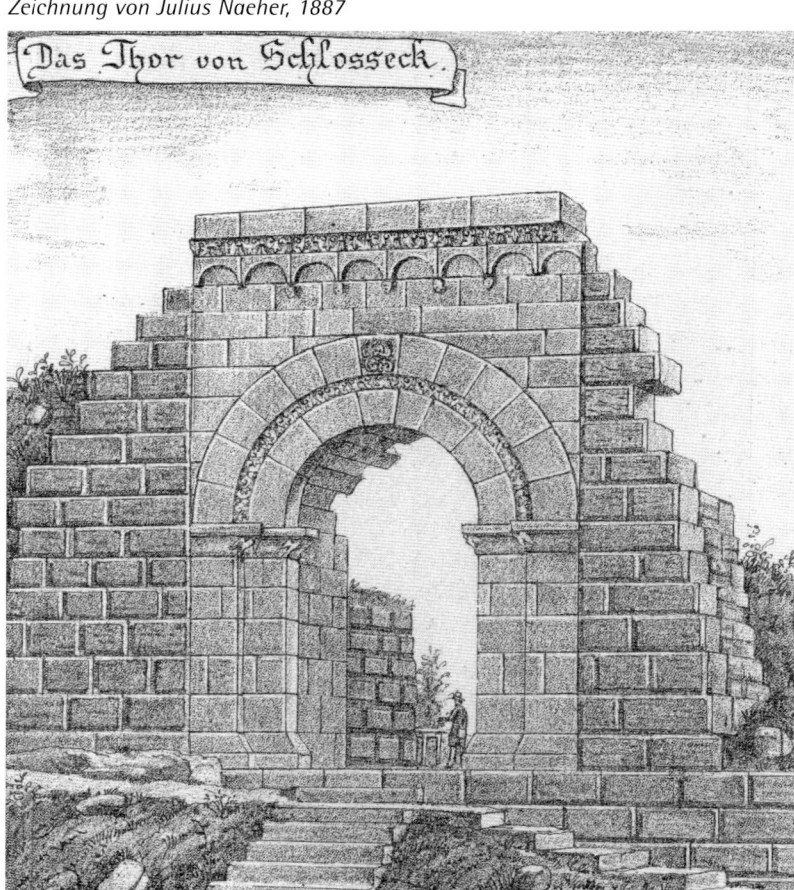

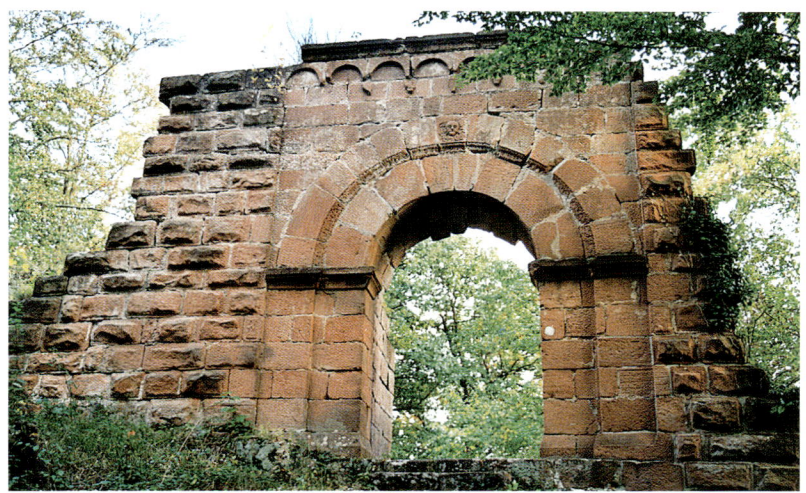

Rekonstruiertes Eingangstor von Norden, 2004

gängig aus Buckelquadern bestehenden Mauerverband. Mit seinen glatten Quadern, den vorkragenden Kämpferplatten und den voneinander abgesetzten Rundbögen, die durch ein reich ornamentiertes, mit Lilien und Akanthusblättern verziertes Band getrennt werden, gehört das Portal zu den schönsten Burgtoren der Pfalz. Der Schlussstein des äußeren Bogens trägt die Kopie eines bärtigen Kopfes, dessen Original sich im Historischen Museum der Pfalz in Speyer befindet. Rätsel aufgegeben haben die beiden Adlerfiguren am linken Kämpferstein, von denen nicht bekannt ist, ob sie den Wappenvogel der Leininger oder den Reichsadler darstellen sollen (der rechte ist eine Nachbildung). Ein Rundbogenfries mit vorspringendem Gesims schließt das Tor ab.

Der fünfeckige, durch Buckelquader verkleidete Bergfried schneidet mit seinem gegen den Graben gerichteten Sporn in die Schildmauer ein. Er stand bereits, als die an den Ecken abgerundete, heute noch vier Steinlagen hoch erhaltene, wuchtige Mauer kurze Zeit später angesetzt wurde. Von den von Schildmauer und Bergfried gedeckten einstigen Gebäuden im Burginnern sind auf einem etwas tiefer gelegenen Burgabschnitt die Umfassungsmauern eines kleinen, rechteckigen Hauses in Geschosshöhe ausgegraben worden.

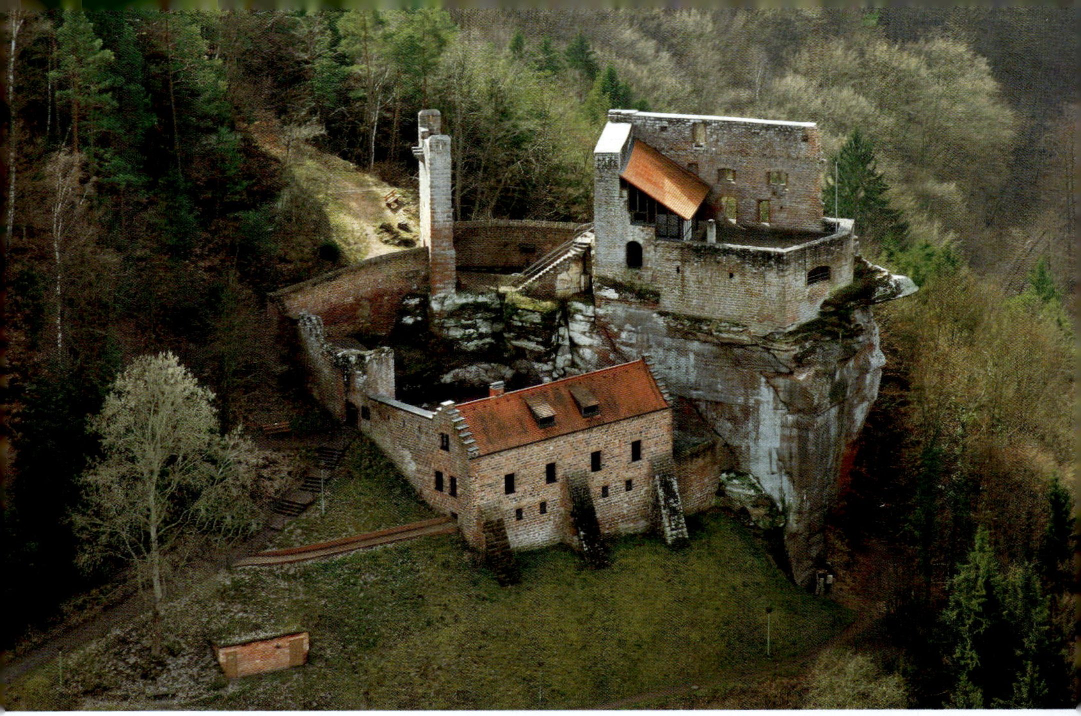

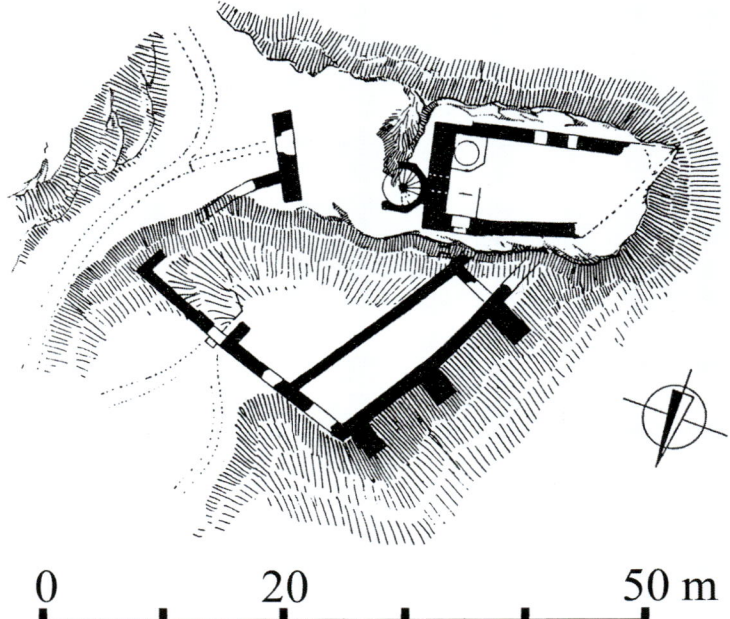

Luftaufnahme von Nordwesten, 2004

Grundriss, vor 1926

Burg Spangenberg

Die oft anzutreffende Annahme, Bischof Johann I. von Speyer habe neben den Burgen Meistersel und Kästenburg sowie dem Ort Deidesheim auch Burg Spangenberg dem Hochstift Speyer hinterlassen, erledigt sich schon allein dadurch, dass in seinem Testament aus dem Jahr 1100 Spangenberg nicht erwähnt wird. Dennoch war die Anlage bei ihrer Ersterwähnung 1317, als Bischof Emich sie dem Ritter Dieter Zoller zum Lehen ausgab, Eigentum des Speyerer Bistums, was 1366 durch Kaiser Karl IV. bestätigt wurde. Unter den in der Folgezeit mit der Burg belehnten Personen fällt besonders der Speyerer Jude Kaufmann auf, der 1385 von Erzbischof Adolf von Mainz – dieser betrachtete sich noch als Prokurator seines früheren Bistums Speyer – für sechs Jahre mit Burg, Einkünften, aber auch der Sorge um die bauliche Unterhaltung begabt worden war.

Schon im 15. Jahrhundert verlor sich die militärische Bedeutung Spangenbergs so sehr, dass 1464 nur noch eine Hakenbüchse, drei Handbüchsen, zwei Armbruste, eine (Armbrust-)Winde und „drei Bettlein ohne Zubehör" als Inventar erwähnt werden. Während der Auseinandersetzungen Pfalzgraf Friedrichs I. offensichtlich in Mitleidenschaft gezogen und noch zehn Jahre später unbewohnt, wurde die Anlage wiederhergestellt und seit 1505 als Sitz eines bischöflichen Gestüts umgenutzt, das unter der Verwaltung von „Stutmeistern" (bis 1604 nachgewiesen) stand.

Im Verlauf des Dreißigjährigen Krieges zerstörten 1621 Mansfeldische Truppen Burg und Gestüt, die endgültig 1688 während des Pfälzischen Erbfolgekrieges untergingen. Erst in den 1920er Jahren wurde mit Sicherungsarbeiten an der baufälligen Ruine begonnen. Verschiedene und teilweise mit politischer Ambition verfolgte Pläne eines Wiederaufbaus in den 30er Jahren gelangten glücklicherweise nicht zur Ausführung. Nach Gründung eines Burgvereins 1971 vorgenommene, umfangreiche Sanierungs- und Wiederaufbaumaßnahmen, darunter der Neubau der Burgschänke 1979/80, haben das Erscheinungsbild der Burg nur unwesentlich beeinträchtigt.

Trotz ihrer relativ geringen Größe findet Burg Spangenberg, was die Kühnheit der Architektur betrifft, in der Pfalz kaum eine Entsprechung. Auf einem nach drei Seiten schroff abstürzenden, fast frei stehenden Felsmassiv ähnelt sie, in 150 Metern Höhe den Talgrund beherrschend, den kühnen Felsenburgen im nördlichen Elsass.

Die Anlage zeigt alle Merkmale einer relativ spät erbauten Burg, erkennbar an der gezielten Ausnutzung des zur Verfügung stehenden, in mehrere Terrassen gestaffelten Geländes, wobei außer dem Felsen auch der steile Berghang vereinnahmt wurde. Neben dem Verzicht auf einen Bergfried und einem recht engen Bering weisen auch bauliche Details auf eine Entstehungszeit frühestens am Ende des 13. Jahrhunderts oder sogar erst in der ersten Hälfte des 14. Jahrhunderts: Spitzbogenfenster, unregelmäßige Steinlagen,

Sepiazeichnung von Peter Gayer, vor 1836

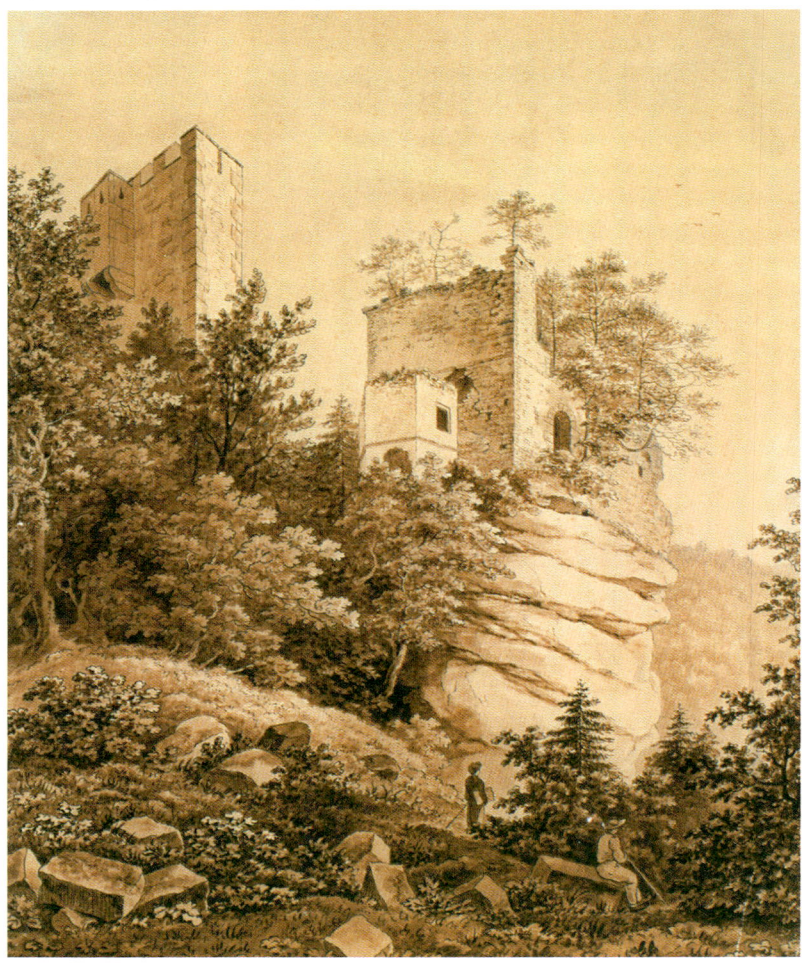

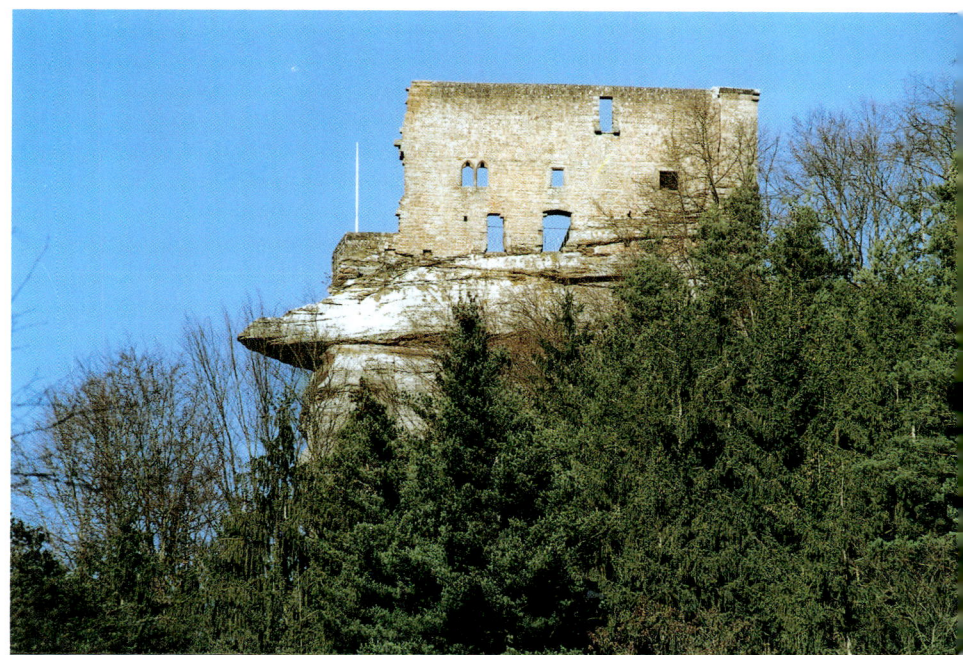

Ansicht des Oberburgfelsens, 2005

geschaffen für verputztes Mauerwerk, und mit Zangenlöchern versehene Buckelquader, die lediglich zur Betonung der Mauerkanten auftreten.

Die Gesamtanlage lässt sich grob in drei Zonen unterteilen: eine sehr enge, terrassierte Unterburg, die den Fels gleichsam als Schild benutzt, zwölf Meter darüber ein schmaler mittlerer Burgteil und nochmals fünf Meter höher auf einer eingeebneten Felsplattform die Oberburg mit dem Ritterhaus als ältestes Bauteil.

Die vermutlich erst um 1500 als Wohnung für die Stutmeister entstandene Unterburg zeigt auf ihrer Nordseite ein mit modernen Bogensteinen ergänztes Tor, über denen Konsolen eines Gusserkers aus dem Mauerverband vorkragen. Einen Burghof im eigentlichen Sinn gab es im unebenen Gelände nicht; von der ursprünglichen Gebäudeaufteilung sind teilweise nur noch Spuren im anstehenden Fels auszumachen. Vermutungen, dass sich links hinter dem Tor ein Turm zur Sicherung des Aufgangs zur Oberburg befunden habe, erscheinen wegen der späten Entstehung der Unterburg kaum

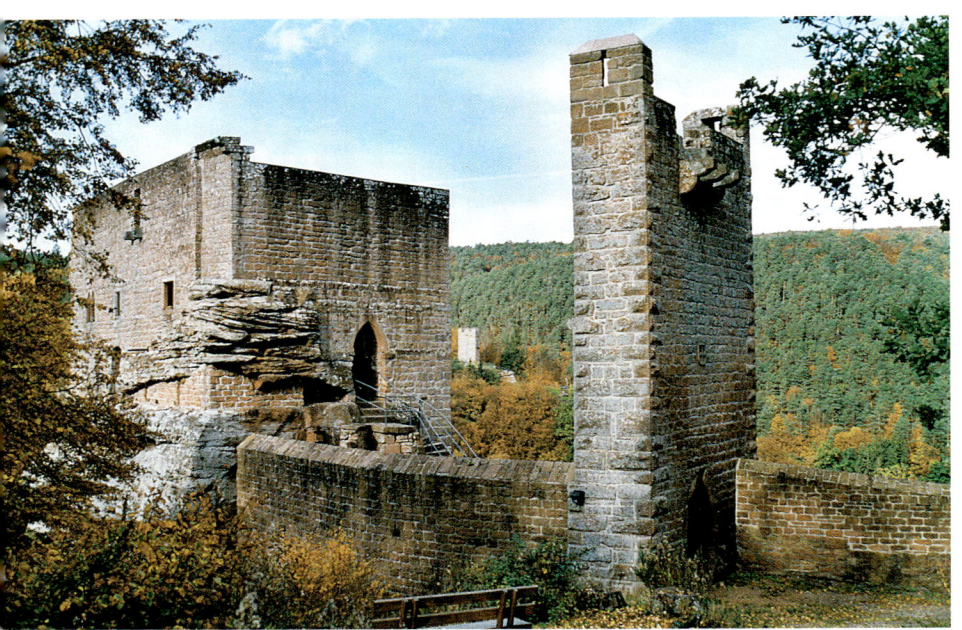

Schildmauer und Wohnbau von Mittel- und Oberburg, 2004

plausibel. Das Gebäude, in dem sich heute die Burgschänke befindet, wurde 1979/80 auf alten Fundamenten erbaut und behutsam der überkommenen Bausubstanz angepasst. Noch original sind die drei Stützpfeiler an der Außenseite des Gebäudes.

Der mittlere, wohl aus dem 14. Jahrhundert stammende Burgteil, zu dem ein eigener Weg führt, stellt eine Erweiterung der oberen Kernburg dar, beschränkte sich jedoch im Wesentlichen auf einen schmalen Hof vor dem Burgfelsen. Für ihre Anlage wurde der ursprüngliche Graben vor dem Felsen verfüllt und eingeebnet und davor gegen den Berghang eine mehr als zehn Meter hohe, fast sieben Meter breite Schildmauer mit Wehrgang und Gusserker erbaut, die eine Mauerstärke von 1,75 Metern aufweist. Sie stand bis Ende der 1960er Jahre völlig frei, ist dann aber im Zuge der Restaurierungsarbeiten wieder in – niedriger ausgeführte – Mauern eingebunden worden. Zunächst ohne jede Öffnung, wurde um 1500, als die fortifikatorische Bedeutung der Burg nicht mehr von Belang war, ein noch original erhaltenes Tor eingesetzt. Auch der beim Bau einer Treppe in den 1920er Jahren fast ganz zerstörte Treppenturm dürfte erst nachträg-

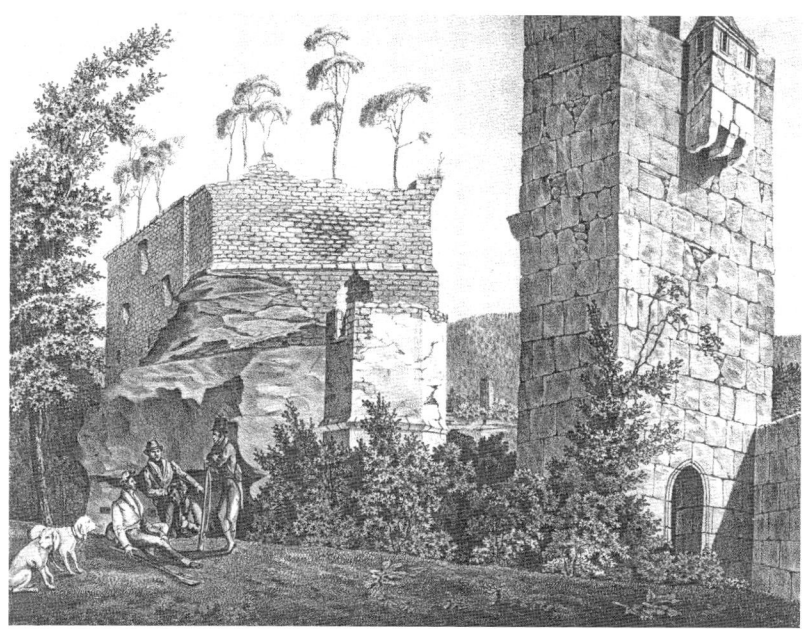

Lithographie, gezeichnet und lithographiert von Karl Knell, o.J. (um 1830)

lich als bequemer Aufgang zur Oberburg in den Hof der Mittelburg gesetzt worden sein.

Der Bereich der Oberburg wird gänzlich von einem lang gestreckten, der Felsform angepassten Wohngebäude dominiert, dessen zur Bergseite angelegte Wand mit doppelter Stärke gleichsam als Schildmauer diente. Darüber hinaus steht vom eigentlichen Wohnbau nur die mit Erkern und mehrfach veränderten Fensteröffnungen durchbrochene Südwand in Höhe von drei Geschossen. Beachtung verdienen neben einem gekuppelten gotischen Fenster mit Sitzbänken weiterhin eine Zisterne mit Schöpfmulde sowie ein Felsenkeller, der für die ehemalige Küche gehalten wird. Eine weitere rundbogige Tür, die nach mehreren Stufen auf einen Felsabsatz führt, markiert den älteren Zugang, als Spangenberg nur aus der heutigen Oberburg bestand.

In geringer Nähe zur Burgruine liegen der so genannte Stutgarten aus dem 16. Jahrhundert mit mächtigen Sandsteinmonolithen als Einfriedungspfosten, ein Steinbruch mit noch unfertigen Steinrohlingen und der Burgbrunnen aus dem Jahre 1579.

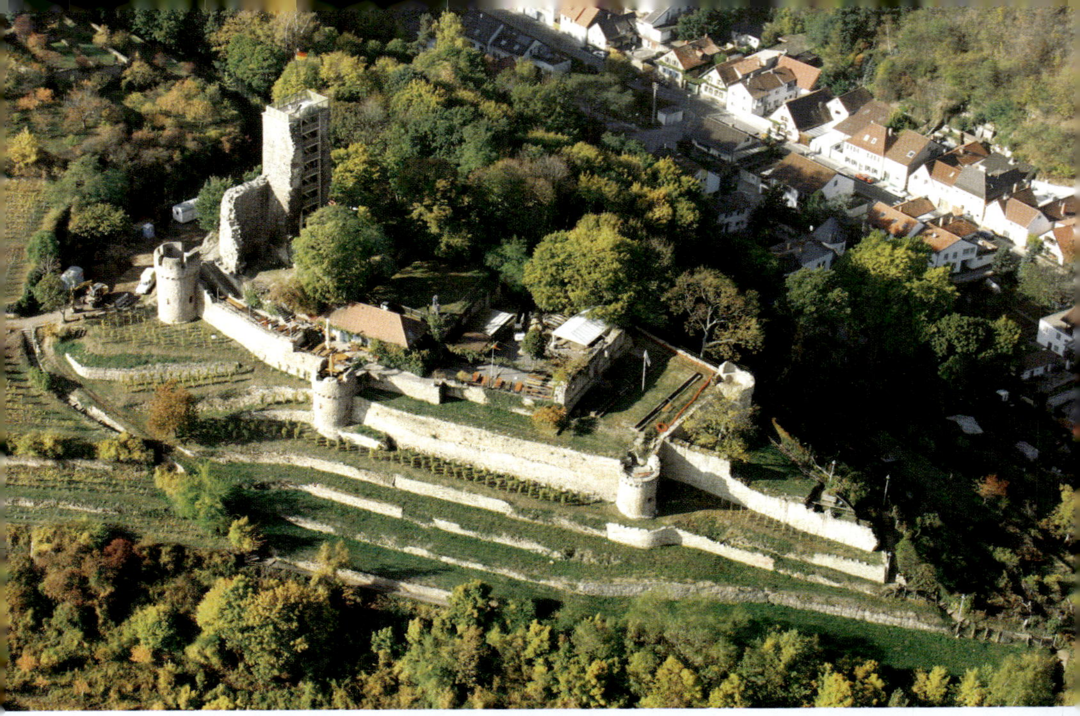

Luftaufnahme von Südosten, 2004

Grundriss, vor 1996

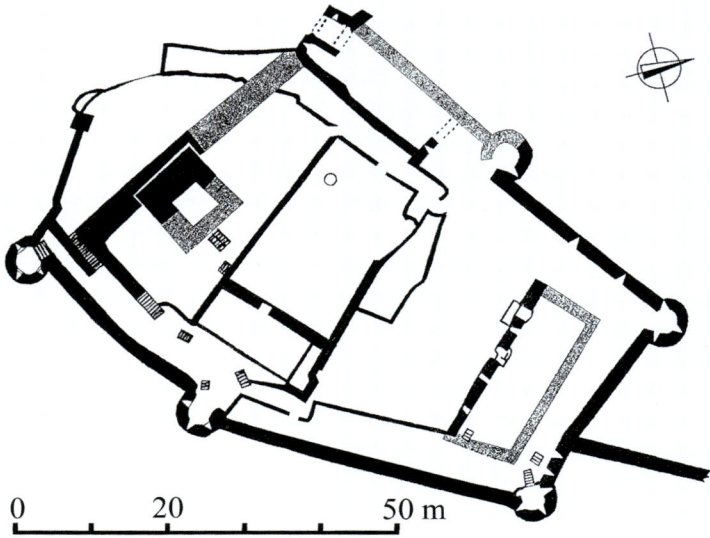

Wachtenburg

Alle bisherigen Versuche, die Geschichte der Wachtenburg, die ursprünglich ebenso wie der Ort schlicht „Wachenheim" genannt wurde, bis in das 12. Jahrhundert zurückverfolgen zu wollen, sind mangels Beweisen abzulehnen. Weder ist nachgewiesen, dass eine Burg von König Konrad III. oder Friedrich I. erbaut worden ist, noch wurden Burg und Ort von Pfalzgraf Konrad von Staufen als Lehen an die Reichsministerialen von Bolanden ausgegeben – tatsächlich handelte es sich nur um ein nicht näher definiertes Lehen in Wachenheim *(beneficium in Wachenheim)*, das im Lehnsbuch Werners II. von Bolanden von 1189/93 als Reichslehen aufgeführt wird.

Trotz dieser fehlgegangenen Spekulationen und Hypothesen handelte es sich bei Wachenheim um eine Reichsburg, wie eine Urkunde des römisch-deutschen Königs Alfons von Kastilien aus dem Jahre 1257 – mithin die Ersterwähnung einer Burg – belegt. In diesem Schriftstück belehnte der Herrscher Bischof Heinrich II. von Speyer neben der Grafschaft Lutramsforst auch mit den Burgen Wachenheim und Kislau, und zwar ausdrücklich nach dem Vorbild gleichartiger Belehnungsakte unter König Heinrich (VII.) (1222–1235/42) und König Wilhelm von Holland (1248–1256). Die also zumindest aus der ersten Hälfte des 13. Jahrhunderts stammende Anlage dürfte von seit 1240 bekannten, gleichnamigen (Reichs-)Ministerialen geschützt worden sein, denen sicher seit 1264 ein Burggraf Heilmann vorangestellt war. 1274 erwarb König Rudolf von Habsburg die wahrscheinlich während des Interregnums von den Reichsministerialen von (Bolanden-)Falkenstein und deren Erben usurpierte Burg für 1100 Mark zurück und verlieh sie seinem Schwiegersohn, dem rheinischen Pfalzgrafen Ludwig II. und dessen Erben. Mit zahlreichen, mit Burglehen versehenen Burgmannen ausgestattet – darunter 1278 Graf Emich V. von Leiningen-Landeck – und mehrfach als Pfandobjekt eingesetzt, blieb die Anlage im kontinuierlichen pfalzgräflichen Lehnsbesitz, der allmählich den Status einer Reichsburg eliminierte.

Nachdem Kaiser Ludwig der Bayer 1341 das Neustädter Stadtrecht und einen Wochenmarkt verliehen und Pfalzgraf Rudolf II. darüber hinaus das Recht zur Befestigung konzediert hatte, erlebte Wachenheim einen unübersehbaren Aufschwung. 1357 wird erstmals eine *nidern burg* erwähnt, was auf eine bauliche Differenzierung der Befestigungsanlage schließen lässt. 1410 an die Linie Pfalz-Zweibrü-

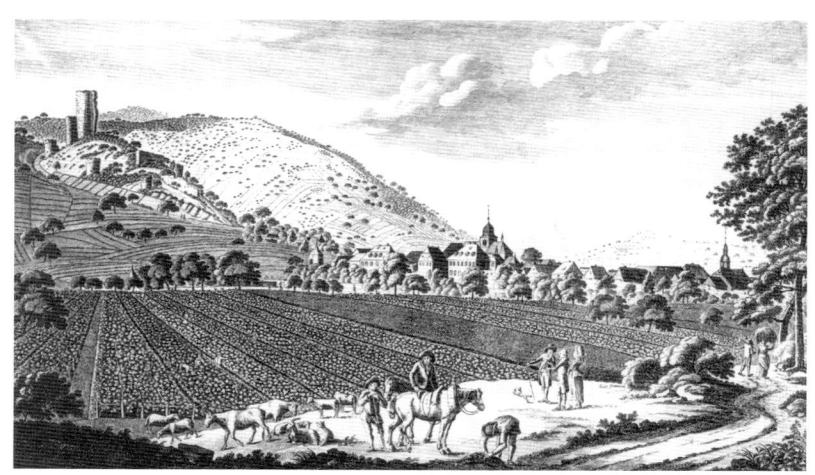

Kupferstich, gezeichnet und gestochen von Jacob Rieger, 1791

cken gefallen, wurde die Burg 1470 von den Truppen Pfalzgraf Friedrichs I. belagert, beschossen und nach einem zwischenzeitlichen Abzug ein Jahr später ausgebrannt und entfestigt.

Wohl nur notdürftig in Stand gesetzt, ist schwer auszumachen, ob die beschädigte Anlage bei den Ereignissen um Wachenheim während des Bauernkrieges 1525 in Mitleidenschaft gezogen worden ist. Für die endgültige Zerstörung sorgten französische Truppen während des Pfälzischen Erbfolgekrieges im September 1689. Über verschiedene Besitzer, darunter für ein gutes Jahrhundert die Familie von Geiersberg, nach der die Burg im 19. Jahrhundert auch „Geiersburg" genannt wurde, gelangte die Ruine 1984 als Schenkung an die Stadt Wachenheim. Seitdem auf Veranlassung eines Förderkreises unternommene Sicherungs- und Sanierungsmaßnahmen haben der bedeutenden und umfangreichen Befestigungsanlage viel von ihrer ehemaligen Wirkung zurückgegeben.

Die Kernanlage der Wachtenburg wird gegen die einzig gefährdete Bergseite durch einen künstlich in den Felsen eingeschnittenen Halsgraben mit dahinter liegender Schildmauer geschützt. Die noch vorhandenen Bauteile scheinen in der zweiten Hälfte des 12. Jahrhunderts oder etwas später entstanden zu sein. An der Nordkante der Schildmauer haben sich Reste eines Torbaus erhalten, die mit sorgfältig geglätteten, großen Quadern und abgeschrägtem Sockel verblüffend denen des Torturms der salierzeitlichen Burg „Schlössel" bei

Klingenmünster ähneln, wobei es sich vielleicht um Überreste einer Vorgängeranlage handeln könnte. Später befand sich an dieser Stelle der über eine Zugbrücke führende Zugang zur stauferzeitlichen Burg, wobei das Tor in die Schildmauer mit übernommen wurde. An den drei Lagen erhaltener Buckelquaderverkleidung der Schildmauer ist deutlich eine Baufuge zu erkennen.

Diese drei Meter dicke, ehemals komplett mit Buckelquadern verkleidete und mutmaßlich in einem Wehrgang abschließende Schildmauer reicht etwa bis zur halben Höhe des Bergfrieds, der in sie hineinfasst. An ihrer Südwestkante abknickend, verlief sie einst nach Art einer Mantelmauer auf der südlichen Längsseite der Burg weiter (ähnlich Landeck bei Klingenmünster). Das bis Ende der 1960er Jahre fast nur noch aus Füllmaterial bestehende, stark zerklüftete Mauerwerk konnte nach einem missglückten Stabilisierungsversuch einer Torkretierung mit Spritzbeton inzwischen mittels Vermauerung von kleinen Bruchsteinen auf denkmalgerechtere Art und Weise gesichert werden.

Teilrestaurierte Halbschalentürme im Südteil der Ringmauer, 2004

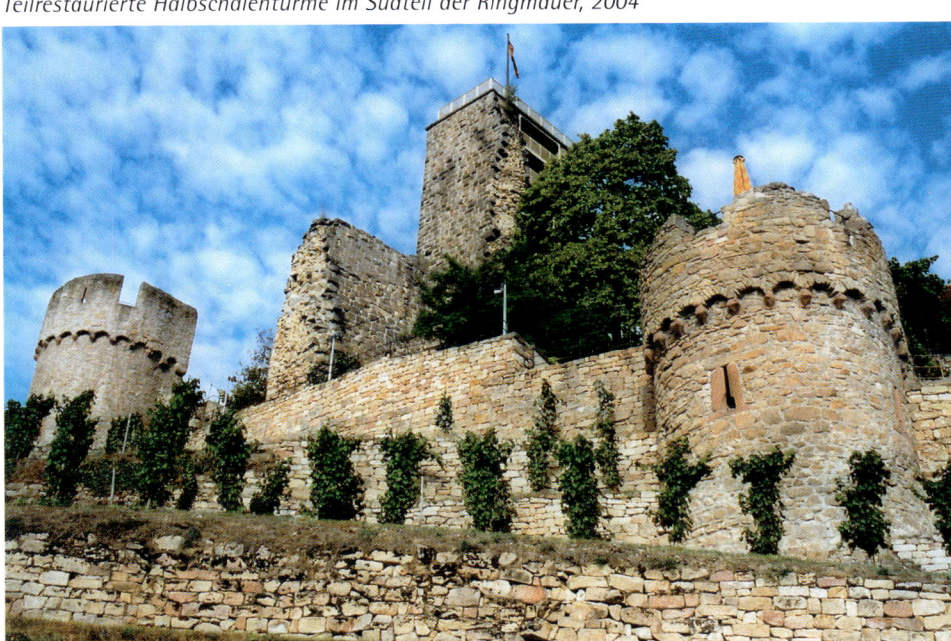

Der etwa neun Meter im Quadrat messende Bergfried zeigt in seinem erhaltenen Mauerbestand auf den Außenseiten durchgängig eine Buckelquaderverkleidung ohne jede Öffnung. 1689 wurde er zur Hälfte weggesprengt, steht aber noch in voller Höhe. Durch eine in das Turminnere verlegte Eisentreppe kann die wieder hergestellte Plattform erstiegen werden.

Das Terrain der Kernburg erstreckt sich hangabwärts über drei Terrassen. Von den hochmittelalterlichen Gebäuden sind kaum noch Baureste vorhanden, zumal ein nicht unerheblicher Teil des Burggeländes heute von der Burgschänke und anderen modernen Räumen eingenommen wird. Lediglich die teilrestaurierte Wand eines Wohnbaus hat sich als östlicher Abschluss der Kernburg in Geschosshöhe erhalten.

Blick vom nordwestlichen zum nördlichen Ringmauerturm, 2004

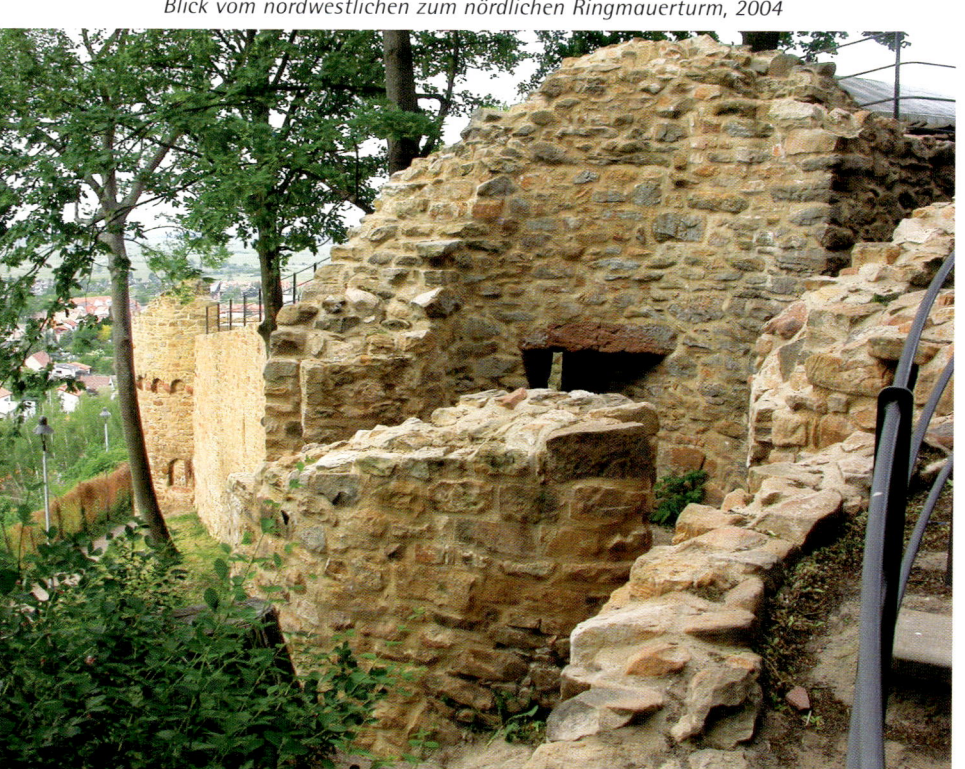

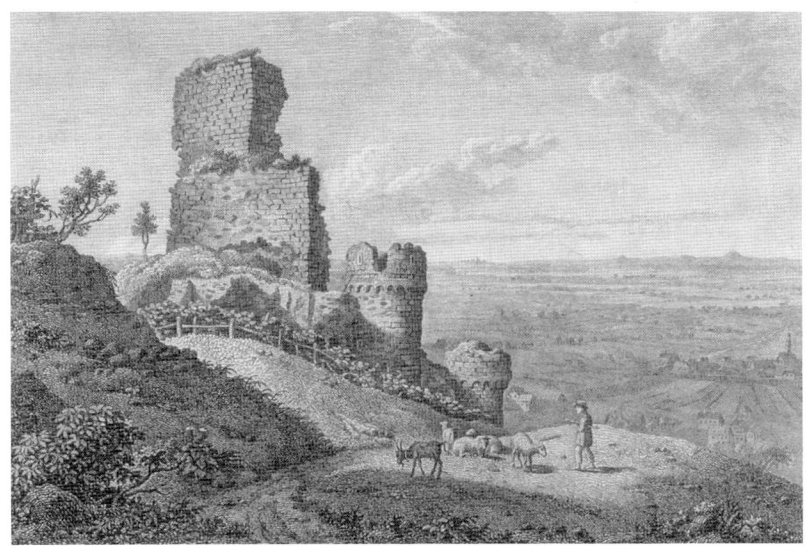

Kupferstich, gezeichnet und gestochen von Jakob W. Ch. Roux, vor 1824

Von unterschiedlichem Bauzustand und teilweise wieder bis zum Dachansatz aufgemauert, zeigen sich die fünf Schalentürme der äußeren Ringmauer. Ihren auf Konsolen vorkragenden Wehrgängen und den Schlüssellochscharten nach zu urteilen, scheint diese Zwingeranlage frühestens in der ersten Hälfte des 15. Jahrhunderts entstanden zu sein. Gleichzeitig wurde nördlich der Schildmauer die noch heute benutzte Toranlage in Form eines dem Mauerverband vorgesetzten Torturms errichtet, dessen Untergeschoss mit Bogenansätzen – der innere Torbogen ist in jüngerer Zeit wieder ergänzt worden – und einem Balkenauflagestein deutlich zu erkennen ist. Die nach wenigen Metern östlich folgenden Baureste eines zweiten Tores lassen auf einen Torzwinger schließen. Die gesamte Burg besitzt die beträchtlichen Ausmaße von etwa 90 mal 50 Metern.

Die enge Verflechtung von Burg und Stadt Wachenheim vermitteln zwei unterschiedlich gut erhaltene spätmittelalterliche Mauerzüge, die im Westen an das äußere Tor und im Nordosten an die äußere Ringmauer anschließen.

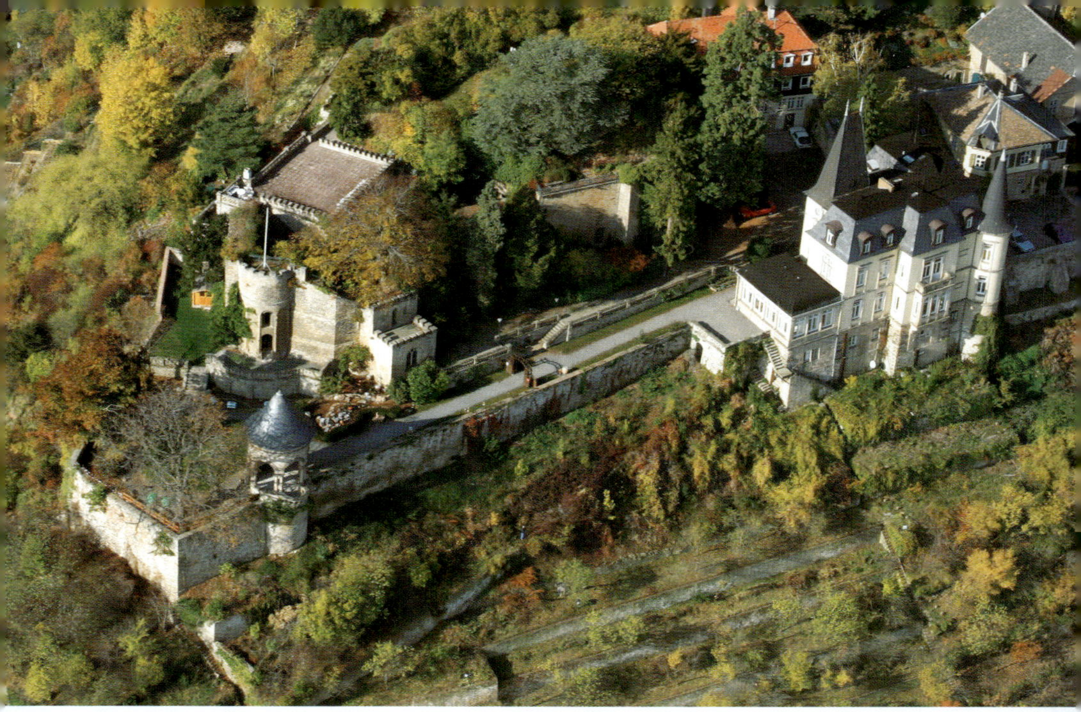

Luftaufnahme von Osten, 2004

Grundriss, vor 1926

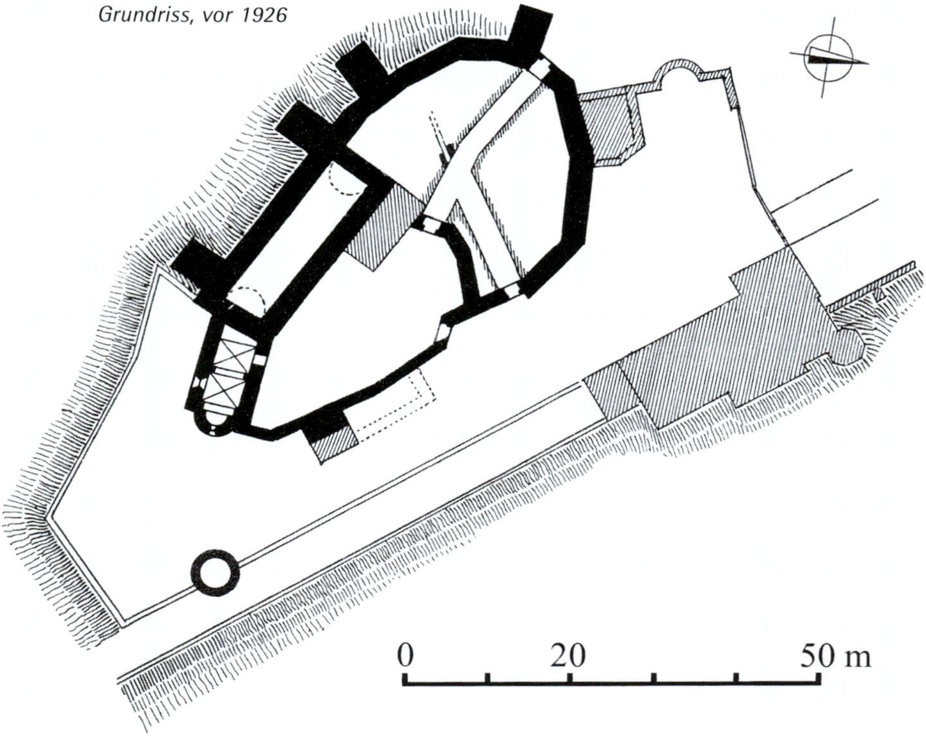

Burg Winzingen (Haardter Schloss)

Inwieweit ein seit 1146 belegter Berthold von Winzingen in Zusammenhang mit Burg Winzingen gebracht werden kann, muss offen bleiben, da er seinen Namen auch vom Ort abgeleitet haben könnte. Mit Sicherheit kann von einer Burg erst 1248 gesprochen werden, als Graf Emich IV. von Leiningen von Pfalzgraf Otto zum Burgmann in *castro ... Winzingen* angenommen wurde. Winzingen verblieb in der Folgezeit ungestörtes Eigentum der Pfalzgrafen bei Rhein, die zweifellos auch als ihre Gründer angesprochen werden dürfen.
1324 übergab Ludwig der Bayer die Anlage an seinen Kanzler Hermann von Lichtenberg mit der Maßgabe, die in schlechtem Zustand befindlichen Gebäude auf eigene Kosten wieder herzurichten. Nach offensichtlich erfolgreichen Baumaßnahmen diente Winzingen Pfalzgraf Rudolf II., dem sie in der pfalzgräflichen Teilung von 1338 zugefallen war, mehrfach als Aufenthaltsort. Noch im selben Jahr bestätigte er den dort erschienenen Neustädter Bürgern ihre Freiheiten und verlieh der Siedlung das Speyerer Stadtrecht.
Im Bauernkrieg 1525 wurde die Burg eingenommen und ausgeplündert, erlitt aber wie auch später im Dreißigjährigen Krieg augenscheinlich keine nennenswerten Schäden. Erst die Beschießung der französischen Besatzung durch hessische Truppen 1696 brachte größere Zerstörungen mit sich, die schließlich dafür sorgten, dass die Ruine aufgegeben wurde. 1843 kam Winzingen, mittlerweile als „Haardter Schloss" bezeichnet, in die engere Auswahl für einen vom bayerischen Kronprinzen Maximilian beabsichtigten Wiederaufbau, unterlag aber letztlich der nahen Kästenburg (Hambacher Schloss). Die Anlage befindet sich heute in Privatbesitz.
Ein undatiertes, um 1610 von einem unbekannten Künstler angefertigtes Ölgemälde zeigt Winzingen in noch einwandfreiem Zustand mit einer Toranlage und einer lang gestreckten Ringmauer nebst Rundturm. Heute ist die ursprüngliche Ausdehnung der Burg angesichts starker Veränderungen kaum noch auszumachen. 1804 in die Hände von vermögenden Privatleuten aus Neustadt gelangt, wurde das gesamte Burgareal sukzessive in eine dem Zeitgeschmack entsprechende Parklandschaft umgestaltet. Die 1876 am Platz des Torgebäudes erbaute Villa von Clemm passt sich mit ihrem historisierenden Baugefüge immerhin durchaus ansprechend dem italienisch anmutenden Bauensemble aus Natur und Architektur an.

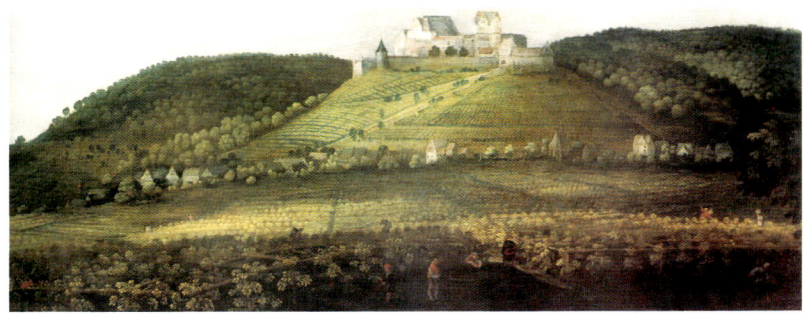

Ölgemälde von N.N. (niederländischer Frankenthaler Meister?), um 1610

Man erreicht zunächst den ehemaligen Hof der im späten Mittelalter angelegten Vorburg, von der kaum noch originales Mauerwerk existiert. Über den Resten eines alten Rundturms errichtet, erhebt sich im Westteil ein aus dem Jahr 1893 stammender Gartenpavillon über der veränderten Ringmauer.

Die Kernburg unterteilt sich in einen jüngeren halbmondförmigen Westteil aus staufischer Zeit, der gegenwärtig im Wesentlichen nur noch die drei Meter starke Ringmauer aufweist, und in einen über ovalpolygonalem Grundriss von etwa 30 auf 40 Metern angelegten älteren Ostteil mit kleinem Hof, Wohnbau und Kapelle aus dem 12. Jahrhundert. An der Stelle, wo sich der ungefähr 12 mal 17 Meter große Wohnbau befunden hat, steht heute über dem aus dem 16. Jahrhundert stammenden tonnengewölbten Keller ein neoromanisches Kelterhaus aus der zweiten Hälfte des 19. Jahrhunderts. Die eigentliche Sehenswürdigkeit der gesamten Burg jedoch stellt die romanische Kapelle St. Nikolaus dar, die mit zwei Jochen und ihrer halbrunden Apsis fast bis zum Gewölbeansatz in neun Metern Höhe erhalten geblieben ist. Die äußere Gliederung der Apsis mit fünf hohen Blendarkaden, Halbsäulen und Würfelkapitellen weist auf eine Entstehungszeit um 1100. Allerdings sind bei späteren Baumaßnahmen die Fenster vergrößert und ein neuer, auf die dahinter liegende Terrasse führender Ausgang errichtet worden.

Über dem spätgotischen inneren Burgtor zeigen sich zwei Wappensteine, deren Zuweisung entgegen der bisherigen Literatur unsicher ist. Eine Jahreszahl fehlt ebenso wie die im 19. Jahrhundert darüber in den Bogen eingelassenen Glasgemälde aus der Neustadter Stiftskirche.

Apsis der Kapelle, 2004

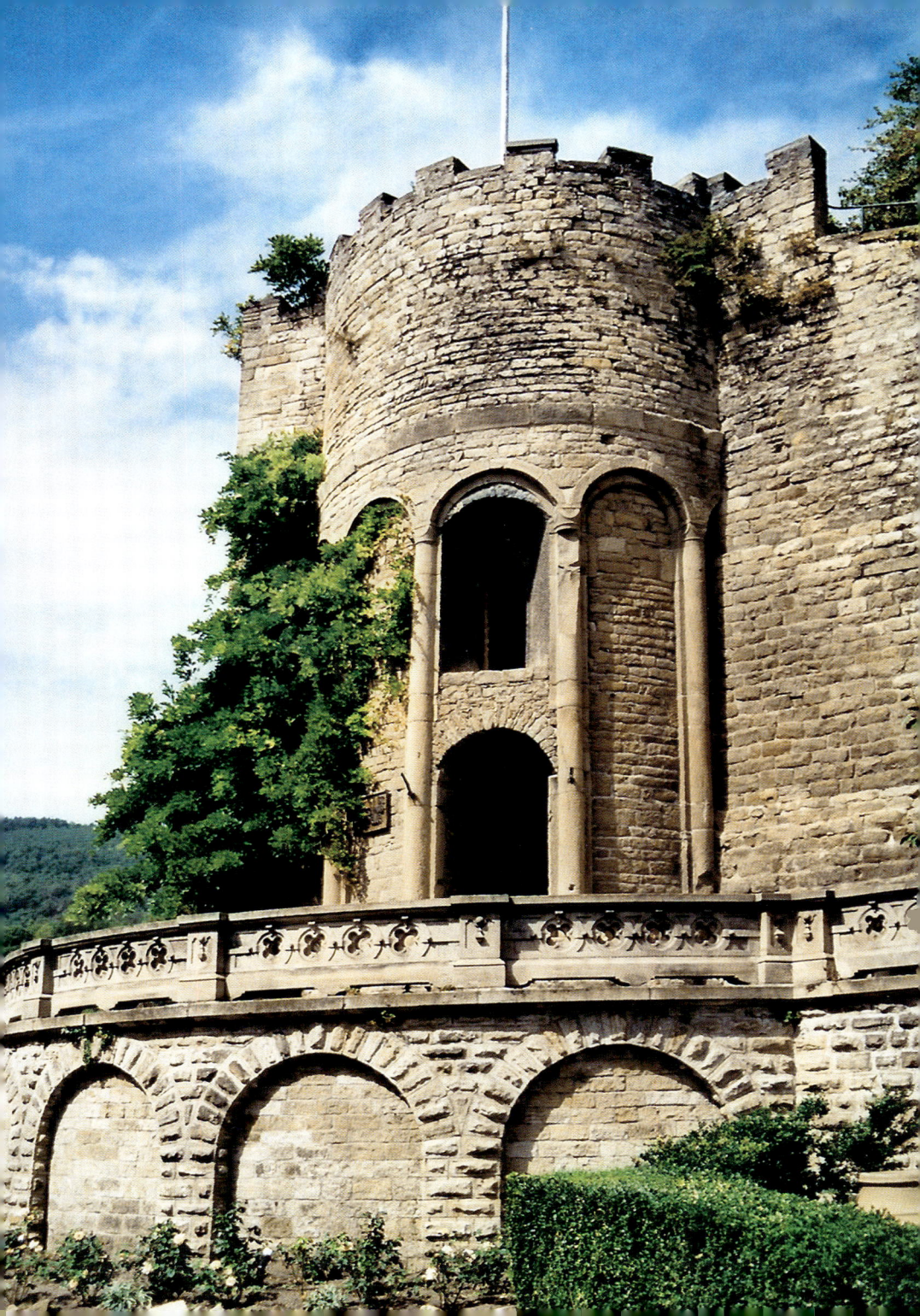

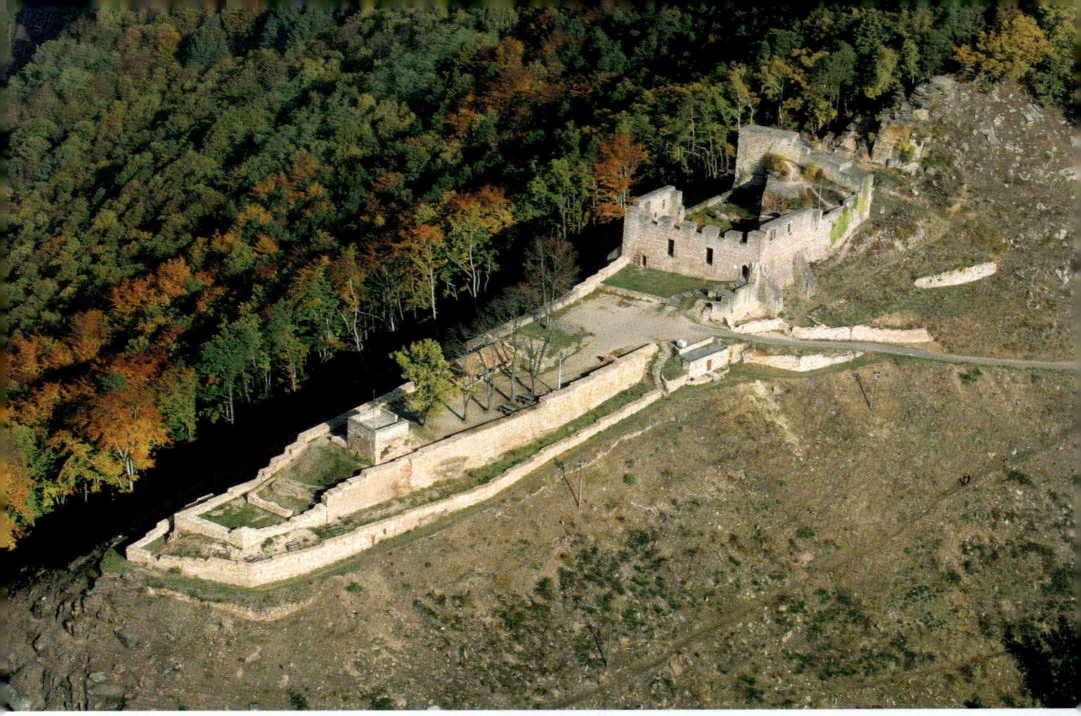

Luftaufnahme von Süden, 2004

Grundriss, 2001

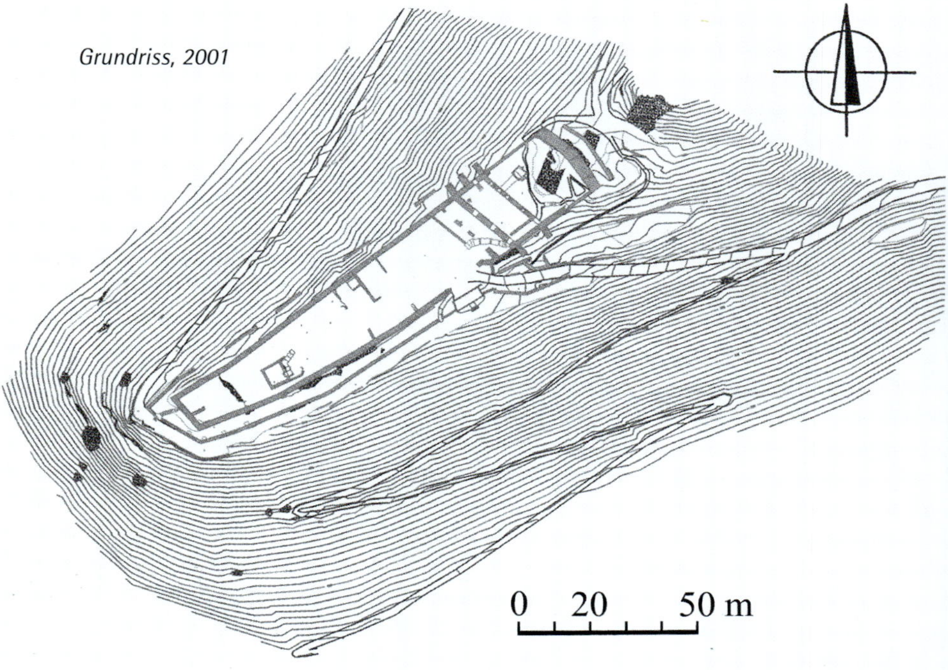

0 20 50 m

Wolfsburg

Die Ersterwähnung einer Wolfsburg findet sich in einer Urkunde des Jahres 1269 – nicht 1255 oder 1259, wie bisher fälschlich angenommen –, in der Albrecht von Lichtenstein bekannte, Burgmann Pfalzgraf Ludwigs II. geworden zu sein und ein Burglehen dafür erhalten zu haben. Berücksichtigt man den Hinweis Albrechts, dass schon sein Vater dieses Burglehen innegehabt hatte, dann wird man eine von den rheinischen Pfalzgrafen gegründete Burg bereits in der ersten Hälfte des 13. Jahrhunderts voraussetzen dürfen. Für eine Datierung noch in das 12. Jahrhundert allerdings, wie es verschiedentlich in jüngster Zeit vermutet worden ist, liegen weder schriftliche noch bauliche Zeugnisse vor.
Nach derzeitigem Forschungsstand scheint die Wolfsburg zusammen mit anderen Gütern schon im ersten Viertel des 14. Jahrhunderts auf nicht näher geklärte Art und Weise an die Bischöfe von Speyer gelangt zu sein. An der Besitzerschaft der Pfalzgrafen, die jene Besitzungen nun als Lehen erhielten (Belehnungen 1359 und 1398), änderte dies faktisch nur wenig, so dass in den innerfamiliären Verträgen von 1329, 1368 und 1378 auch die Wolfsburg wie pfälzisches Eigengut behandelt wurde.
Den im 14. Jahrhundert zum Schutz eingesetzten Burgmannen, unter denen Graf Emich V. von Leiningen-Hardenburg hervorragt (1363), folgten im 15. Jahrhundert kurpfälzische Statthalter. Mehrfach verpfändet und wieder ausgelöst, wurde die Burg, auf der zu Beginn des so genannten Landshuter Krieges 1504 gerade einmal fünf kleine Hakenbüchsen vorhanden waren, während des Bauernkrieges 1525 ebenso wie die nahe Burg Winzingen eingenommen und geplündert. Nachdem sie aber offensichtlich ohne Beschädigungen geblieben war, diente die Anlage zu Beginn des Dreißigjährigen Krieges angeblich der Bevölkerung der umliegenden Orte als Zufluchtsort, bevor sie 1633 von kaiserlichen Truppen zerstört und nicht wieder aufgebaut wurde. Mehrere Freilegungs- und Restaurierungskampagnen seit dem Ende des 19. Jahrhunderts haben den gefährdeten Baubestand zwar gesichert, durch aufwändige und teils wenig geglückte Aufmauerungen und Begradigungen das Erscheinungsbild der Anlage aber nicht unwesentlich verändert.
Die auf einem weit ins Tal vorstoßenden Bergsporn gelegene Burgruine zeigt eine beachtliche Länge von 140 bei nur etwa 30 Metern

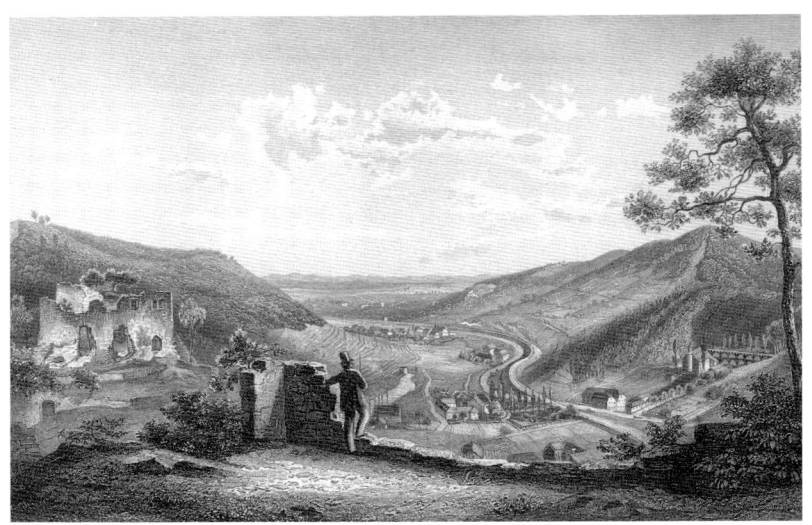

Stahlstich, gezeichnet von Richard Höfle, gestochen von Johann Poppel, vor 1855

Breite. Die Kernburg ist deutlich von der wesentlich umfangreicheren Vorburg getrennt und liegt auf dem höchsten von mehreren Geländeabschnitten. Zur gefährdeten Bergseite schirmt hinter dem Halsgraben eine nach außen abgewinkelte Schildmauer den gesamten Burgbereich gegen möglichen Beschuss ab. Sie besteht aus unterschiedlich großen Buckelquadern mit Zangenlöchern, deren Eindruck jedoch großteils unter Erneuerungen und treppenartigen Aufmauerungen leidet. Unmittelbar an ihren mittleren Bereich stieß wahrscheinlich ein bergfriedartiger Turm, von dem außer auf dem Aufsatzfelsen sichtbaren Fundamentresten nichts erhalten geblieben ist.

Im Schutz von Schildmauer und mutmaßlichem Bergfried öffnet sich ein schmaler Burghof, der nach Südwesten von einem fast parallel zur Schildmauer ausgerichteten rechteckigen Wohnbau abgeriegelt wird. Wie die noch sichtbaren Sohlbänke ehemaliger, jetzt gewändeloser Rechteckfenster belegen, ist dieses früher mindestens zweistöckige, unterteilte Gebäude im Spätmittelalter umgebaut worden. Die moderne zinnenartige Aufmauerung der zur Vorburg gerichteten Längswand täuscht einen Wehrgang vor, wo sich zuvor die Fenster des ersten Obergeschosses befanden. Unter dem Gebäude liegt ein jetzt überwiegend verschütteter Keller, in dem sich schräg nach unten führende Lichtschächte und der restaurierte eingewölbte Zugang erhalten haben.

Die wiederum südwestlich folgende, heute mit Ausnahme eines hochgemauerten, rechteckigen Turmstumpfes leer geräumte Vorburg scheint vergleichsweise jüngeren Ursprungs zu sein. An die Innenseiten der Mauern dürften sich Wirtschaftsgebäude angelehnt haben, worauf auch zwei Keller hinweisen.

Das gesamte Burgareal wird von einem schmalen Zwinger aus dem späten Mittelalter umgeben, dem auffälligerweise die sonst bei Anlagen dieser Art öfter anzutreffenden Flankierungstürme fehlen. Der stark zerstörte erneuerte Zugang, der ehemals durch einen schlauchartigen Torzwinger in die Burg führte, befand sich auf der Nordostseite direkt unterhalb der Kernburg.

Vermauerte Fenster an der Westwand des Wohnbaus, 2004

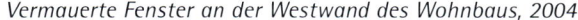

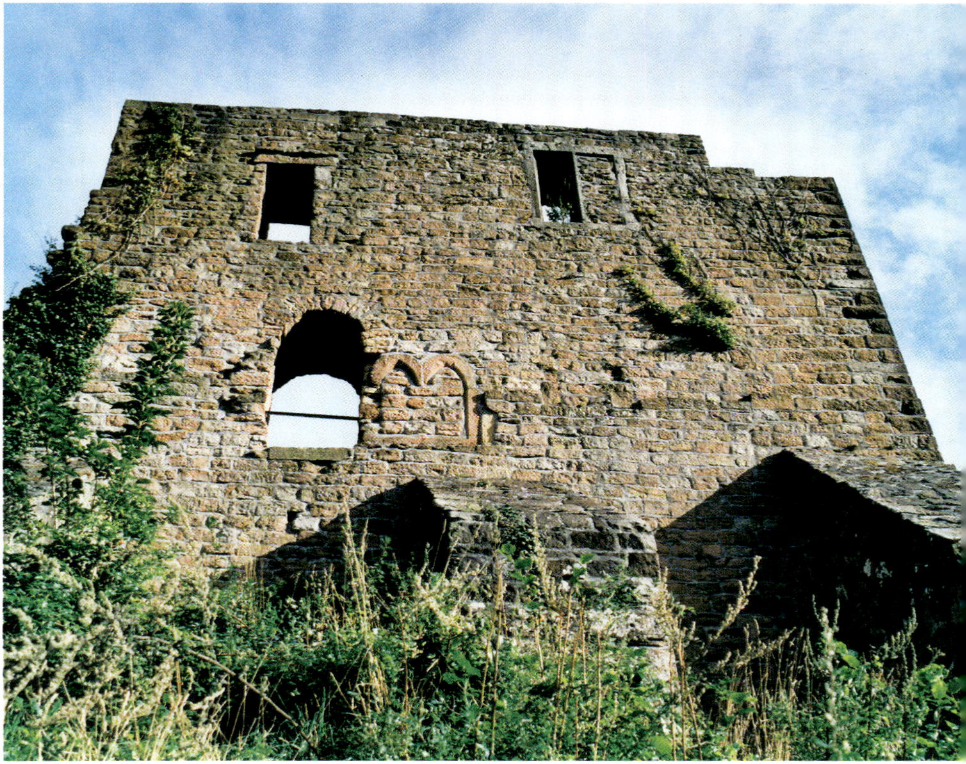

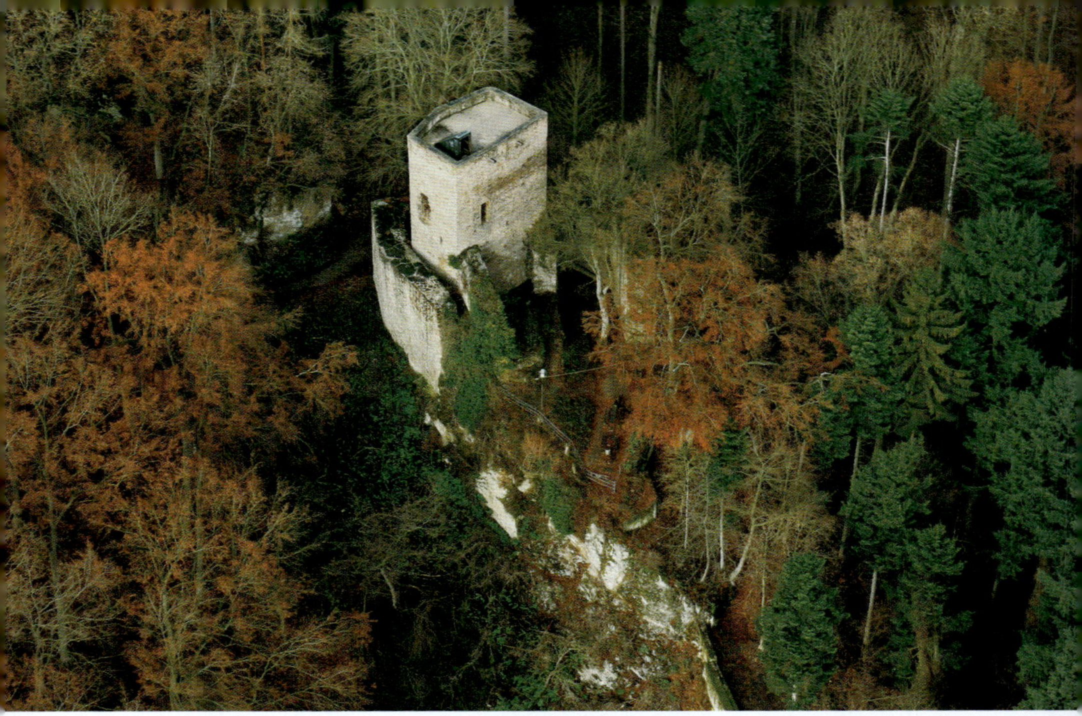

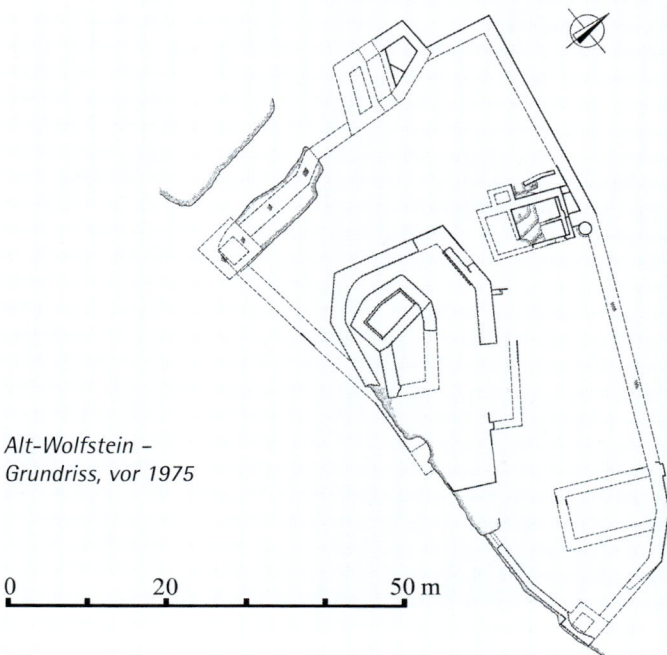

Alt-Wolfstein – Luftaufnahme von Südosten, 2004

Alt-Wolfstein – Grundriss, vor 1975

0   20   50 m

Wolfstein (Alt- und Neuwolfstein)

Die Erforschung und bisherige Literatur über die beiden Wolfsteiner Burgen leidet stark unter Fehldatierungen, Missinterpretationen und nicht zuletzt Wunschdenken. Angesichts der Tatsache, dass in den Schriftquellen im 13./14. Jahrhundert zunächst immer nur von einer „Burg Wolfstein" geschrieben wird, droht theoretisch sogar die Möglichkeit, dass konträr zum – gleichfalls nicht unproblematischen – Baubefund Alt- und Neuwolfstein bisher chronologisch verdreht und daher fehlbezeichnet worden sind. Im Folgenden wird die bisher übliche Benennung beibehalten.

Alt-Wolfstein

Eine Reichsburg Wolfstein *(castrum Woluistein)* wird erstmals 1275 anlässlich der Stadtgründung von Wolfstein durch König Rudolf von Habsburg erwähnt. Die spärlichen Quellen der Folgezeit weisen vordringlich darauf hin, dass die Anlage mehrfach versetzt und verpfändet wurde, so 1312 durch König Heinrich VII. an den Domherren Heinrich von Sponheim, 1323 durch König Ludwig den Bayern an König Johann von Böhmen, 1325 durch diesen an Graf Georg I. von Veldenz und 1332 zusammen mit Kaiserslautern an Erzbischof Balduin von Trier.
Nach der Mitte des 14. Jahrhunderts sahen sich die Burgmannen zunehmend mit dem Vorwurf des Landfriedensbruchs konfrontiert. Ein 1363 nach Auseinandersetzungen mit Bischof Gerhard von Speyer geschlossener Vergleich, in dem acht Burggemeiner aufgeführt werden, hatte nur für gut drei Jahrzehnte Bestand. Nach einer erfolgreichen Belagerung durch pfälzische und lothringische Truppen im Jahr 1400 fiel ein Viertel von Alt-Wolfstein an die pfälzischen Kurfürsten, die innerhalb der nächsten Jahrzehnte den größten Teil der Anlage in ihrer Hand vereinigten.
Im Verlauf des so genannten Landshuter Krieges 1504 gelang es pfalz-zweibrückischen Soldaten, Alt-Wolfstein handstreichartig zu erobern; als Kurfürst Philipp im selben Jahr die Rückeroberung gelang, wurde die Burg endgültig zerstört. Nach dem Erwerb der restlichen Anteile 1509 blieben die pfälzischen Kurfürsten bis zum Ende des 18. Jahrhunderts im vollständigen Besitz der Ruine. Im 19. Jahrhundert als Steinbruch ausgebeutet, erbrachten umfangreiche

Ausgrabungen seit den 1960er Jahren wesentliche neue Erkenntnisse über die ehemalige Ausdehnung des Gesamtkomplexes.

Burg Alt-Wolfstein nimmt eine ausgeprägte Spornlage ein und ist durch einen künstlichen Felseinschnitt vom Berg abgetrennt worden. Beachtliche Baureste zeigt im Gegensatz zum unteren Burgteil nur noch die Kernburg. Die späte urkundliche Erwähnung von 1275 wird durch die Bauformen der gegenwärtigen Burg bestätigt, die, wie die eng um den Turm gelegte Mantelmauer und das Fehlen jeglicher Buckelquader, in spätmittelalterliche Zeit weisen dürften.

Von den Bauten der Kernburg beeindrucken der Bergfried und die zum Mantel ausgebildete Schildmauer. Der fast rechteckige Turm zeigt an der dem Berg zugewandten Seite einen zusätzlichen Knick, der sicherlich die Einschlagskraft eventueller Wurfgeschosse abschwächen sollte, und eine bemerkenswert säuberlich abgerundete Nordwestecke. Ursprünglich lag der Zugang auf halber Höhe; die ebenerdige Öffnung ist ebenso modern wie die oberen Mauerteile mit der Plattform.

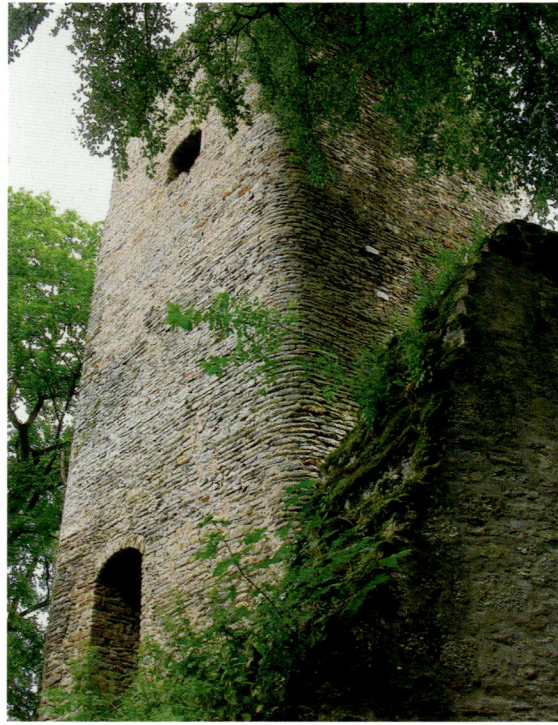

Alt-Wolfstein – Nordseite des Bergfrieds mit abgerundeter Ecke, 2004

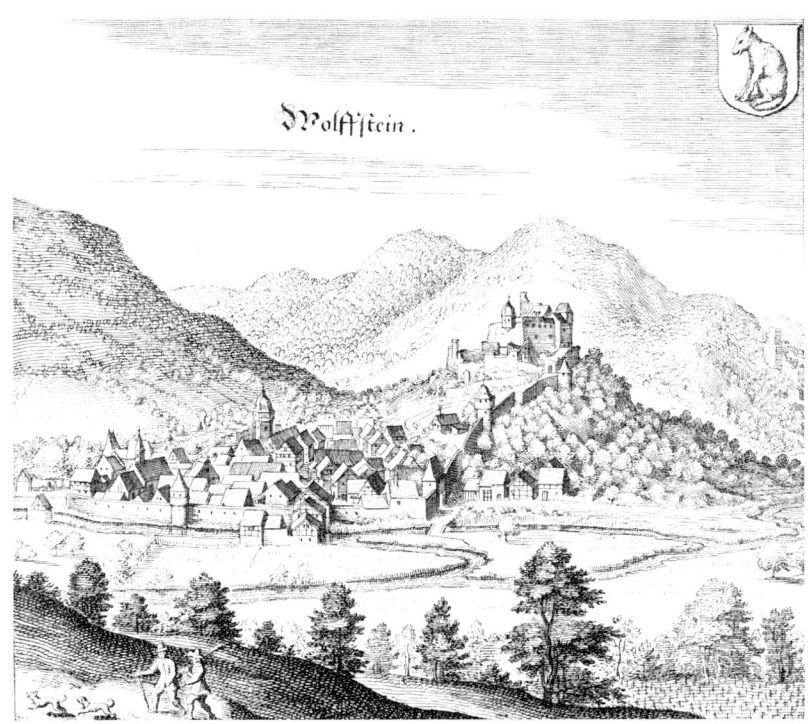

Wolfstein mit Burg Neu-Wolfstein, im Hintergrund rechts Burg Alt-Wolfstein. Kupferstich, gezeichnet von N.N., gestochen von Matthäus Merian d.Ä., vor 1645

In etwa parallel zum Bergfried verläuft die Schildmauer, die ebenfalls eine – stärker ausgeprägte – Kante gegen die Bergseite richtet. Konsolen auf der Innenseite der nordöstlichen Mantelmauer lassen vermuten, dass dort der Zwischenraum zum Turm überbaut gewesen ist. Von weiteren mutmaßlichen Wohngebäuden im engen Burghof der Oberburg haben sich nur Reste der Außenmauern erhalten.

Gleiches gilt für die gesamte, früher umfangreiche Unterburg an der nördlichen Hangseite, welche 1960–1975 durch Grabungen nachgewiesen werden konnte. Ein abknickender Ringmauerrest im Nordosten und niedrige, nur gering aussagekräftige Spuren eines Torbaus am Berghang stammen aus spätmittelalterlicher Zeit. Die jetzt verschwundene Befestigung des Felsstücks am ursprünglichen Halsgraben durch einen Flankierungsturm und einen zweiten Halsgraben war Ende des 18. Jahrhunderts noch vorhanden.

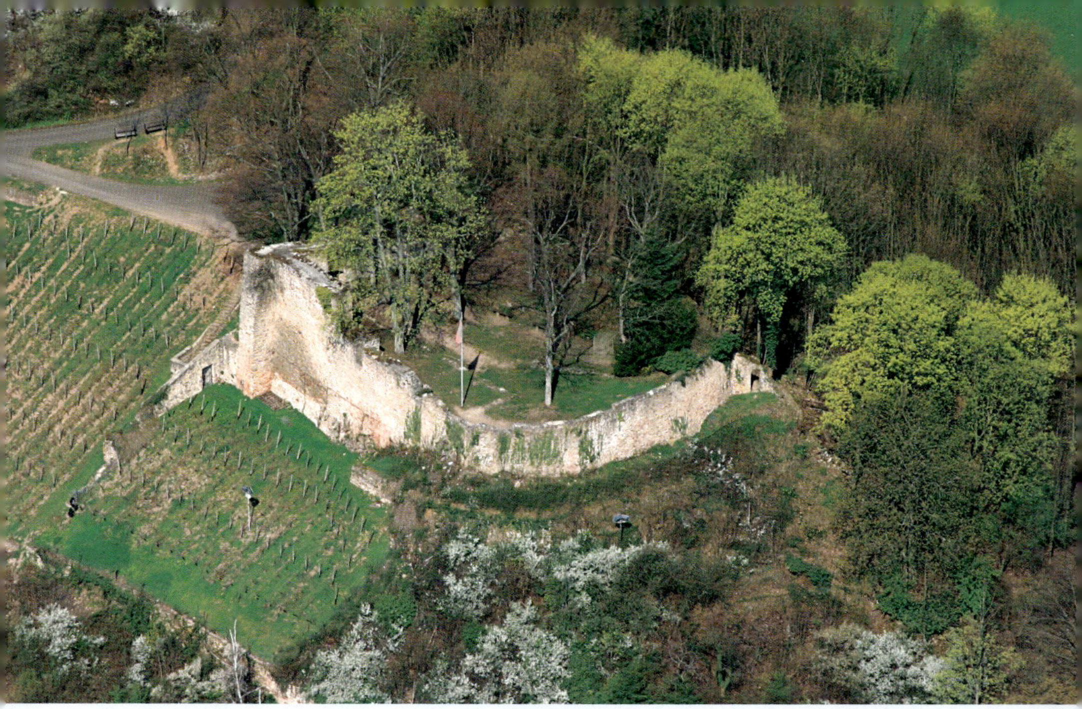

Neu-Wolfstein – Luftaufnahme von Südosten, 2004

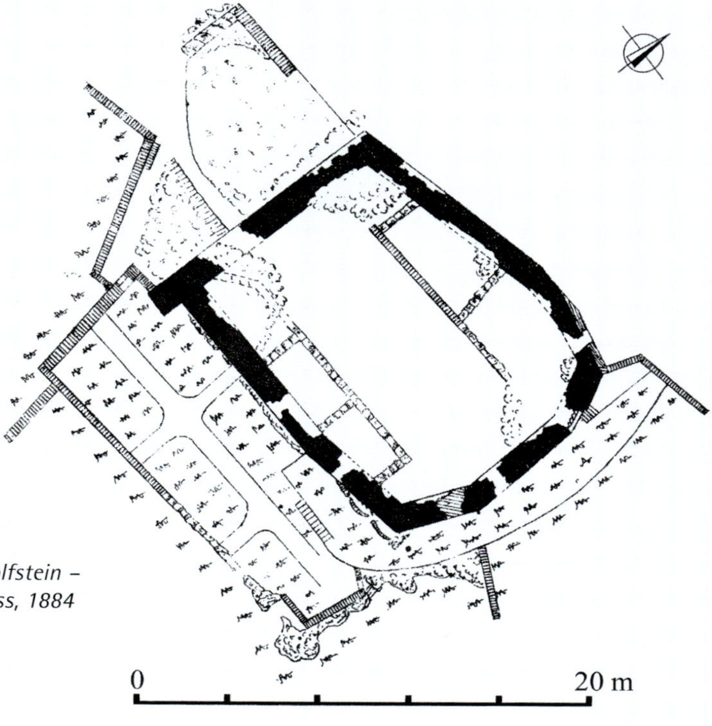

Neu-Wolfstein – Grundriss, 1884

0   20 m

Neu-Wolfstein

Eindeutige Schriftquellen zur Geschichte von Burg Neu-Wolfstein fehlen bis weit in das Spätmittelalter hinein. Aus den Besitzverhältnissen gewonnene Folgerungen deuten darauf hin, dass noch in der ersten Hälfte des 14. Jahrhunderts mit dem Bau einer zweiten Burg begonnen wurde, doch sind die laufenden Untersuchungen noch nicht abgeschlossen.

Spätestens 1328 jedenfalls muss neben der älteren Burg Wolfstein eine zweite Anlage bestanden haben, wie sich aus einer Urkunde des Ritters Andreas von Oberstein ergibt, der sich in diesem Jahr als Burgmann „auf dem Haus Neu-Wolfstein" *(vf dem hûze Nuenwolfstein)* bezeichnete. Dazu passt es in den zeitlichen Kontext, dass sich erstmals 1340 auch der Name Alt(en)-Wolfstein anlässlich der Aufnahme Wilhelm Ulners in die dortige Burggemeinschaft nachweisen lässt. 1377 bestätigte Kaiser Karl IV., dass Pfalzgraf Ruprecht I. das „Haus Neu-Wolfstein" für 5.000 Gulden aus den Händen des Mainzer Bürgers Heinz zum Jungen ausgelöst hatte. Schon 1378 an die Grafen von Sponheim verpfändet, verblieb die Burg von nun an den rheinischen Pfalzgrafen, die sie bald als Eigengut behandelten.

Nach umfangreichen Neu- und Umbaumaßnahmen, die der kurpfälzische Amtmann Georg von Rosenfels 1609 durchführen ließ, beschädigten 1688 französische Soldaten Neu-Wolfstein, das bis zur erneuten und diesmal endgültigen Zerstörung 1713 als Kaserne für kurpfälzische Soldaten diente. In der Teilruine diente die Georgskapelle der katholischen Gemeinde von Wolfstein von 1720–1771 als Kirche, ein weiteres Gebäude bis 1798 als Pfarrhaus. Als Steinbruch genutzt, wurden die mittlerweile geringen Bauteste im 20. Jahrhundert zum Ehrenmal umgestaltet.

Von der ursprünglichen, relativ kleinen Burg auf einem eingeebneten Bergvorsprung haben sich Teile der Umfassungsmauer mit einer schildmauerartigen Eingangssituation erhalten. Die innen liegenden Gebäude, von denen die hofseitigen Mauerzüge noch erkennbar sind, benutzten die Ringmauer als Außenwand und schlossen einen schmalen Burghof offensichtlich ohne jeden Turm ein. Auf der zur Stadt gerichteten Burgseite lassen sich noch die Ansätze der Fenster erkennen. Neu-Wolfstein war durch eine teils erhaltene Mauer mit der Stadt im Tal verbunden.

Glossar

Abort
Über die Mauer vorkragende Latrinenanlage in Form eines nach unten offenen Erkers oder durch die Mauer geführter Schacht mit Auslauf- und Ausräumöffnung für Fäkalien

Barbakane
Außenwerk zur Sicherung des Burg- oder Festungstores

Bastion
(auch: Bollwerk, Bastei) Zur Flankenbestreichung vorgeschobenes Verteidigungswerk aus Balken, Flechtwerk und Erde zur Aufstellung von Geschützen

Batterieturm
Turm mit Schießscharten zur Aufstellung von Geschützen

Bergfried
Verteidigungsfähiger Hauptturm einer Burg mit hoch gelegenem Eingang

Brillenscharte
Nach außen schräg verlaufende und sich in abgetreppter Form brillenartig erweiternde Schießscharte, ähnlich wie die Maulscharte für den Einsatz von Handfeuerwaffen

Buckelquader
Seit der Antike in den Mittelmeerländern, seit dem 12. Jahrhundert bis zur Renaissance auch nördlich der Alpen verbreitete Verarbeitungsform von Werksteinen mit bearbeiteter Vorderseite und glattem Randschlag unterschiedlicher Breite

Filterzisterne
Zisterne mit brunnenähnlichem Entnahmeschacht in der Mitte. Der Raum zwischen Entnahmeschacht und Grubenwand ist mit Sand und Steinen als Filtermaterial gefüllt, durch den das eingeleitete Wasser in den Schacht sickert.

Ganerbenburg
Burg im Besitz einer Erbengemeinschaft (Ganerbschaft). Davon streng zu unterscheiden ist eine durch Beitritt Außenstehender entstandene Burggemeinschaft („Gemeinerburg")

Gesims
Meist waagerechtes Bauelement, das eine Mauer in einzelne Abschnitte gliedert

Gusserker
Über die Mauer vorkragender Erker ohne Boden auf Konsolen zur Bekämpfung von Angreifern durch Ausgießen heißer Flüssigkeit

Halsgraben
Tiefer, meist in den Fels geschlagener Graben auch mit gemauerten Wänden, der die Burg auf einer Bergzunge vom Massiv und damit von der Angriffsseite abtrennt

Interregnum
Zeit ohne einen einmütig gewählten und gekrönten römisch-deutschen König von 1254–1273

Kämpfer
Profilierte Steinplatte, an der die Krümmung eines Bogens oder Gewölbes ansetzt

Kapitell
Ausladendes Kopfstück einer Säule oder eines Pfeilers als Auflage für Bögen und Balken

Konsole
Aus dem Mauerverbund vorkragender, oft profilierter Tragstein, der als Auflager für Bauteile wie Erker, Balkone oder auch für Deckenbalken diente

Maulscharte
Maulartig erweiterte Schießscharte für Handfeuerwaffen, oft fratzenartig dekoriert

Ministerialen
Unfreie Dienstmannen eines Dienstherren, darunter von besonderer Wichtigkeit die Reichsministerialen, die dem jeweiligen römisch-deutschen König unterstanden

Palas
Hauptwohngebäude der Burg, meist unterkellert und zweigeschossig mit dem so genannten Rittersaal im Obergeschoss als Repräsentationsraum

Poterne
Ausfallpforte aus dem Burginneren in den Zwinger oder Graben

Rondell
Turmartiger runder Bau für Geschütze seit dem Spätmittelalter (breiter und flacher als ein Batterieturm), oft in Nähe des Tores zu finden

Schildmauer
Hohe und feste Sperrmauer, welche an die Angriffsseite als meist frei stehendes Verteidigungswerk mit Wehrgang gestellt ist, in überhöhter und besonders ausgeprägter Form auch als Mantelmauer oder „Hoher Mantel" bezeichnet

Wehrgang
Auf der Ringmauer und an Gebäuden geführter Gang für Wächter und Verteidiger mit Brustwehr und Zinnen, bisweilen überdacht

Flankierungsturm
Halbrunder oder eckiger, aus der Mauerflucht vortretender Turm zur Flankenbestreichung mit Schusswaffen. Seit dem Spätmittelalter bekannte Bauform

Zangenlöcher
Künstliche Vertiefungen an Quadern zum Einhaken der Bauzange beim Hochziehen auf die Mauer, in der Regel auf der Vorder- und Rückseite der Steine

Zwinger
Vor oder um die Ringmauer gelegter, durch eine Mauer gedeckter schmaler Verteidigungsabschnitt, bisweilen durch Quermauern mit Toren unterteilt.

Touristische Hinweise

Altenbaumburg
Abfahrt A 61 Gau-Bickelheim ➢ Altenbaumburg = 25,5 km.
A 61 ➢ Abfahrt Gau-Bickelheim, dann nach rechts (!) auf die B 50 in Richtung B 420 ➢ nach knapp 1 km nach rechts auf die B 420 in Richtung Bad Kreuznach ➢ nach 18 km nach rechts auf die B 48 in Richtung Bad Münster am Stein / Bad Kreuznach ➢ nach 5 km in Altenbamberg unmittelbar vor der Brücke über die Alsenz rechts in die Fahrstraße zur Burg ➢ nach 1,5 km kleiner Parkplatz im Halsgraben der Burg.
Alternativ:
Anfahrt aus dem Gebiet Kaiserslautern
Abfahrt A 63 Winnweiler ➢ Altenbaumburg = 35,5 km
Offene Ruine mit Burggaststätte (06708/3551 – www.altenbaumburg.de)
Informationen: www.burgen-rlp.de (Altenbaumburg)

Altleiningen
Abfahrt A 6 Grünstadt ➢ Altleiningen = 12,5 km.
A6 ➢ Abfahrt Grünstadt, dann auf die B 271 nach Kirchheim ➢ nach knapp 2 km nach rechts auf die L 520 Richtung Kleinkarlbach (diese Straße führt auf teilweise verschlungener Strecke durch Kleinkarlbach bis nach Altleiningen) ➢ nach gut 2 km in Kleinkarlbach rechts halten in Richtung Grünstadt / Altleiningen ➢ nach leichter Linkskurve und 500 m nach links in Richtung Altleiningen ➢ nach 7 km kurz vor dem westlichen Ortsende von Altleiningen nach rechts auf die Fahrstraße zur Ruine (Beschilderung: Jugendherberge) ➢ nach ca. 1 km Parkplatz direkt vor der Anlage.
Größtenteils als Jugendherberge (06356/1580 – www.jugendherberge.de) genutzte Anlage. Der Burg-/Schlosshof und die Außenanlagen sind tagsüber zugänglich.

Beilstein
Abfahrt A 6 Enkenbach-Alsenborn ➢ Beilstein = 10 km.
A 6 ➢ Abfahrt Enkenbach-Alsenborn auf die B 48 in Richtung Kaiserslautern / Annweiler ➢ nach gut 4 km nach rechts auf die B 37 Richtung Kaiserslautern ➢ nach 5 km linker Hand zwischen den Böschungen kleiner Waldparkplatz ➢ von dort zu Fuß den rechten Weg benutzen (Gesamtlänge 700 m), der nach 200 m zu einer Kreuzung mit mehreren Wegen führt. Dort den ganz rechten benutzen, der nach 500 m gerader Strecke die Burgruine erreicht.
Offene Ruine

Breitenstein
Abfahrt A 65 Neustadt an der Weinstraße-Nord ➢ Breitenstein = 20 km.
A 65 ➢ Abfahrt Neustadt an der Weinstraße-Nord auf die B 38 durch Neustadt in Richtung Kaiserslautern ➢ nach 6 km in Neustadt an der Weinstraße nach rechts auf die B 39 ➢ nach 8 km in Frankeneck nach links auf die L 499 Richtung Elmstein ➢ nach gut 5 km auf der rechten Seite Parkplatz „Forsthaus Breitenstein" ➢ vom Parkplatz führt ein 700 m langer Fußweg bergauf zur Burgruine (300 m bergauf, dann Pfad linker Hand benutzen).
Alternativ:
Anfahrt aus dem Gebiet Kaiserslautern
Abfahrt A 6 Enkenbach-Alsenborn ➢ Breitenstein = 28 km.

A 6 ➢ Abfahrt Enkenbach-Alsenborn auf die B 48 in Richtung Kaiserslautern / Annweiler ➢ nach 4 km rechts auf die B 37 Richtung Kaiserslautern ➢ nach 1,5 km in Hochspeyer nach links auf die B 48 in Richtung Annweiler ➢ nach knapp 4 km nach links auf die K 47 in Richtung Waldleiningen abfahren ➢ nach 2,5 km in Waldleiningen nach rechts auf die L 504 in Richtung Elmstein abbiegen ➢ nach 9 km am Ende der Straße nach links auf die L 499 in Richtung Elmstein ➢ nach 7 km durch Elmstein bis zum Parkplatz „Forsthaus Breitenstein" auf der linken Straßenseite, dann wie eben.
Offene Ruine

Ebernburg
Abfahrt A 61 Gau-Bickelheim ➢ Ebernburg = 28,5 km.
A 61 ➢ Abfahrt Gau-Bickelheim, dann nach rechts (!) auf die B 50 in Richtung B 420 ➢ nach knapp 1 km nach rechts auf die B 420 in Richtung Bad Kreuznach ➢ nach 18 km nach rechts auf die B 48 in Richtung Bad Münster am Stein / Bad Kreuznach ➢ nach 8 km in Bad Münster am Stein-Ebernburg kurz vor der Nahebrücke linker Hand in Richtung der Ebernburg abbiegen ➢ nach gut 1 km links abbiegen auf die zur Burg führende Fahrstraße ➢ nach 500 m Parkplatz direkt vor der Anlage.
Alternativ:
Anfahrt aus dem Gebiet Kaiserslautern
Abfahrt A 63 Abfahrt Winnweiler ➢ Ebernburg = 38,5 km.
A 63 ➢ Abfahrt Winnweiler auf die B 48 in Richtung Bad Kreuznach ➢ nach 37 km Bad Münster am Stein-Ebernburg, dann wie eben.
Als evangelische Familienferien- und Bildungsstätte (06708/3011 - www.ebernburg.de) sowie als Restaurant („Ritterstube"; 06708/2250) genutzte Burgruine. Der Burghof und die Aussichtsterrassen sind tagsüber zugänglich.

Elmstein
Abfahrt A 65 Neustadt an der Weinstraße-Nord ➢ Elmstein = 29,5 km.
A 65 ➢ Abfahrt Neustadt an der Weinstraße-Nord auf die B 38 durch Neustadt in Richtung Kaiserslautern ➢ nach 6 km in Neustadt an der Weinstraße nach rechts auf die B 39 ➢ nach 8 km in Frankeneck nach links auf die L 499 Richtung Elmstein ➢ nach 10,5 km Elmstein, dort in der Ortsmitte an der Kreuzung links abbiegen und links auf Parkplatz parken ➢ gegenüber der Kreuzung führt ein geteerter Weg in 300 m zur Ruine.
Alternativ:
Anfahrt aus dem Gebiet Kaiserslautern
Abfahrt A 6 Enkenbach-Alsenborn ➢ Elmstein = 22,5 km.
A 6 ➢ Abfahrt Enkenbach-Alsenborn auf die B 48 in Richtung Kaiserslautern / Annweiler ➢ nach 4 km rechts auf die B 37 Richtung Kaiserslautern ➢ nach 1,5 km in Hochspeyer nach links auf die B 48 in Richtung Annweiler ➢ nach knapp 4 km nach links auf die K 47 in Richtung Waldleiningen abfahren ➢ nach 2,5 km in Waldleiningen nach rechts auf die L 504 in Richtung Elmstein abbiegen ➢ nach 9 km am Ende der Straße nach links auf die L 499 in Richtung Elmstein ➢ nach 1,5 km Elmstein, dann wie eben.
Die Burgruine befindet sich in Privatbesitz und kann nur von außen besichtigt werden.

Erfenstein
Abfahrt A 65 Neustadt an der Weinstraße-Nord ➢ Erfenstein = 18 km.
A 65 ➢ Abfahrt Neustadt an der Weinstraße-Nord auf die B 38 durch Neustadt in Richtung Kaiserslautern ➢ nach 6 km in Neustadt an der Weinstraße nach rechts auf die B 39 ➢ nach 8 km in Frankeneck nach links auf die L 499 Richtung Elmstein ➢ nach knapp 3 km Erfenstein, dort linker Hand vor dem Ortsausgang auf dem Park-

platz in Nähe des Bahnhofs parken ➢ vom Parkplatz aus führt ein markierter Weg (ca. 600 Meter) bergauf zur Burgruine.
Alternativ:
Anfahrt aus dem Gebiet Kaiserslautern
Abfahrt A 6 Enkenbach-Alsenborn ➢ Erfenstein = 22,5 km.
A 6 ➢ Abfahrt Enkenbach-Alsenborn auf die B 48 in Richtung Kaiserslautern / Annweiler ➢ nach 4 km rechts auf die B 37 Richtung Kaiserslautern ➢ nach 1,5 km in Hochspeyer nach links auf die B 48 in Richtung Annweiler ➢ nach knapp 4 km nach links auf die K 47 in Richtung Waldleiningen abfahren ➢ nach 2,5 km in Waldleiningen nach rechts auf die L 504 in Richtung Elmstein abbiegen ➢ nach 9 km am Ende der Straße nach links auf die L 499 in Richtung Elmstein ➢ nach 1,5 km Elmstein, dann wie eben.
Offene Ruine

Falkenstein
Abfahrt A 63 Göllheim ➢ Falkenstein = 14,5 km.
A 63 ➢ Abfahrt Göllheim auf die L 397 in Richtung Weitersweiler / Rockenhausen ➢ nach dem Übergang auf die L 394 in Dannenfels (Richtung Rockenhausen) und insgesamt 11,5 km nach links auf die K 37 in Richtung Falkenstein abbiegen ➢ nach gut 3 km in Falkenstein in Sichtweite des Burgeingangs und der Theaterbühne parken.
Offene Ruine

Frankenstein
Abfahrt A 6 Enkenbach-Alsenborn ➢ Frankenstein = 10 km.
A 6 ➢ Abfahrt Enkenbach-Alsenborn auf die B 48 in Richtung Kaiserslautern / Annweiler ➢ nach gut 4 km nach rechts auf die B 37 Richtung Frankenstein / Neustadt ➢ nach gut 5 km auf rechter Seite in Frankenstein Parkplatz vor Kiosk ➢ von dort führt ein Fußweg über das Portal des Eisenbahntunnels hinweg bergauf zur Ruine (knapp 1 km).
Offene Ruine

Hardenburg
Autobahnkreuz Ludwigshafen ➢ Hardenburg = 15,5 km.
A 61 ➢ Autobahnkreuz Ludwigshafen in Richtung A 650 / Bad Dürkheim verlassen ➢ nach 6 km Ende der Autobahn ➢ auf der B 37 in Richtung Kaiserslautern über Bad Dürkheim bis zum Stadtteil Hardenburg. Nach 9,5 km am Ortsende von (Bad Dürkheim-) Hardenburg links nach Möglichkeit parken ➢ Fußweg von 400 Metern bis zum Eingang der Hardenburg.
Alternativ:
Anfahrt aus dem Gebiet Kaiserslautern
Abfahrt A 6 Enkenbach-Alsenborn ➢ Hardenburg = 22 km.
A 6 ➢ Abfahrt Enkenbach-Alsenborn auf die B 48 in Richtung Kaiserslautern / Annweiler ➢ nach gut 4 km nach rechts auf die B 37 Richtung Frankenstein / Neustadt ➢ nach 5,5 km in Frankenstein nach links auf die B 37 Richtung Bad Dürkheim ➢ nach 12 km in (Bad Dürkheim-) Hardenburg auf der rechten Seite (gesperrte) Zufahrt zur Burg, dort nach Möglichkeit parken, dann wie eben.
Öffnungszeiten: 1. April – 30. September: 9–18 Uhr; 1. Oktober – 30. November: 9–17 Uhr; 1. Januar – 31. März 9–17 Uhr (letzter Einlass jeweils 30 Minuten vor Schließung); Dezember und 1. Werktag der Woche geschlossen.
Informationen: 06322/7530 – www.burgen-rlp.de (Hardenburg)

Hohenecken
Abfahrt A 6 Kaiserslautern-West ➢ Hohenecken = 7 km.
A 6 ➢ Abfahrt Kaiserslautern-West auf die B 270 ➢ nach 5,5 km zum südlichen Ortsende von (Kaiserslautern-) Hohenecken abbiegen ➢ knapp 1 km ins Ortszentrum fahren und rechter Hand in die Schlossstraße einbiegen ➢ nach wenigen Metern auf Höhe der Kirche parken ➢ von hier aus führt ein relativ steiler Fußweg bergauf zur Burgruine (700 m).
Offene Ruine

Kaiserslautern (Lautern)
Abfahrt A 6 Kaiserslautern-Ost ➢ Kaiserslautern = 4 km.
A 6 ➢ Abfahrt Kaiserslautern-Ost auf die B 40 Richtung Kaiserslautern-Zentrum ➢ nach gut 3,5 km an der Ampel hinter dem Hochhausbau des Rathauses nach links abbiegen (Maxstraße) ➢ nach 200 Metern hinter der nächsten Ampel Parkplatz linker Hand benutzen (Fackelrondell) ➢ in Blickweite liegt zwischen Springbrunnen und Rathausgebäude die Ruine der Burg in der Burgstraße (davor Bushaltestelle).
Offene Ruine

Kropsburg
Abfahrt A 65 Edenkoben ➢ Kropsburg = 7 km.
A 65 ➢ Abfahrt Edenkoben in Richtung Edenkoben ➢ nach gut 1 km am Ende der Straße nach links auf die L 516 in Richtung Ortsmitte ➢ nach 500 m an der nächsten Ampel nach rechts auf die K 6 ➢ nach gut 1 km an Kreuzung geradeaus weiter auf die K 30 ➢ dieser Straße (nach gut 2 km scharfe Rechtskurve!) folgen und nach gut 4 km auf dem Parkplatz vor der Anlage parken.
Weite Teile der Burg befinden sich in Privatbesitz und sind nicht zugänglich. Im Bereich der Vorburg befindet sich eine Burggaststätte.
Informationen: 06323/1858 – www.kropsburg.de

Landsberg (Moschellandsberg)
Abfahrt A 61 Gau-Bickelheim ➢ Landsberg = 27 km.
A 61 ➢ Abfahrt Gau-Bickelheim, dann nach rechts (!) auf die B 50 in Richtung B 420 ➢ nach knapp 1 km nach rechts auf die B 420 in Richtung Bad Kreuznach ➢ nach 18 km nach links auf die B 48 / 420 in Richtung Kaiserslautern ➢ nach 3 km rechts auf die B 420 in Richtung Meisenheim / Kusel ➢ nach 3 km in Obermoschel an der großen Kreuzung nach links in den Ort fahren (L 379 Richtung Sitters) ➢nach 100 m links abbiegen und dieser Straße für 250 m bis zur nächsten Kreuzung folgen ➢ dort links halten und nach weiteren 100 m wiederum links auf die Zufahrtsstraße zum „Waldhaus" und zur Burg abbiegen ➢ nach gut 1,5 km hinter dem Sportplatz und unterhalb der Anlage parken.
Alternativ:
Anfahrt aus dem Gebiet Kaiserslautern
Abfahrt A 63 Winnweiler ➢ Landsberg = 31 km.
A 63 ➢ Abfahrt Winnweiler auf die B 48 in Richtung Bad Kreuznach ➢ nach 26 km nach links abbiegen auf die B 420 Richtung Meisenheim / Kusel, dann wie eben.
Offene Ruine

Lewenstein (Löwenstein)
Abfahrt A 61 Gau-Bickelheim ➢ Lewenstein = 24 km.
A 61 ➢ Abfahrt Gau-Bickelheim, dann nach rechts (!) auf die B 50 in Richtung B 420 ➢ nach knapp 1 km nach rechts auf die B 420 in Richtung Bad Kreuznach ➢ nach

18 km nach links auf die B 48 / 420 in Richtung Kaiserslautern ➢ nach 3 km rechts auf die B 420 in Richtung Meisenheim / Kusel ➢ nach gut 1 km nach rechts nach Niedermoschel abbiegen ➢ nach gut 500 m dritte Straße rechts benutzen (dort Beschilderung) und nach Möglichkeit parken ➢ nach 500 m führt dieser Feldweg direkt an der Anlage vorbei.
Alternativ:
Anfahrt aus dem Gebiet Kaiserslautern
Abfahrt A 63 Winnweiler ➢ Lewenstein = 28 km.
A 63 ➢ Abfahrt Winnweiler auf die B 48 in Richtung Bad Kreuznach ➢ nach 26 km nach links abbiegen auf die B 420 Richtung Meisenheim / Kusel, dann wie eben.
Offene Ruine

Lichtenberg
Abfahrt A 62 Kusel ➢ Lichtenberg = 8 km.
A 62 ➢ Abfahrt Kusel auf die B 420 in Richtung Kusel ➢ nach 4 km nach links auf die L 176 in Richtung Ruthweiler abbiegen ➢ nach knapp 3 km und Ruthweiler nach rechts auf die K 23 in Richtung Burg Lichtenberg / Körborn abbiegen ➢ nach gut 1 km führt diese Straße zu einem Parkplatz direkt vor der Burg.
Auf dem Burggelände befinden sich eine Jugendherberge (06381/2632 – www.jugendherberge.de), ein Burgrestaurant (06381/2633 – www.burglichtenberg.de), das Musikantenlandmuseum, das Pfalzmuseum für Naturkunde (Zweigstelle Burg Lichtenberg) sowie das Geoskop Urweltmuseum (06381/993450 – www.urweltmuseum-geoskop.de).

Montfort
Abfahrt A 61 Gau-Bickelheim ➢ Montfort = 32,5 km.
A 61 ➢ Abfahrt Gau-Bickelheim, dann nach rechts (!) auf die B 50 in Richtung B 420 ➢ nach knapp 1 km nach rechts auf die B 420 in Richtung Bad Kreuznach ➢ nach 18 km nach links auf die B 48 / 420 in Richtung Kaiserslautern ➢ nach 3 km rechts auf die B 420 in Richtung Meisenheim / Kusel ➢ nach 3 km in Obermoschel an der großen Kreuzung nach rechts auf die L 379 in Richtung Hallgarten / Feilbingert abbiegen ➢ nach 3,5 km am Dreiweiherhof links abbiegen, nach 200 m erneut links, und nach 50 Metern rechts in Richtung Hallgarten abfahren (L 378) ➢ den Ort Hallgarten auf derselben Straße durchfahren und in Richtung Oberhausen an der Nahe verlassen ➢ nach 2,5 km links auf die K 81 abbiegen ➢ nach 750 Metern nahe des Montforter Hofes am Fuß der Burg parken (dort Hinweisschild) ➢ ein Fußweg von 500 m Länge führt bergauf zur Ruine.
Alternativ:
Anfahrt aus dem Gebiet Kaiserslautern
Abfahrt A 63 Winnweiler ➢ Montfort = 31 km.
A 63 ➢ Abfahrt Winnweiler auf die B 48 in Richtung Bad Kreuznach ➢ nach 26 km nach links abbiegen auf die B 420 Richtung Meisenheim / Kusel, dann wie eben.
Offene Ruine

Nanstein
Abfahrt A 6 Landstuhl ➢ Nanstein = 5,5 km.
Abfahrt A 6 Landstuhl ➢ zunächst in Richtung Landstuhl, dann nach 800 m nach links (!) abbiegen und der Straße folgen ➢ nach 600 m an Straßengabelung geradeaus (dort Beschilderung) ➢ nach knapp 2,5 km auf kurvenreicher Straße nach rechts abbiegen ➢ in Siedlung nach 500 m nach links fahren ➢ nach weiteren 500 m links Zufahrt zur Burg ➢ nach 300 m Parkplatz direkt vor der Anlage.

Öffnungszeiten: 1. April – 30. September: 9–18 Uhr; 1. Oktober – 30. November und 1. Januar – 31. März: 10–16 Uhr; Dezember geschlossen. Letzter Einlass 30 Minuten vor Schließung.
Informationen: 06371/13460 – www.burgen-rlp.de (Nanstein)

Neidenfels
Abfahrt A 65 Neustadt an der Weinstraße-Nord ➢ Neidenfels = 15 km.
A 65 ➢ Abfahrt Neustadt an der Weinstraße-Nord auf die B 38 durch Neustadt in Richtung Kaiserslautern ➢ nach 6 km in Frankenstein nach rechts auf die B 39 ➢ nach 9 km in Neidenfels unmittelbar nach der Fußgängerampel nach rechts abbiegen (Vordertalstraße) nach 700 m und dem Ortsende am Waldrand parken (enger Fahrweg!) ➢ linker Hand führt ein Fußweg in 400 m zur Ruine.
Alternativ:
Anfahrt aus dem Gebiet Kaiserslautern
Abfahrt A 6 Enkenbach-Alsenborn ➢ Neidenfels = 20 km.
A 6 ➢ Abfahrt Enkenbach-Alsenborn auf die B 48 in Richtung Kaiserslautern / Annweiler ➢ nach gut 4 km nach rechts auf die B 37 Richtung Frankenstein / Neustadt ➢ nach 5,5 km in Frankenstein nach rechts auf die B 39 Richtung Neustadt ➢ nach 10,5 km Neidenfels, dann wie eben.
Offene Ruine

Neuleiningen
Abfahrt A 6 Grünstadt ➢ Neuleiningen = 6 km.
A6 ➢ Abfahrt Grünstadt, dann auf die B 271 nach Kirchheim ➢ nach knapp 2 km nach rechts auf die L 520 Richtung Kleinkarlbach (diese Straße führt auf teilweise verschlungener Strecke durch Kleinkarlbach) ➢ nach gut 2 km in Kleinkarlbach rechts halten in Richtung Grünstadt / Altleiningen ➢ nach leichter Linkskurve und 500 m nach rechts in Richtung Neuleiningen / Grünstadt ➢ nach 150 m nach links und nach weiteren 300 m nach rechts zur L 453, dort links ➢nach 500 m nach links zum Ortseingang und dort nach Möglichkeit parken ➢ Fußweg durch das Tor geradeaus in Richtung Kirche und dann nach links zur Burg (250 m).
Offene Ruine. Ein Eckturm wird vom Restaurant „Burgschänke" (06359/2934 – www.burgschaenke-neuleiningen.de) und als Heimatmuseum (www.neuleiningen.de [Burg]) genutzt.

Randeck
Abfahrt A 61 Gau-Bickelheim ➢ Randeck = 30 km.
A 61 ➢ Abfahrt Gau-Bickelheim, dann nach rechts (!) auf die B 50 in Richtung B 420 ➢ nach knapp 1 km nach rechts auf die B 420 in Richtung Bad Kreuznach ➢ nach 18 km nach links auf die B 48 / 420 in Richtung Kaiserslautern ➢ nach 8 km in Mannweiler-Cölln, Ortsteil Mannweiler, nach rechts in Richtung auf die K 16 in Richtung Schiersfeld abbiegen ➢ nach 2 km rechter Hand auf einen Feldweg einbiegen und nach Möglichkeit parken ➢ dieser Weg führt nach 600 m in die Ruine.
Alternativ:
Anfahrt aus dem Gebiet Kaiserslautern
Abfahrt A 63 Winnweiler ➢ Randeck = 25 km.
A 63 ➢ Abfahrt Winnweiler auf die B 48 in Richtung Bad Kreuznach ➢ nach 22 km in Mannweiler-Cölln, Ortsteil Mannweiler, nach links auf die K 16 in Richtung Schiersfeld abbiegen, dann wie eben.
Offene Ruine

Reipoltskirchen
Abfahrt A 61 Gau-Bickelheim ➢ Reipoltskirchen = 47 km.
A 61 ➢ Abfahrt Gau-Bickelheim, dann nach rechts (!) auf die B 50 in Richtung B 420 ➢ nach knapp 1 km nach rechts auf die B 420 in Richtung Bad Kreuznach ➢ nach 18 km nach links auf die B 48 / 420 in Richtung Kaiserslautern ➢ nach 3 km rechts auf die B 420 in Richtung Meisenheim / Kusel ➢ nach gut 17 km in Odenbach nach links auf die L 382 in Richtung Adenbachabbiegen ➢ nach knapp 8 km über Adenbach und Ginsweiler in Reipoltskirchen an der Kirche nach links abbiegen und nahe der Burgruine parken.
Alternativ:
Anfahrt aus dem Gebiet Kaiserslautern
Abfahrt A 6 Kaiserslautern-West ➢ Reipoltskirchen = 35 km
A 6 ➢ Abfahrt Kaiserslautern-West auf die L 367 in Richtung (Kaiserslautern-Siegelbach) ➢ nach 2,5 km nach links abbiegen und auf die L 389 in Richtung Erfenbach auffahren ➢ der Straße durch Erfenbach / Lampertsmühle folgen und nach 3,5 km links auf die B 270 in Richtung Sambach / Katzweiler abbiegen ➢ nach 16 km in Wolfstein nach rechts auf die L 384 abfahren ➢ nach 9 km in Hefersweiler nach links auf die L 382 in Richtung Berzweiler / Reipoltskirchen abzweigen ➢ nach 4 km in Reipoltskirchen hinter der Brücke nach rechts abbiegen und nach 200 m in Nähe der Burgruine parken.
Auf Grund groß angelegter Sanierungs- und Umbauarbeiten kann die Burgruine zurzeit nur von außen besichtigt werden.

Rheingrafenstein
Abfahrt A 61 Bad Kreuznach ➢ Rheingrafenstein = 16 km.
A 61 ➢ Abfahrt Bad Kreuznach auf die B 41 in Richtung Bad Kreuznach ➢ nach 6 km nach links auf die B 428 abbiegen ➢ nach knapp 5 km nach rechts auf die L 412 Richtung Bad Kreuznach abbiegen ➢ nach 1200 Metern (kurz nach dem Ortsende von Hackenheim) links abbiegen und der Straße folgen ➢ nach 2,5 km nach rechts zum Schloss Rheingrafenstein (nicht kurz zuvor scharf rechts nach Bad Kreuznach!) abbiegen ➢ nach 600 m Schloss Rheingrafenstein, dort parken ➢ auf der linken Seite stetig abfallender Fußweg (1 km) zur Burgruine.
Offene Ruine – im Schloss Rheingrafenstein befindet sich ein Restaurant (0671/8963718)

Rietburg
Abfahrt A 65 Edenkoben ➢ Rietburg/Sessellift-Talstation = 7,5 km.
A 65 ➢ Abfahrt Edenkoben in Richtung Edenkoben ➢ nach gut 1 km am Ende der Straße nach links auf die L 516 in Richtung Ortsmitte ➢ nach 500 m an der nächsten Ampel nach rechts auf die K 6 ➢ nach knapp 1,5 km an der zweiten Kreuzung (ohne Ampel) nach links abbiegen und der Straße folgen ➢ nach 1 km rechts abbiegen zum Kreisel, dort geradeaus zur K 64 ➢ nach knapp 3 km in Sichtweite der Villa Ludwigshöhe und des Aufgangs der Talstation des Sessellifts zur Rietburg parken ➢ Fußweg zur Talstation (50 m).
Alternativ:
Abfahrt A 65 Edenkoben ➢ Rietburg/Parkplatz = 11,5 km.
A 65 ➢ Abfahrt Edenkoben in Richtung Edenkoben ➢ nach gut 1 km am Ende der Straße nach links auf die L 516 durch Edenkoben nach Edesheim ➢nach 2 km in Edesheim erste Straße nach rechts auf die L 506 (Edesheimer Straße) abbiegen ➢ nach weiteren 2 km an Kreuzung nach rechts in die Ortsmitte von Rhodt fahren (enge

Straße) ➢ nach 100 m an der nächsten Kreuzung (Gasthaus zur Sonne) halblinks in die Theresienstraße abbiegen ➢ von hier aus bis zum Ortsende und danach der Beschilderung folgend (Hotel Alte Rebschule, Höhengaststätte Rietburg) den befestigten Weg zum Parkplatz vor der Ruine benutzen (6 km) ➢ 200 m Fußweg bis zur Anlage. Offene Ruine mit Burggaststätte (06323/2936)

„Schlosseck"
Autobahnkreuz Ludwigshafen ➢ „Schlosseck" = 18 km.
A 61 ➢ Autobahnkreuz Ludwigshafen in Richtung A 650 / Bad Dürkheim verlassen ➢ nach 6 km Ende der Autobahn ➢ auf der B 37 in Richtung Kaiserslautern über Bad Dürkheim bis zum Stadtteil Hardenburg. Nach 10,5 km hinter dem Ortsende von (Bad Dürkheim-) Hardenburg auf Höhe der Papiermühle nach Möglichkeit parken ➢ direkt bei der Papiermühle führt ein Fußweg (!) von 1,5 km bergauf zur Ruine.
Alternativ:
Anfahrt aus dem Gebiet Kaiserslautern
Abfahrt A 6 Enkenbach-Alsenborn ➢ „Schlosseck" = 20,5 km.
A 6 ➢ Abfahrt Enkenbach-Alsenborn auf die B 48 in Richtung Kaiserslautern / Annweiler ➢ nach gut 4 km nach rechts auf die B 37 Richtung Frankenstein / Neustadt ➢ nach 5,5 km in Frankenstein nach links auf die B 37 Richtung Bad Dürkheim ➢ nach 11 km auf Höhe der Papiermühle vor (!) (Bad Dürkheim-) Hardenburg nach Möglichkeit parken, dann wie eben.
Offene Ruine

Spangenberg
Abfahrt A 65 Neustadt an der Weinstraße-Nord ➢ Spangenberg = 18 km.
A 65 ➢ Abfahrt Neustadt an der Weinstraße-Nord auf die B 38 durch Neustadt in Richtung Kaiserslautern ➢ nach 6 km in Neustadt an der Weinstraße nach rechts auf die B 39 ➢ nach 8 km in Frankeneck nach links auf die L 499 Richtung Elmstein ➢ nach knapp 3 km Erfenstein, dort linker Hand vor dem Ortsausgang auf dem Parkplatz in Nähe des Bahnhofs parken ➢ vom Parkplatz aus führt ein markierter Weg (ca. 700 Meter) bergauf zur Burgruine.
Alternativ:
Anfahrt aus dem Gebiet Kaiserslautern
Abfahrt A 6 Enkenbach-Alsenborn ➢ Spangenberg = 22,5 km.
A 6 ➢ Abfahrt Enkenbach-Alsenborn auf die B 48 in Richtung Kaiserslautern / Annweiler ➢ nach 4 km rechts auf die B 37 Richtung Kaiserslautern ➢ nach 1,5 km in Hochspeyer nach links auf die B 48 in Richtung Annweiler ➢ nach knapp 4 km nach links auf die K 47 in Richtung Waldleiningen abfahren ➢ nach 2,5 km in Waldleiningen nach rechts auf die L 504 in Richtung Elmstein abbiegen ➢ nach 9 km am Ende der Straße nach links auf die L 499 in Richtung Elmstein ➢ nach 1,5 km Elmstein, dann wie eben.
Teilweise als Gaststätte genutzte Burgruine. Besichtigung des mittleren und oberen Burgteils nach Anmeldung in der Gaststätte möglich.
Öffnungszeiten (Gaststätte): Samstag 13–19 Uhr, Sonn- und Feiertage 10–19 Uhr. Im Januar geschlossen.
Informationen: 06325/2027 – www.burg-spangenberg.de

Wachtenburg
Autobahnkreuz A 61 Ludwigshafen ➢ Wachtenburg = 16 km.
A 61 ➢ Autobahnkreuz Ludwigshafen in Richtung A 650 / Bad Dürkheim verlassen ➢ nach 6 km Ende der Autobahn ➢ nach 3,5 km nach links auf die B 271 auffahren

➢ nach 4 km Ausfahrt Wachenheim benutzen und auf die L 525 Richtung Wachenheim fahren ➢ nach 1,5 km in der Stadtmitte von Wachenheim direkt bei der Kirche in die Burgstraße einbiegen, dort linker Hand auf Parkplatz parken ➢ vom Parkplatz aus auf der Burgstraße Richtung Ruine ➢ nach 500 m Straßenende, dann geradeaus auf Fußweg ➢ 300 m bergauf bis zur Anlage.
Offene Ruine mit saisonal bewirtschafteter Burggaststätte (06322/64656)

Winzingen
Abfahrt A 65 Neustadt an der Weinstraße-Nord ➢ Winzingen = 6,5 km.
A 65 ➢ Abfahrt Neustadt an der Weinstraße-Nord auf die B 38 ➢ nach 4 km im Kreisel geradeaus in Richtung Stadtmitte (weiterhin B 38) ➢ nach 700 m geradeaus über Kreuzung mit Ampelanlage fahren ➢ nach 20 m nach rechts in die Haardter Straße abbiegen ➢ nach 800 m Kreuzung Haardter Straße / Mandelring, dort links abbiegen in den Mandelring (enge Straße) ➢ nach 100 m in Nähe der Kreuzung Parkplatz benutzen ➢ vom Parkplatz aus dem Mandelring bergauf 300 m folgen ➢ links Zugangsweg zur Burg (300 m).
Privatbesitz, Besichtigung auf Anfrage möglich
Informationen: 06321/32017 – www.haardter-schloss.de

Wolfsburg
Abfahrt A 65 Neustadt an der Weinstraße-Nord ➢ Wolfsburg = 9 km.
A 65 ➢ Abfahrt Neustadt an der Weinstraße-Nord auf die B 38 durch Neustadt in Richtung Kaiserslautern ➢ nach 6 km in Neustadt an der Weinstraße nach rechts auf die B 39 ➢ nach 1 km nach rechts in die Rotkreuzstraße abbiegen und nach 400 links in die Sauterstraße fahren ➢ am Ende der Sportanlage führt der Schlossweg in 1,5 km bergauf zur Ruine.
Offene Ruine

Wolfstein (Alt- und Neuwolfstein)
Abfahrt A 61 Gau-Bickelheim ➢ Wolfstein = 56 bzw. 57 km.
A 61 ➢ Abfahrt Gau-Bickelheim, dann nach rechts (!) auf die B 50 in Richtung B 420 ➢ nach knapp 1 km nach rechts auf die B 420 in Richtung Bad Kreuznach ➢ nach 18 km nach links auf die B 48 / 420 in Richtung Kaiserslautern ➢ nach 3 km rechts auf die B 420 in Richtung Meisenheim / Kusel ➢ nach 24 km bei Lauterecken auf die B 270 in Richtung Kaiserslautern auffahren ➢ nach 9,5 km in Wolfstein unterhalb der Burgruine Neu-Wolfstein nach rechts abbiegen und nach wenigen Metern das Parkhaus auf der linken Seite benutzen ➢ von dort den am anderen Berghang zu Neu-Wolfstein führenden Weg benutzen (500 m) ➢ von Neu-Wolfstein führt ein bequemer Fußweg ohne größere Steigung am Berghang entlang nach Alt-Wolfstein (800 m).
Alternativ:
Anfahrt aus dem Gebiet Kaiserslautern
Abfahrt A 6 Kaiserslautern-West ➢ Wolfstein = 22,5 bzw. 23,5 km.
A 6 ➢ Abfahrt Kaiserslautern-West auf die L 367 in Richtung (Kaiserslautern-) Siegelbach ➢ nach 2,5 km nach links abbiegen und auf die L 389 in Richtung Erfenbach auffahren ➢ der Straße durch Erfenbach / Lampertsmühle folgen und nach 3,5 km links auf die B 270 in Richtung Sambach / Katzweiler abbiegen ➢ nach 16 km Wolfstein, dann wie eben.
Offene Burgruinen

Literaturhinweise

P[eter] GÄRTNER, Geschichte der bayerisch-rheinpfälzischen Schlösser und der dieselben ehemals besitzenden Geschlechter nebst den sich daran knüpfenden romantischen Sagen, 2 Bde., Speyer o. J. [1854/55].

Johann G. LEHMANN, Urkundliche Geschichte der Burgen und Bergschlösser in den ehemaligen Gauen, Grafschaften und Herrschaften der bayerischen Pfalz, 5 Bde., Kaiserslautern o. J. [1857–1866].

Die Baudenkmale der Pfalz, 5 Bde., hrsg. v. d. Pfälzischen Kreisgesellschaft des Bayerischen Architecten- und Ingenieur-Vereins, Ludwigshafen 1884–98.

Die Kunstdenkmäler von Stadt und Bezirksamt Neustadt an der Haardt (Die Kunstdenkmäler von Bayern, Regierungsbezirk Pfalz, Bd. 1), bearb. v. Anton ECKARDT, München 1926. – Die Kunstdenkmäler von Stadt und Bezirksamt Landau (..., Bd. 2), bearb. v. Anton ECKARDT, München 1928. – Die Kunstdenkmäler des Bezirksamtes Kirchheimbolanden (..., Bd. 7), bearb. v. Bernhard-Hermann RÖTTGER, Karl BUSCH u. Max GOERING, München 1938. – Die Kunstdenkmäler von Stadt und Landkreis Frankenthal (..., Bd. 8), bearb. v. Anton ECKARDT, München 1939. – Die Kunstdenkmäler von Stadt und Landkreis Kaiserslautern (..., Bd. 9), bearb. v. Anton ECKARDT u. Torsten GEBHARD unter Mitarb. v. Alexander VON REITZENSTEIN, München 1942. – Die Kunstdenkmäler des Kreises Kreuznach (Die Kunstdenkmäler der Rheinprovinz, Bd. 18/1), bearb. v. Walther ZIMMERMANN, Düsseldorf 1935.

Horst W. BÖHME, Burgen der Salierzeit in Hessen, in Rheinland-Pfalz und im Saarland, in: Burgen der Salierzeit, Tl. 2 (Römisch-Germanisches Zentralmuseum, Forschungsinstitut für Vor- und Frühgeschichte, Monographien, Bd. 26), hrsg. v. DEMS., Sigmaringen 1991, S. 7–80. – Helmut BERNHARD u. Dieter BARZ, Frühe Burgen in der Pfalz. Ausgewählte Beispiele salischer Wehranlagen, in: ebd., S. 125–175.

Burgen, Schlösser, feste Häuser. Wohnen, Wehren und Wirtschaften auf Adelssitzen in der Pfalz und im Elsaß, hrsg. v. Jürgen KEDDIGKEIT, Kaiserslautern 1997.

Kreis Bad Dürkheim (Denkmaltopographie Bundesrepublik Deutschland – Kulturdenkmäler in Rheinland-Pfalz, Bd. 13.1), bearb. v. Georg P. KARN u. Rolf MERTZENICH unter Mitwirk. v. Herbert DELLWING, Worms 1995. – Stadt Kaiserslautern (..., Bd. 14), bearb. v. Mara OEXNER, Worms 1996. – Donnersbergkreis (..., Bd. 15), bearb. v. Dieter KRIENKE, Worms 1998. – Kreis Kusel (..., Bd. 16), bearb. v. Christian SCHÜLER-BEIGANG, Worms 1999.

Alexander THON, Standardwerk oder Amphilogie? Überlegungen zu Stand, Aufgabe und Methode nicht nur der pfälzischen Burgenforschung, in: Pfälzer Heimat 49, 1998, S. 118–124.

DERS., Burgenforschung als interdisziplinäres Problem oder Über die Schwierigkeit, ein Handbuch zu verfassen. Marginalien zu einer neuen Publikation, in: Jahrbuch zur Geschichte von Stadt und Landkreis Kaiserslautern 36/37, 1998/99, S. 271–304.

DERS. u. Tina RUDERSDORF, Burgkapelle, Kapellenerker und Tragaltar. Überlegungen zu einer Typologie des Sakralbereichs mittelalterlicher Burgen im Rheinland, in: Jahrbuch für westdeutsche Landesgeschichte 25, 1999, S. 141–181.

DERS., „Wie Schwalben Nester an den Felsen geklebt, erheben sich Mauern, Häuser und riesige Thürme am senkrechten Abgrunde". Pfälzische Burgen in Zeichnungen Leopold Eltesters (1822–1879), in: Jahrbuch für westdeutsche Landesgeschichte 27, 2001, S. 225–307.

DERS., Barbarossaburg, Kaiserpfalz, Königspfalz oder Casimirschloss? Studien zu Relevanz und Gültigkeit des Begriffes „Pfalz" im Hochmittelalter anhand des Beispiels (Kaisers-)Lautern, in: Kaiserslauterer Jahrbuch für pfälzische Geschichte und Volkskunde 1, 2001, S. 109–144.

Pfälzisches Burgenlexikon (Beiträge zur pfälzischen Geschichte, Bd. 12). – Bd. 1: A-E, 2., vollständig neu bearb. Aufl., hrsg. v. Jürgen KEDDIGKEIT, Alexander THON u. a., Kaiserslautern 2003. – Bd. 2: F-H, hrsg. v. Jürgen KEDDIGKEIT, Alexander THON u. a., ebd. 2002.

Manfred CZERWINSKI, Jürgen KEDDIGKEIT u. Alexander THON, Pfalz und Umgebung (Die schönsten Burgen Deutschlands, 1) (CD-ROM), 2., erw. u. verb. Ausg. Kaiserslautern 2003.

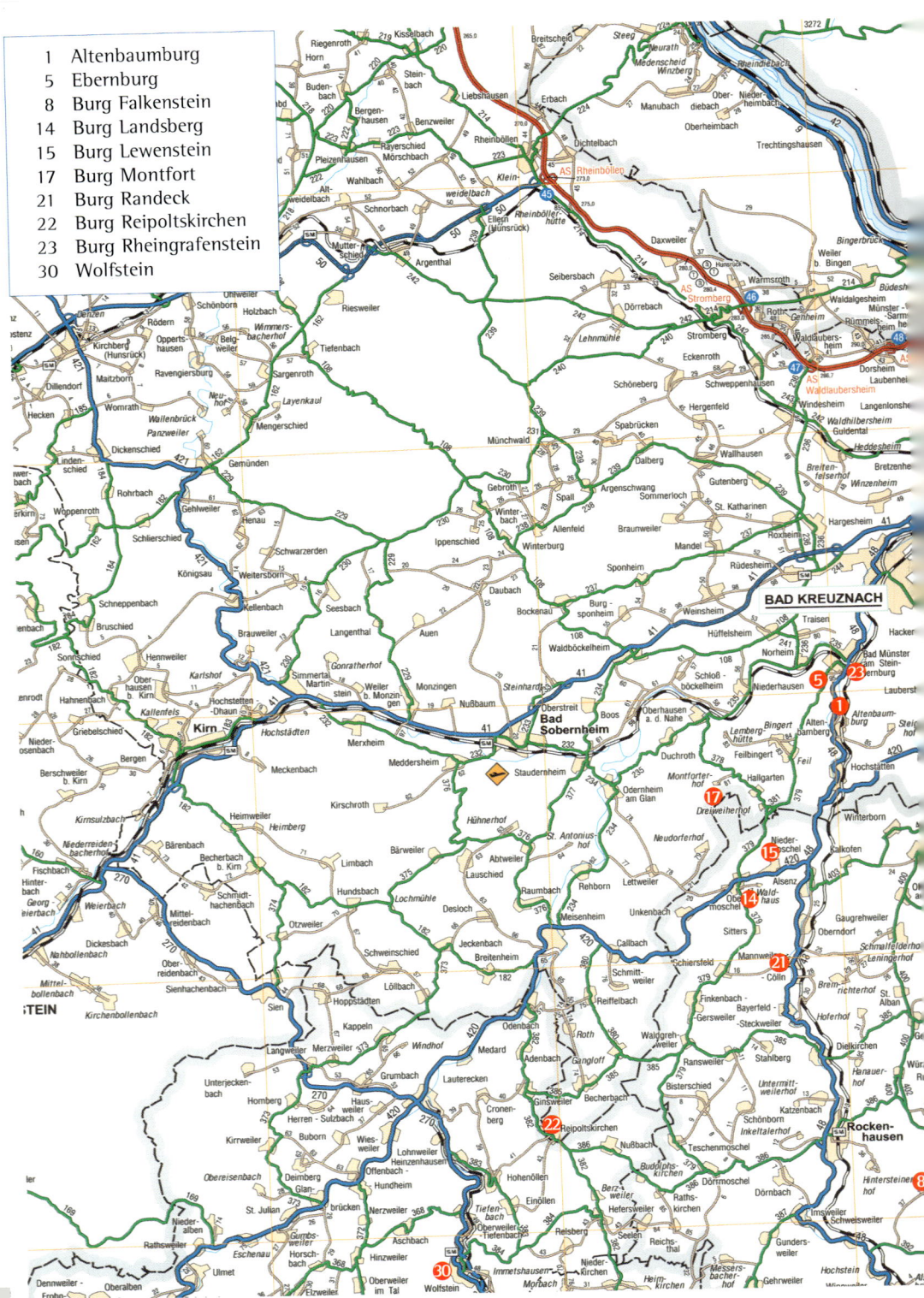